大学生教育与管理研究

何 琪 李慕紫 孙 珂◎著

中国纺织出版社有限公司

图书在版编目（CIP）数据

大学生教育与管理研究 / 何琪，李慕紫，孙珂著. --
北京：中国纺织出版社有限公司，2024.5. -- ISBN
978-7-5229-1853-2

Ⅰ．G647

中国国家版本馆 CIP 数据核字第 2024QN3429 号

责任编辑：邢雅鑫　责任校对：王花妮　责任印制：储志伟

中国纺织出版社有限公司出版发行
地址：北京市朝阳区百子湾东里 A407 号楼　邮政编码：100124
销售电话：010—67004422　传真：010—87155801
http://www.c-textilep.com
中国纺织出版社天猫旗舰店
官方微博 http://weibo.com/2119887771
天津千鹤文化传播有限公司印刷　各地新华书店经销
2024 年 5 月第 1 版第 1 次印刷
开本：710×1000　1/16　印张：21.75
字数：480 千字　定价：99.90 元

凡购本书，如有缺页、倒页、脱页，由本社图书营销中心调换

前言

进入新时代,高校的发展迎来了前所未有的机遇,同时也面临着很大的挑战。社会主义市场经济体制对人才素质提出了更高的要求,我国高等教育体制也正在进行一场深刻变革。把什么样的高等教育带入 21 世纪,如何培养跨世纪人才、加强大学生的素质教育、全面提高人才培养质量,这是摆在高等院校面前的重要课题。本书就新时代如何开展大学生教育与管理工作进行了研究。

在传统的高等教育管理体制中,高度集中、高度统一的行政化管理理念和管理模式已经不适应高等教育形势的新变化,成了阻碍高等教育进一步发展的重要因素。经济体制、政治体制的改革和深化,不断改变着大学的秩序和规则,也影响着专业设置、课程结构、培养模式的变化和人的观念的变化。在开放的环境下,各种思想文化传播的渠道明显增多,变化明显加快,影响程度明显加深,思想活动的独立性、多变性、选择性、差异性也明显增强,学生的民主意识越来越强烈,思想观、就业观等方面发生了很大改变,这些都会对大学生教育与管理工作带来冲击。面对新时代、新情况,加强和改进大学生教育与管理工作成为一项极为紧迫而重要的任务。

本书共分为十章。其中第一章对大学生教育与管理工作进行了概述,重点对大学生教育与管理工作的本质、基本原则、理论基础和发展趋势进行了探讨;第二、第三、第四、第五章则分别对大学生理想信念教育、劳动教育、安全教育、创新教育进行了研究，以期提高大学生思想认识高度，让大学生认识到劳动教育的重要性，建立自身安全意识，注重创新教育，全面提升大学生综合素质水平；第六、第七、第八、第九章则分别对大学生事务管理、新生招生入学与毕业生就业创业管理、学习与生活管理、社会实践与素质拓展管理等方面进行了深入探讨和分析，旨在提高大学生的生活实践能力，为未来大学生进入社会，全面发挥自身的聪明才智打下良好的基础；第十章则对大学生教育与管理工作中的文化知识学习、正确价值观的培养、心理健康的维护与调试以及体育体能的锻炼问题进行了分析和阐述，力图为社会主义新时代的发展和建设培养出综合能力全面发展的高素质人才。

本书由唐山职业技术学院何琪、李慕紫与孙珂共同编写，其中何琪负责编写第一章、第二章、第三章、第四章与第九章共计16万字符，李慕紫负责编写第五至第六章共计16万字符，孙珂负责编写第七章、第八章、第十章与第十一章共计16万字符，全书由何琪统稿。

本书在写作过程中参考了众多专家学者的最新研究成果，在此表示诚挚的感谢！由于时间和精力的限制，加之作者水平有限，本书内容难免存在错误和不足之处，恳请广大读者予以批评指正，以便后期修改和完善！

何琪

2023年8月

目录

第一章 大学生教育与管理工作概述 ·· 1

    第一节 大学生教育与管理工作的本质 ································· 1

    第二节 大学生教育与管理工作的基本原则 ··························· 3

    第三节 大学生教育与管理工作的理论基础 ························· 16

    第四节 大学生教育与管理工作的发展趋势 ························· 24

第二章 大学生理想信念教育 ·· 35

    第一节 理想信念教育的内涵和意义 ··································· 35

    第二节 当代大学生理想信念现状分析 ································ 39

    第三节 理想信念教育的基本内容 ······································ 46

    第四节 加强大学生理想信念教育的具体措施 ······················ 48

第三章 大学生劳动教育 ·· 59

    第一节 劳动及其劳动教育的意义 ······································ 59

    第二节 大学生劳动教育存在的问题及其成因分析 ················ 63

    第三节 大学生劳动精神及其培养路径 ································ 72

第四章 大学生安全教育

第一节 大学生安全教育的概念、特征与必要性 …………………… 87
第二节 大学生安全教育的目的 …………………………………… 92
第三节 大学生安全教育的内容和原则 …………………………… 95
第四节 大学生安全教育的方法和途径 …………………………… 98
第五节 大学生安全教育的具体措施 ……………………………… 102

第五章 大学生创新教育

第一节 大学生创新教育的解读 …………………………………… 117
第二节 大学生创新教育政策的实施 ……………………………… 123
第三节 大学生创新教育体系的构建与实践 ……………………… 129

第六章 大学生事务管理

第一节 大学生事务管理的认知 …………………………………… 139
第二节 大学生事务管理工作的时代特征和对象特点 …………… 150
第三节 大学生事务管理工作者的定位及其职责 ………………… 155
第四节 大学生事务管理的运行保障 ……………………………… 170
第五节 大学生事务管理评价 ……………………………………… 199
第六节 大学生事务管理的未来探索 ……………………………… 213

第七章 大学新生招生入学与毕业生就业创业管理

第一节 大学招生与新生入学管理 ………………………………… 227
第二节 大学毕业生就业创业管理与服务 ………………………… 235

第八章 大学生学习与生活管理

第一节 大学生学习指导与管理 …………………………………… 245
第二节 大学生心理咨询与心理危机干预 ………………………… 253

  第三节　大学生宿舍管理 ………………………………………… 270

  第四节　大学生奖惩资助管理 …………………………………… 280

第九章　大学生社会实践与素质拓展管理 …………………………… 293

  第一节　大学生社会实践的设计与策划 ………………………… 293

  第二节　大学生素质拓展计划的组织与实施 …………………… 297

第十章　大学生教育与管理工作的其他策略 ………………………… 309

  第一节　充实大学生的文化知识 ………………………………… 309

  第二节　端正大学生的价值观 …………………………………… 312

  第三节　促进大学生的心理健康 ………………………………… 316

  第四节　增进大学生的体育体能 ………………………………… 323

参考文献 …………………………………………………………………… 333

第一章 大学生教育与管理工作概述

第一节 大学生教育与管理工作的本质

大学生教育与管理的根本宗旨就是通过教育与涵养、熏陶与浸染、培养与赋能，使学生具有发现幸福、创造幸福和体验幸福的能力，使学生更加优秀。可以说，让学生优秀和幸福是大学生教育与管理的价值所在。

一、高校教育的本质

教育的本质是培养人的活动，人是教育的对象，教育促进人的发展和人的社会化；教育在一定的社会环境中进行，社会为教育提供物质和精神教育资源。人的发展和社会的发展是一致的，因此教育促进人的发展和促进社会的发展的功能具有本质上的一致性。促进人的发展包括：德、智、体、美、劳诸多要素的关系，是教育的内部关系；教育与社会经济、政治、文化的关系，是教育的外部关系。但是，从根本上来讲，教育是帮助受教育的人，给他发展自己的能力，完善他的人格，即润泽生命、开启智慧。归根到底，教育者还是要守护受教育者的精神高地。守护他的本心。

二、管理的本质

管理是一种普遍存在的、非常重要的社会现象，是组织的手段和工具，是一个组织生存和发展的必要条件。

三、大学生教育管理的本质

高校是培养身心协调发展的高素养人才的一种特殊社会组织，高校的关键业务有教学、科研和管理三项。教学和科研目标的实现离不开科学管理，教育目标的实现更离不开科学管理。大学生教育管理的终极之善是改善各类办学要素状态及其组合状态，共同服务于培养具有丰富精神、高尚品德、独立思考、情善意美的社会普适性人才。大学生教育管理是协调高校内部各要素之间、内部要素与外部要素之间的关系，对有限的资源进行合理配置，使之与环境更相适应，从而更好地实现办学目标的重要方法和手段。大学生教育管理水平的高低，是衡量教育现代化程度的基本标准之一，大学生教育管理的水平直接影响高校教育教学的水平和质量，影响高校办学目标的实现。大学生教育管理包括教学管理、学生管理等内容，管理是一把双刃剑，管理好了，被管理的事物就会焕发生机；管理不好，被管理的事物就会萎靡不振，甚至死亡。管理的艺术在于借力，力的本质是能量及其特殊的存在方式。借力的关键是要增加协同力，通过密切目标接触等办法，增加动力源，促进动力释放；同时，要通过避免接触障碍的方法，减少受到的阻力。在管理也是生产力的时代，高校应树立"向管理要效益"的观念，充分认识提高大学生教育管理水平对于提高资源利用效率、激发师生员工教和学积极性的重要意义，不断提高管理水平和能力。

第二节 大学生教育与管理工作的基本原则

一、系统有序的原则

教育管理的系统有序原则是根据管理学领域的系统性原理提出的。管理学中的系统性原理重点揭示了管理对象领域中系统与环境、要素与要素之间的必然联系。系统是由若干个相互作用、相互依赖的要素结合而成的、执行特定功能、达到特定目的的有机整体；同时，系统具有相关性、结构性、整体性、目的性等客观属性。按照系统性原理，当代大学生教育与管理活动应当坚持系统有序的原则，即一定要有系统思维、统筹观念，并且要按照系统的相关性、目的性、整体性和结构性等属性开展教育管理工作。从客观角度来说，任何管理对象领域都可被看作一个系统。在教育管理中贯彻系统有序原则，应当做好以下两点。

（一）明确办学宗旨、培养目标

从本质上来说，任何系统都具有其特定的功能。对于一所高校而言，作为一个由学校管理者、教师、学生、教学设施、教学内容等多种要素结合而成的社会系统，其存在的价值集中体现为其人才培养的基本功能。在教育管理工作中，如果偏离了这一功能，就会丧失学校作为一个独立的社会系统存在的价值。

如上所述，在教育管理中贯彻系统有序原则，首先要紧密结合学校培养人才这一基本目标和功能，在此基础上开展各项工作。在学校的发展过程中，学校管理者对人力、财力、物力、时间、空间等各种办学资源的配置，对学校内部各种组织机构的建立及其职责的确定，对德育、智育、体育、美育、劳育以及总务、后勤、人事等各项工作的管理与要求，都要紧密围绕着提高人才培养质量这一根本目的来运行。

在教育管理工作中，还必须要树立全局观念，全面规划，统筹兼顾。具体来说，学校管理者要从系统的整体性和相关性出发，在处理每一个局部问题时，都要做到统筹兼顾，既见树木，又见森林，而不能拆东墙补西墙，顾此失彼。在拟定和实施任何一项管理措施时，都必须要考虑到"牵一发而动全身"的整体效应。在制定管理决策和计划时，不但要考虑到眼前效益，也要具有长远的战略眼光，防止因过于注重近期效益而忽视长远效益，因局部优化而损害整体优化的情况。

当前，还是有很多学校不注重"前人栽树，后人乘凉"的长远工程，甚至不惜以牺牲长远利益来满足当下利益。这样的教育管理理念和行为，显然是有悖于系统有序原则的，不利于学校的可持续发展。因此，必须要对这种行为进行坚决的抵制。

（二）注意系统整体优化

系统是由要素组成的。系统的功能不等于组成它的诸要素功能的相加，且系统的总体功能大于各要素功能相加之和。若干个要素在组成了一个系统之后，系统便具备每一个单个要素所完全不具备的新特质和新功能。

对于一所高校来说，各要素的局部性能越好，其整体性能往往也就越好。但是，这并不是绝对的正相关。当要素局部功能的发挥超出了系统的总体要求时，就可能会影响到系统的整体优化。这就意味着，在教育管理工作中贯彻系统有序原则，必须要注意学校系统的整体优化。只有当学校各部门、各成员的工作密切配合的时候，才能够取得学校全局工作的成功。如果学校内部的各部门、成员都注重本位主义，只顾本部门的利益和个人利益，完全无视学校的利益，就容易出现部门之间各自为政，甚至相互防范、拆台的现象。在这种情况下，学校的整体工作必然会乱套，其培养人才的功能也将不能得到很好的实现。

二、能级分明的原则

能级分明原则是依据管理学的能级性原理提出的。其中，能是指事物做功的本领；级是指不同事物做功的大小是有层次级别的。客观来说，一定的管理结构必然是由不同层次、不同能级的要素所组成的复杂系统。在这样的系统中，每一个要素都根据其本身的特性而处于不同的地位，以此来确保系统结构的稳定性和有效性。依据能级性原理所提出的能级分明的管理原则，要求管理者要把本系统内的人力、财力、物力等管理要素和机构、法人等管理手段，按照其能量的大小进行明确分级，从而使各要素、各手段动态地处于相应的能级岗位之中。在此基础上，还应当制定出每个能级岗位所对应的行动规范和操作标准，从而建立管理系统的稳定结构，进而确保系统整体目标的实现。

将管理学的能级性原理应用于当代教育管理活动中，要求在教育管理实践中遵循能级分明的原则。对于一所学校而言，在贯彻能级分明原则时必须要从以下四个方面做起。

（一）建立能级分明的教育管理组织结构

为了保证教育管理活动的顺利开展，教育管理组织结构应当是一个能级层次明确的"上锐下宽"的金字塔结构。一般来说，教育管理组织结构的整体可以被分为四个能级层次，即领导层、管理层、执行层、操作层。其具体如下所述。

1. 领导层

教育管理组织结构的领导层通常由校长、书记等校级领导成员构成，也被称为决策层。具体来说，教育管理组织结构的领导层的主要职能就是对整个学校的教育方针、目的等宏观层面进行决策和指挥。

2. 管理层

教育管理组织结构的管理层主要包括政教处、教导处、总务处等中层管理层及其管理人员。一般来说，教育管理组织结构的管理层的主要职责通常是通过开展组织、协调等活动以实现领导层的宏观决策意图。

3. 执行层

教育管理组织结构的执行层则主要由教研组、年级组、班级等构成。具体而言，教育管理组织结构中执行层的主要职责是贯彻落实各项指令，具体组织、实施教育教学活动。

4. 操作层

教育管理组织结构的操作层是由全体教师构成的,也被称为基础层。他们的主要职责是完成各项具体的教学工作任务。

在教育管理实践中,教育管理组织结构除了上述这种正三角形结构外,还有其他一些结构,如梯形结构、菱形结构以及一条横线形的结构等。但是,这些都属于能级层次不合理、稳定性较差的教育管理组织结构。梯形结构说明决策层存在着多头领导,容易出现各自为政、群龙无首的局面;菱形结构说明底层操作人员少,而中间管理人员多,属于典型的机构臃肿;一条横线形结构则说明没有能级层次和结构,完全属于一盘散沙、乌合之众。因此,贯彻能级分明原则要在学校建立金字塔形状的教育管理组织结构。除此之外,还必须要设置好每一能级层次的管理跨度。具体来说,如果管理跨度过小,就可能出现管理人员过多、人浮于事的局面;如果管理跨度过大,则容易造成管理人员任务过重,无法管理、调控的现象。

(二)对于不同的能级岗位授予不同的职、权、责

在教育管理组织结构中,不同的能级岗位的职能不同,贡献大小不同,对其所赋予的职、权、责以及应享受的物质利益和精神荣誉等,也就应当有所区别。这是在教育管理实践中贯彻能级分明原则十分重要的一点。从学校发展的现实角度来说,如果能级岗位层次不同,而职、权、责、利等却没有任何区别,则必然引起教育管理工作的混乱。由此我们可以看出,让学校中不同能级岗位的人员"在其位,司其职,行其权,负其责,取其酬,获其荣,惩其误",是贯彻能级分明原则的关键所在。

(三)保持教育管理系统内人员的合理流通

在教育管理工作中,管理者必须认识到,人的才能和素质总是处在不断的

发展变化之中的，管理能级岗位对人的素质要求也在持续发生着变化。因此，必须要保持教育管理系统内人员的合理流通，使不同的成员在动态过程中能够较好地适应其所处的能级岗位。由此可见，在教育管理组织结构中，需要不断增强教育管理系统吐故纳新、新陈代谢的能力。

（四）知人善任

学校中有不同的能级岗位，每个教职员工之间也存在着能量大小和才能特长方面的差异。因此，贯彻能级分明原则，就是将具有不同能量和才能特长的人尽量配置到与其相适应的能级岗位上。具体来说，可以把能力较强的人放置到能级层次较高、较为重要的工作岗位上，使其所承担的工作任务与其能力相匹配、相适应。例如，在教学任务的分配上，可以将那些业务水平高、教学效果好、职称较高的教师分配到相对重要的教学工作岗位上。对于一些新教师，则可以让他们承担一些相对较为次要的教学工作。

除此之外，在教育管理实践中还要注意用人之长、避人所短。按能级分明的原则用人，尽量做到人尽其才。例如，有些教师的科研能力较强，组织管理能力较弱，学校就应当多给他们安排科研任务，少安排一些组织管理方面的工作。

三、动力激发的原则

动力激发原则源自"以人为本"的教育管理规律，其也称为调动人的积极性原则。从本质上来说，在教育管理特别是教育管理的诸多要素中，教师是最为活跃、最为积极、最为根本的因素，教师积极性的发挥程度与教育管理活动的动力和效益成正相关。因此，在办学的过程中，学校管理者必须牢固地树立以教师为本的思想，最大限度地调动教师的积极性，以便激发他们在教育、教学、管理等工作中的能动性、创造性。行为主义理论认为，人的积极性或者行为动力通常来自人类的三大基本需要，即物质需要、精神需要和信息需要。所以，要调动教师的积极主动性，也就需要充分地激发广大教师的信息动力、物质动力和精神动力。

（一）激发教师的信息动力

一般来说，教师掌握的信息越多，其工作的动力往往就越大，工作成效也就越好。在人类社会中，教师作为知识的传播者和再生产者，如果他们不能够及时、大量地获取各种新知识和新信息，那么其素质就很容易逐渐蜕化，能量就会逐渐衰竭，继而丧失发挥"传道、授业、解惑"的功能。

物理学观点认为，任何物质的能量都存在"熵"的现象。也就是说，一切能量都是不可避免地以一定速度在消耗着。例如，煤球被扔进火炉里，其能量总是要被消耗尽的。因此，要确保物质能量的持续，就要不断地输入"负熵"。物理学中关于熵的观点非常符合教师劳动的职业特点。教师的知识也存在着"熵"的现象，即知识会逐渐陈旧。从本质上来说，这种知识的陈旧过程就是教师能量衰减的过程，为了保证教师的能量持续，就必须持续地输入"负熵"。具体而言，就是要让教师不断地学习新知识，掌握新信息，获得新技能。这一过程实际上就是给教师"充电"、发挥教师信息动力的过程。在当今"知识爆炸""知识折旧率加快""信息量倍增"的信息化和学习型社会时代，要做到这一点尤为重要。

在教育管理活动中，要充分发挥教师的信息动力，就需要从以下两个方面做起。

一方面，要建立健全能够使教师及时获取各种知识、信息的平台与渠道，如网络建设、图书资料建设、实验仪器设备建设等，还要有目的、有计划地组织教师开展必要的进修、学习和深造等活动。

另一方面，要通过思想教育等手段，激发广大教师的求知欲，使他们追求真理，渴求知识，热爱科学，坚持学习。

（二）激发教师的物质动力

《管子》曰："仓廪实则知礼节，衣食足则知荣辱。"教师是知识分子，但其同时也是人，有维持衣、食、住、行等最基本的物质需要。满足这种基本的物质需要是调动教师积极性最为基本的动力所在。假如在教育管理工作中，连教师最为基本的物质需要都不能给予保障和满足的话，那么调动教师的积极性也就会成为一句空话。

20世纪80年代初期至90年代后期，我国高校教师队伍中教师"跳槽""流失"的现象较为严重，其中一个重要的原因就是教师的收入水平太低、经济待遇太差。

进入21世纪后，我国高校教师队伍趋于稳定。这与国家积极改善教师工资待遇的政策有着密不可分的关系。21世纪初，两所高校率先在本校实行教师岗位津贴制度。其后，全国许多高校纷纷效仿，使高校教师岗位津贴制度成为一项虽无国家文件明确规定，但却被约定俗成、普遍实施的高校内部分配制度。根据这种高校教师岗位津贴制度，我国高校教师在原有的国家工资外，又额外增加了一笔收入，收入水平得到了显著的提高，较好地改善了其生活状况。与此同时，大学教师的社会地位和职业声望也得到了大幅提高。高校教师岗位津贴制度的实施有效地推进了高校师资队伍建设工作，将大量优秀人才吸引和稳定在各级各类教师岗位上，使高校教师队伍的士气得到了鼓舞，充分地调动了广大教师的工作积极性。

需要指出的是，高校内部管理方面仍然存在着如何激发教师物质动力的问题。例如，当前大多数学校都存在校内岗位津贴发放制度。在校内津贴发放的办法之上，要充分激发教师的物质动力，就需要将对教师的物质报酬与教师的劳动绩效紧密挂钩，真正体现"多劳多得""优劳优酬"和"生产要素参与分配"的原则。

（三）激发教师的精神动力

教师作为社会中的一员，其不仅有物质方面的需要，同时也有精神方面的需要。根据马斯洛的"需要层次理论"可知，当人的"生理"和"安全"需要获得满足之后，人就会产生"社交""尊重"和"自我实现"等精神需要，而这也是由人的社会本性决定的。教师作为人类灵魂的工程师，在传承文明、启迪智慧、培育人才等方面，更加注重在精神方面的追求和满足。从这个角度来看，在当代教育管理活动中，调动和激发教师的精神动力有着十分重要的意义。

从根本上来说，教师的精神动力来自对教书育人工作的责任感和使命感，来自他们对党的教育事业的忠诚信念，来自对教育、教学工作本身的兴趣和热爱，来自对学生的关心、爱护和人道主义的良心、道义，也来自教师在做好本职工作过程中所获得的精神鼓舞与奖励，如领导赏识、荣誉表彰、同行尊重、学生爱戴以及个人自我价值的展示与实现等。在教育管理活动中，发挥教师的精神动力，就是要善于从激发和满足教师的上述精神需要入手。

结合我国高校教育事业发展的现状，高校在激发教师精神动力时，必须要重点做好以下四个方面的工作。

第一，学校管理者要坚持"以人为本"，真正做到尊重、关怀和理解教师。在对教师的管理工作中，要力求凸显人性化特点，体现人文关怀。在教育管理实践中，学校管理者在与教师接触时，应当做到平易近人、虚怀若谷、坦诚相待，切忌面孔冷漠、官腔官调、架子十足等管理风格。总而言之，在教育管理中，学校管理者应当想方设法营造一个和谐、民主、平等、友善、团结的校园文化氛围。

第二，在教育管理工作中，可以适当地实施一些必要的精神奖励，如评先选优、荣誉表彰、提职晋级等，增强教师的荣誉感和上进心，形成鼓励先进、鞭策后进的良性竞争机制。

第三，要通过加强思想教育，切实增强广大教师的责任感和敬业精神，使他们形成具有忠诚于祖国的教育事业的崇高志向和"春蚕到死丝方尽，蜡炬成灰泪始干"的职业奉献精神。

第四，要切实关心和帮助教师解决各种实际问题，如住房改善、医疗保健、子女入托以及教师的身心健康等方面的问题。如果问题确实难以解决，则应当耐心地做好解释、说服和教育劝导工作。

在教育管理活动中，必须要坚持动力激发的原则。客观来说，动力和压力之间存在着一种微妙的联系。适当的压力在一定条件下能够转换为动力。压力可以分为正面压力和负面压力。正面压力可以让人产生行为内驱力的心理体验，负面压力则会让人产生紧张、焦虑、沮丧、愤怒以及挫败感的心理体验。负面压力不但不会增强人的行为动力，还会阻碍、抑制、衰减人的行为动力，使人感到心力交瘁、无所依傍，并且导致人在某些方面的能力出现退化，甚至导致人的健康状况越来越差。由此可见，学校管理者必须要正确处理好动力管理与压力管理的关系，尽量对教师、学生等适当地施加一些正面压力，同时避免负面压力及其带来的消极影响。

四、弹性灵活的原则

教育管理工作中碰到的问题，可能大多数都是千丝万缕、错综复杂的，而且其内部条件和外在环境皆处于动态的变化中。因此，在制定、实施任何一项教育管理决策或者措施的时候，都必须要保持一定的弹性，以保证伸缩回旋的余地。唯有如此，才能使教育管理系统在动态运行中保持平衡和适应机制，以实现和达成既定的目标。

具体来说，可以把管理弹性分为两类，即整体弹性和局部弹性。所谓整体弹性，就是指整个系统的适应性和应变能力，其标志着一个系统在整体上的共振性和张力。所谓局部弹性，则是指在管理系统的每一个环节上要保持可供调节、回旋的余地，尤其是要在一些重要的关键环节上保持充分弹性。简单而言，就是"大计划要有小自由"。

坚持弹性灵活的原则，在教育管理活动中有着十分重要的意义。其具体表现为以下四个方面。

其一，教育管理碰到的问题从来都不是单一因素的。在这种情况下，学校管理者对信息的获得不可能百分之百地满足，所做出的决策和所采取的措施也不可能绝对准确无误、万无一失。这就必须留有伸缩回旋的余地，以防过于极端。

其二，教育管理作为一种实践活动，必定产生一定的结果。一旦决策上出现失误而又没有补救措施和回旋余地，那么就会造成"一失足成千古恨"。所以，科学而有效的教育管理活动，一方面要做到缜密周全、慎之又慎；另一方面又要保持充分的弹性，刚柔并济。

其三，教育管理对象总是处于不断运动变化中的。一些运动变化是能够预测的，有些则难以预测。针对这一实际情况，就需要在制定教育管理决策时留有一定余地和灵活性，以应对突如其来、意想不到的各种情况。

其四，教育管理对象更多涉及人，而人具有许多不确定的因素。人既有共性，也有个性。人的个性千差万别。人的复杂性决定了教育管理活动不可能机械僵化地按照一套模式去运行，而必须做到审时度势、见机行事、机动灵活、因人而异。

对于一所学校来说，真正在管理工作中贯彻弹性灵活原则，就必须要做好以下四个方面的工作。

（一）树立弹性管理理念

与其他领域的管理活动相比，教育管理活动具有周期长、见效慢、变量大、不确定等特点。出于这些方面的考虑，学校管理者在从事教育管理活动时，必须要时刻注意保持管理方法、手段和措施上的灵活性。具体来说，在经济管理活动中，一些刚性或者硬性的管理手段和措施可以直接运用，但在教育管理中就不一定适合。例如，下达明确的生产指标和任务并限期完成的管理方式，在企业管理中可实施，但却不适合在教育管理和科研管理上运用。又如，"任务承包制"可在企业管理中实施，但是就不适宜在学校的教育教学活动中运用。由此我们可以看出，教育管理活动必须按照其自身的特点，采取较为弹性、灵活的管理方式。

（二）发挥积极弹性，克服消极弹性

在当前的教育管理实践中，有的学校领导为了使工作主动、留有余地，总结出了"留一手"的经验。这里所说的"留一手"，就是指在工作中将任务定少点、目标定低点、人员留足点、经费多报点，以便能够留有充足的余地和充裕的人力、物力、财力等资源来完成管理工作。事实上，这种做法属于管理活动中的消极弹性行为，学校管理者应当自觉地加以防范和抵制。在教育管理实践中，学校管理者应当充分发挥积极弹性的作用。所谓积极弹性,不是"留一手",而是"多一手",即多几种准备、多几分思考、多几套措施。

需要强调的是,实施弹性管理主要是为了提高教育管理工作效益,而不是要从部门利益或者个人利益出发去进行教育管理活动。在教育管理的实践中,一些管理者"疏者严、亲者宽""戴有色眼镜"等处事做法完全违背了弹性灵活原则,其属于不良的管理作风。

(三)把握好"弹性"和"刚性"之间的度

在教育管理工作中,管理者必须要把握好"弹性"和"刚性"之间的度。具体来说,如果弹性过强而缺乏刚性,容易引发整个教育管理工作涣散,甚至出现无组织、无纪律等现象。相反地,如果刚性过强而缺乏弹性,又容易造成教育管理工作中矛盾重重,甚至会出现"卡壳""夭折"等现象,同时还容易导致整个教育管理系统缺乏生机和活力。

综上所述,我们可以看出,科学的教育管理必须做到刚柔并济、软硬兼施,掌握好"弹性"和"刚性"之间的度。

(四)在管理方法上做到具体问题具体分析

对学校各项工作的管理,既要制定出明确的标准、严格的规章制度,同时在处理每一个具体问题时,也要注意做到因事、因人而异,因地、因时制宜,切忌教条僵化、故步自封。例如,在教育管理中,学校管理者的管理行为切忌"一刀切""整齐划一",但在对教师备课教案和讲稿的要求上,应当将具有多年教学经验、轻车熟路的老教师和初上教学岗位的年轻教师区别对待。又如,在执行考勤制度时,应将一些一心扑在教学上,却因积劳成疾或某种客观原因而不得不缺勤、请假或迟到的教师与那些经常随意请假、旷课、迟到、早退的教师区别对待。学校管理者在处理此类问题时,切忌不分青红皂白地一致处理,否则可能会挫伤一些教师的积极性。

五、反馈调节的原则

所谓反馈，就是指信息指令中心对输出的指令信息的执行情况的再回收。客观来说，一个系统要维持其正常运转，就需要对其组成各个要素的运动情况随时加以协调与控制，从而完成协调与控制的基本条件。教育管理活动要想较好地完成既定目标，就必须要切实贯彻反馈调节原则。

在教育管理实践中，要真正贯彻反馈调节原则，就必须要有一个教育管理反馈机制。这就需要做到以下两点。

第一，改变教育督导机构与同级教育行政部门之间的隶属或从属关系，使其机构、权力和责任能够相对独立出来，即从中央到地方建立起一个纵向垂直领导的教育督导体系。各省的督学由国家总督学委派进驻各省，仅接受国家督学的领导，而不接受各省级教育行政部门的领导。也只有这样，才能够确保各级督学或者督导机构的监督反馈职能可以真正得到发挥。

第二，加强教育信息传递。在当前阶段下，我国各个高校都有一定的学术团队，专门进行教育科学研究。要贯彻反馈调节原则，高校应当在发挥理论指导作用的同时，也注意进行教育情报信息搜集、整理、加工、过滤、反馈，并且向上级及时反映教育信息，从而发挥思想库、情报部和信息库的功能。

在教育管理实践中，只有建立健全反馈机制，才能保证反馈调节原则在教育管理活动中得到实际有效的贯彻。具体来说，应该从以下两个方面做起。

（一）学校管理者要广泛开展调查研究

学校管理者应当深入第一线，通过对基层情况进行深入细致的了解、勘察和调研，以起到对指令信息执行情况的反馈与监督作用。重视调查研究、深入基层，是我党的一贯优良传统。在当代社会中，这种优良传统非但不能丢弃，而且应当得到进一步的巩固和强化。"没有调查研究就没有发言权"，这句话应当成为学校管理者所恪守的至理名言。在当代教育管理工作中，一方面，应当让开展调查研究成为对广大教育管理干部一项严格的基本工作要求；另一方面，还应当使其以制度的形式固化下来，以便教育管理工作有章可循。

（二）加强民主管理

在教育管理活动中，通过发扬民主、广开言路，可以有效地起到积极反馈的作用。在现代社会中，世界上一些发达国家的企业管理者为了使决策方案能够在执行过程中得到不断的反馈、修订以及完善，提出了"参与管理"的策略，鼓励和提倡每一名职工都为企业提出合理化的建议。实行这种"参与管理"策略，一方面可以在企业中建立起一种隐性的反馈机制，并通过这种反馈来及时掌握舆情，吸收众人智慧，使企业的各项决策方案和管理措施能够更加符合实际、准确无误；另一方面，还可以让职工通过参与企业决策活动来增强企业对职工的凝聚力和职工的自我实现感。教师不但拥有参与教育管理工作的权利，同时也拥有监督教育管理工作的责任。由此我们可以看出，通过有效地发扬民主、广开言路，可以对教育管理工作起到有效的监督、反馈作用。

六、依法开展教育管理工作的原则

在教育管理实践中，必须要按照党和国家制定的教育方针政策、法律法规等办事，需要恪守和遵循政府为开展教育管理活动所制定的各种法律规则，这就体现了教育管理工作中依法执教的原则。依法治教原则所涵盖的内容范围相对较为广泛，除了涉及对党的教育方针的遵循，涉及对各级政府所制定的教育政策、规章的遵循，涉及对国家立法机关所颁布的教育法律法规的遵循外，同时还涉及各级各类学校如何制订校内管理规章制度，如何提高管理的规范化水平等。在当前阶段下，我国各级各类学校在全面贯彻党的教育方针的过程中，应尤其注意以下两个方面的问题。

（一）坚持社会主义办学方向

在当前阶段下，贯彻我党的教育方针的首要任务就是要坚持各级各类学校的社会主义办学方向始终不动摇。根据《中华人民共和国教育法》的要求，在我国境内举办的各级各类学校，包括各种民办学校，都需要坚持社会主义办学方向，必须以培养社会主义现代化建设者和接班人为己任。

（二）促进学生德智体美劳全面发展

从本质上来说，党的教育方针的实质就是要促进学生德、智、体、美、劳全面发展。处理好德育、智育、体育、美育、劳育等各育之间的关系，坚持齐抓共管、协调并施、整体推进，是全面贯彻党的教育方针的核心所在。为此，在教育、教学和管理工作中，必须要坚持德、智、体、美、劳各育并重。

第三节 大学生教育与管理工作的理论基础

作为人的一种理性行为，管理是人类社会才会有的一种现象。随着社会的不断发展与知识经济的迅猛发展，哲学家、社会学家、法学家、教育家、心理学家等，都对人类社会的管理现象与实践经验进行了深入的探索与研究。由于其出发点与知识背景等方面的不同，导致其管理理论也千差万别。这些管理理论对我国学校的管理产生了极为广泛、深远的影响。本节内容主要对教育管理的理论基础进行概要论述。

一、科学管理理论

1911年，美国著名管理学家泰勒出版了《科学管理原理》一书，这标志着现代管理理论的形成。《科学管理原理》一书中的内容奠定了科学管理的理论基础，泰勒也因而被称为"科学管理之父"。

（一）科学管理理论的基本观点

对泰勒的科学管理理论进行综合分析，我们可以将其核心观点总结为以下七点。

其一，进行科学管理的目的与中心是提高劳动生产率。每一项工作的每一项要素，都应提出最佳的操作方法，并以此代替旧的经验方法。

其二，将计划职能与执行职能分开。泰勒认为"要一个人在机器旁劳动，同时又在办公桌上工作，事实上是不可能的"。基于这一考虑，泰勒提出了管理者应与劳动者相分离的观点。

其三，要提高劳动生产效率，必须科学地选出一流的工人作为每个岗位的"排头兵"。与此同时，工人还必须要掌握标准化的操作方法，使用标准化的工作、机器与材料，从而使工作环境标准化。

其四，所有的工作方法都必须通过相应的考察，并由管理人员来决定。管理者的所有管理行为都应采用科学的方法。此外，管理人员还必须与工人进行紧密的合作，以保证所有的工作都能够按照已建立的科学原则进行。

其五，运用科学的方法对生产过程进行观察与实验，并测定各项作业所需的时间，如进行动作分析、时间分析，并规定出高度标准化的工作程序与相关的操作方法。在这个基础上提出工时定额原理，并进一步规定一定时间应完成的劳动定额。

其六，监督制度不仅能够保证对生产与雇员的行为有更紧密的控制，同时还能保证生产工人与高层管理人员之间的沟通。

其七，泰勒主张实行有差别的计件工资制度。具体来说，就是在对确定劳动定额进行科学确定的基础上，实行富有刺激性的级差计件工资付酬制度，以此激发工人的积极性，提高劳动生产率。例如，可以对超额完成工作定额的人支付正常工资的125%，以示鼓励；而完不成工作定额的人，只支付正常工资的80%，以示惩罚。

（二）科学管理理论对教育管理的影响

科学管理理论最早是在工矿企业的管理实践中得到应用，并很快在教育管理中发挥其效用。1913年，在美国教育联合会视导分会的年会上，新泽西州牛顿学区视导员斯鲍尔丁报告了他自己是怎样把泰勒的管理概念运用到牛顿学区制度中的,并细致分析了泰勒的科学管理理论的优点。除此之外,斯鲍尔还将泰勒的科学管理方法运用到经济计划、财政以及关于教育消耗的控制上,并进一步指出,提高教育效率的关键在于对教育消耗的控制。斯鲍尔指出,学校组织的总体效率与工作人员的生产率之间有着直接相关性,因而可通过对教师工作任务的分配、教学支出的调整来进行合理控制。

芝加哥大学的富兰克林·博比特教授将泰勒的管理理论应用到了教育管理实践中。博比特认为,学校管理者要以泰勒的科学管理理论指导自身的工作,就必须深入研究泰勒这种有效管理形式的基本原则,同时还要弄清楚运用于教育管理与视导问题的可能性。除此之外,博比特还指出,要真正提高学校行政工作的效率,就必须要从以下三个方面做起:其一,应确定学校"产品"的理想标准;其二,教师还必须具备一定的资格与工作准则;其三,必须对学校的"生产方式"与程序进行相应的规定。这是泰勒的科学管理理论在教育管理方面的具体反映。

到了20世纪30年代,泰勒的科学管理理论受到了一些学者的批判并逐渐衰落,但其对于人类管理的理论与实践的影响力并没有因此而减弱。泰勒的思想进一步渗透到了法约尔、古利克、厄威克及蒙雷等提出的管理过程理论中。

二、一般管理理论

1916年,法国科学管理专家法约尔出版了《一般工业管理》一书。法约尔因此成为管理史上第一个明确提出并阐述一般管理理论的人。法约尔从宏观角度出发研究企业内部的管理,从经营职能中进一步分离出管理活动,并总结出能够用于不同类型企业的一般管理原则,即管理活动的五大职能:计划、组织、指挥、协调与控制。法约尔指出,管理并非少数人的特权或责任,而是贯穿于整个组织活动过程中的。因而每个人在一定程度上都参与管理,其责任与参与程度是随着个体在等级制中的升迁而逐渐增加的。法约尔的这种一般管理理论与泰勒的科学管理理论有着明显的区别。对法约尔的一般管理理论进行综合分析,我们可以将其核心内容概括为以下四个方面。

第一，管理活动主要有五项基本要素，这也被称为管理活动的五种一般职能，即前面提到的计划、组织、指挥、协调与控制。这五种职能共同构成了一个系统的管理过程。

第二，法约尔还概括出了十四条可以应用于一切事业的管理活动的相关的管理原则，其分别为：劳动分工；权限与责任；纪律；统一命令；统一指挥；个别利益服从整个利益；职工的报酬；集权化；等级链；秩序；公平；稳定人员；首创精神；集体精神。法约尔的这十四条原则对管理与教育管理都具有非常重要的指导意义。

第三，与管理过程不同，生产过程解决技术性问题。

第四，对待高层与基层管理人员的要求应有所差异，其阶层越高，管理职能的比重越大，对管理能力的要求也就相应越高。

古利克与厄威克进一步发展了法约尔的一般管理理论。他们指出，管理的最基本的原理是劳动分工，分工专业化水平越高，其效率就越高；一个独立的部门可以运用主要目标、主要过程、服务对象与地点这四种不同的方法，从而对职位进行分组，并以此确定职位。

综上所述，我们可以看出，一般管理理论集中体现着科学管理的思想，但其与科学管理理论又存在着一定的差别，它重点关注的是整个组织中的一般管理问题，通过对一般管理问题进行研究，提出了管理的基本过程与基本原则。管理的基本过程与基本原则是理性而科学的，反映着管理的客观规律，是不能违背的，因而必须遵守。例如，管理活动需要遵循"计划、组织、命令、协调、控制"的一般程序，同时还要遵循分工原则、指挥统一原则、权责一致原则以及控制跨度原则等。对于组织中的每一个人来说，管理不只是管理人员的事情，也是被管理人员的事情，因此，每个人都必须自觉遵守管理的原理与原则。从这一角度出发，法约尔认为，不但要对可能成为管理人员的人进行管理教育，而且要对其他所有的人进行管理教育。

三、人本主义的管理理论

人本主义思想最早可追溯至古希腊，形成于文艺复兴时期，在启蒙运动时期得到了较大的发展，之后在现代社会中得到了不断的完善。随着人本主义的不断发展完善，其逐渐开始渗透到了管理学当中，并形成了人本主义的管理理论。该理论在20世纪30年代最先以"人际关系理论"的形式开始运用，后经过进一步发展，最终以"人力资源理论"的形式广泛运用于各项管理活动之中。人本主义管理理论在教育管理方面有着深远的影响，本书在这里将对这一管理理论进行简要的介绍。

（一）人际关系理论

在1922~1932年，人际关系理论的主要代表人物梅奥在美国西方电气公司芝加哥霍桑工厂进行了一系列的、有关人类行为的实验，这一系列实验又被称为"霍桑实验"。霍桑实验主要以研究心理因素与社会因素对工人劳动过程的影响为主，人际关系理论也就是在这个实验的基础上形成的。

霍桑实验总共分为四个阶段：第一阶段是照明实验；第二阶段是福利实验；第三阶段是访谈实验；第四阶段是群体实验。梅奥在霍桑实验的基础上撰写了《工业文明的人性问题》一书，该书系统地论述了人际关系学说，并奠定了行为科学的基础。总而言之，梅奥人际关系理论主要有以下四个核心观点。

首先，每个人的行为都具有复杂性。从现实角度来看，人的行为既有合乎逻辑的，也有不合逻辑的，因而管理人员并不能简单处理。

其次，个人的工资、工作条件与生产率之间没有必然的直接联系。人是社会中的人，每一个职工并不是孤立存在的，而是作为一名群体成员而存在，其属于一种社会存在。

再次，每个人都生活在一定的群体之中，群体行为对个体有很大的影响。群体可以分为正式群体与非正式群体。管理人员对于这两种形式的群体都应给予相应的注意。

最后，在现代组织中，个体不仅要有工资的增加，同时还需要友谊、情感、尊重、安全感与归属感。因而，组织必须满足个人的这种社会需要。

根据梅奥的人际关系理论，学校管理者必须正确对待教职员工，其不仅要充分尊重教职员工，同时还要与他们进行适当的沟通。与此同时，还必须要注意增强管理者的民主管理思想，从而让每一位教师都能够通过一定的方式参与到教育管理中。

由于人际关系理论过分强调个人的社会需要，对工作的责任感没有足够的重视，并且割裂了完成工作任务与满足个人需要之间的关系，再加上其可行性与操作性都较差，因而受到学术界的批判。

（二）行为科学管理理论

在梅奥的人际关系理论问世以后，越来越多的社会学家、心理学家与人类学家开始运用多学科协作的办法来研究人的行为与原因，研究如何调动人的积极性才能提高工作效率，并在此基础上形成了行为科学派。具体来说，行为科学管理理论的观点主要是对三个问题的研究：其一，人性问题；其二，人的需要、动机与激励问题；其三，领导行为问题。其具体内容如下所述。

1. 人性问题

客观来说，人类社会中的任何管理活动都是由管理者与被管理者双方共同完成的。在管理过程中，首先必须真正弄清楚什么是人，然后才能进一步考虑用什么方式影响人。在行为科学管理理论中，人并非"经济人"，而是"社会人"。

2. 人的需要、动机与激励问题

人有感情、理智、欲望等的需要。科学管理理论认为，人的行为主要是由动机支配的，人的动机则是由其需要引起的。因此，想要调动人的积极性，就必须提高管理的效率，其关键在于满足人的需求。美国社会心理学家马斯洛针对人的需要提出了"需要层次说"。马斯洛认为，人的需要可以分为五个层次，由低到高依次为生理需要、安全需要、社交即感情和归属的需要、尊重即地位与得到承认的需要、自我实现的需要。具体来说，只有在满足了低层次的需要后，才会出现高一层次的需要。

在管理活动中，要想提高人们的工作效率，管理者的管理行为就必须适应行为科学的激励理论。

3. 领导行为问题

领导者是群体管理活动中的重要角色。一般来说，领导者的行为会对群体成员的行为产生较为明显的影响。行为科学管理理论研究者就不同领导行为对管理效能的影响这一问题进行了相应的探讨。他们认为，在管理工作中，领导者必须要将关心人与关心工作，将以人为中心与以工作为中心结合起来。

行为科学管理理论试图将组织与个人统一整合起来，这样一来更符合组织管理的工作实际。在教育管理过程中，管理者必须将学校的教育目标与学生的发展目标相统一；既要善于分析、研究教职工、学生的需要层次与结构，同时还要改善学校内部与外界的人际关系；学校管理者要不断扩大领导者集体的影响力；管理者还应注重教职工群体或个人对决策的参与、合作与计划等。

四、组织管理理论

德国社会学家、经济学家韦伯提出了组织管理理论，因而被称为"组织管理之父"。韦伯管理理论的重心在于组织制度的科学化与体系化。韦伯指出，任何一个组织都必须以某种形式的权力作为基础，才能实现个体的目标。与此同时，韦伯还对由人们崇拜上帝而获得的神授权力与由世袭而获得的传统权力进行了深刻的批判。他指出，这两种权力在本质上都属于非理性的，且不能作为理想组织体系的基础，只有建立在法律基础上的行政组织权力才是合理、合法的。

韦伯对组织、权力与领导等一系列问题进行了全面且系统的探讨。在《社会和经济组织的理论》一书中，韦伯指出，过去的组织是以传统权力与魅力权力这两种权力类型为显著特征的。其中，传统权力是由过去继承而来，"建立在对古老传统的神圣性以及行使权力的职位的合法性的信念上"；魅力权力则来自个体超凡的个性品质,"建立在人们对其神圣性、英雄主义或模范品格的忠诚之上"。在现代社会中,"法治权力"逐渐开始取代这两种权力。理性是"法治权力"的基础。具体来说,韦伯的组织管理理论主要包括以下四个核心观点。

第一,任何组织都必须以某种形式的权力作为基础。权力不仅能够克服混乱,建立秩序,而且能使组织达到目标。理想的行政组织模式应当是建立在理性与严格法规基础上的职位、职权与职责系统。只有使组织体系具有准确性、稳定性、纪律性、可靠性,才能使工作效率得到提高。

第二,在组织中,人员与人员之间的关系并非个人感情关系,对组织内各成员只讲理性(制度要求、纪律、原则),而不讲感情。

第三,不同人员的职责、权利、义务、工资、奖罚等都应严格按照明文规定来执行。

第四,组织作为一个金字塔形的"层峰结构",应将其组织内部分为自上而下的等级,其中每个等级都承担不同的职务、责任与权力。

与科学管理理论以及一般管理理论相比,组织管理理论对教育管理的影响更为深刻。客观来说,学校组织的许多特征与韦伯理论的组织管理理论的契合度更高。具体来说,其表现为以下四个方面:其一,学校组织的理性化程度较高;其二,学校内部存在着明确、严格的纪律与规章制度;其三,学校中的教职员工是根据自己的职务、责任、工作量领取工资;其四,学校组织具有分工的专业化特点。

根据韦伯的组织管理理论,我们可以看出,要提高学校的管理效率,就必须在学校建设工作中保证学校组织管理体系的程序化与规范化。但是,由于学校组织本身的特殊性,教师与学生之间的关系并非韦伯理论中所依据的等级式,学校组织内部往往会存在一些管理人员与教师、学生之间的矛盾与冲突。出于这一方面的考虑,韦伯的组织管理理论遭到了学术界许多学者的批评,但它迄今为止依然对学校的管理有着重要的影响。

第四节 大学生教育与管理工作的发展趋势

大学教育管理改革是大势所趋。按照高等教育发展的一般规律，它的改革与国家的政治、经济、文化有着必然的联系。从大学教育管理状况来看，中国的高等教育与整个社会的发展基本上是相适应的，同时，目前的政治、经济、文化的发展对中国高等教育又提出了新的任务和要求，特别是科学技术的创新、经济的发展、文化的创新等对各级各类高级专门人才的需求，在高等教育发展的开放度上、在管理的思想和体制上、在管理的模式与方法上等都要进行一些变革。只有在思想上、观念上认清了高等教育改革的方向，准确把握高等教育发展的趋势，我们才能够运用先进的管理方法和技术来有效管理高等教育。

一、高等教育对外开放度更高

如果说当今中国高等教育发展得益于中国的政治体制和经济体制的改革，那么，其中很重要的一点就是得益于中国政治经济体制下的改革开放，没有改革开放就没有今天的中国高等教育发展的成果。打开国门才能够看到中国高等教育发展的差距，才能够引入国外的一些先进的高等教育的管理理念以及先进的管理技术与方法，才有对外开展大学教育管理信息交流的机会。因此，改革开放对中国的大学教育管理起到了以下三个方面的促进作用。

第一，促进大学教育管理思想观念的转变。通过考察国外高等教育依法治校、教授治校、教育评价、以人为本、科技创新、服务社会等思想观念，使得我们对大学教育管理的一些方面有了更加深入的理解，把一些先进的教育思想融入我们的管理中，促进了大学教育管理观念的转变。

第二，促进大学教育管理法治体系的建立和完善。通过考察国外高等教育，我们看到发达国家完善的大学教育管理的法治体系，这种体系为高等教育科学、规范、有序、稳步地发展提供了切实有效的保证。

第三，促进高等学校管理的功能更加明确和完善。传统的计划经济体制下的高等教育功能是单一的，一定程度上可以说是为国家服务的工具，基本上没有自主性、社会化的功能。经过了转变教育思想、教育观念的大讨论，经过了广泛深入的高等教育性质研究，高等教育的功能越来越明确，越来越完善，越来越符合社会主义市场经济的规律。

中国的高等教育逐步走向国际化，高等教育的开放程度必将更高。要建设国际上一流的高等教育，建设国际上一流的大学，没有国际的交流与比较，不知道我们自己的优势和弱势，高等教育的发展就缺乏科学合理的目标。一个国家高等教育的水平，从某个角度而言，反映了这个国家现代化的水平，没有高等教育的现代化，没有高等教育的国际化竞争，没有一大批高水平的国际一流的大学，没有整体高水平的、现代化的高等教育，高等教育就谈不上国际化竞争。

高等教育的国际化战略是一种发展趋势，但是绝不是全盘国际化，高等教育的开放应该建立在正确的需求上，应该符合中国的实际情况，这并不是矛盾的。欲速则不达，在各种条件不具备的情况下，没有实事求是的观念，反而会获得相反的效果。这是一个实事求是的辩证的问题。高等教育国际化战略是指我们的高等教育参与国际化竞争，在竞争中不断提高我们高等教育的整体水平，也就是在竞争中学习、在竞争中提高，同时也在竞争中将我们中华民族的优良传统进行发扬，在竞争中推出我国高等教育先进的东西，形成中国大学教育管理的特色，让中国的高等教育走向世界，并对世界高等教育的发展造成一定的影响。

二、对大学教育管理者的要求更高

（一）大学教育管理的专业化

大学管理专家 E. 阿什比曾说过："成功的管理专家的技巧并没有井井有条地安排于教材之中，管理是一种未加工好的艺术。"因此，学习管理的唯一有效的方法就是在管理的过程中进行管理的研究与有效实践。我们认为，具有先天管理才能固然值得庆幸，但在社会政治、经济、文化飞速发展的时代，管理人员的新鲜血液不断增加，新的管理人员大量替代老的管理人员，再加上现代高等教育组织的变化很快，复杂程度越来越高，已经使任何一个想有所作为的大学教育管理人员都必须接受管理本部门相应水平的专门知识的训练，提高技能，以便在纷繁的高等教育组织中恰如其分地利用和发挥其管理的天才。具体而言，大学教育管理专业化的要求基于以下三个方面：

第一，现代大学教育管理专业的思想与方法的要求。现代高等教育的管理者必须要懂得，自己所从事的职业的专业性及其特点，因为现代大学教育管理的专业化水平的要求已经越来越高，不论是管理的知识还是管理的技术方法，都要求管理者具有很强的现代教育家的专业管理的理论，研究事物的哲学家的管理思想，发现问题的敏锐管理眼光，高效的企业家的管理能力。现代社会知识、技术（其中包括与管理有关的知识、技术）的迅速发展为大学教育管理的专业化创造了有利的条件，高等学校对管理工作者具有很大的选择余地，这就需要高等学校的管理者通过专业的学习和实践体现自己的专业能力和价值。

第二，高等教育资源的专业性越来越高。高等教育资源的专业性对大学教育管理者专业的要求必定越来越高。从资源的硬件来看，随着国家社会经济的发展，政府以及社会各方对高等教育的投入也越来越大，高等教育的资源更加丰富，高等教育资源的知识性、技术性也越来越高，高等教育资源的专业性也越来越强，这些资源的各种元素组合成为一个十分复杂的专业管理的硬件系统，对大学教育管理者的专业知识及专业技术提出了越来越高的要求。从软件方面来看，大学教育管理中最重要的资源是人力资源，随着改革开放的深入，高等学校的师资队伍发生着很大的变化，特别是具有越来越多的留学背景的人员加入教师队伍中，他们带来了国外的一些先进的管理思想和理念、科学的教育思想和方法，使我们的教师及管理队伍具有更加丰富的人力资源。同时，高等教育的辅助人员、管理人员的学历层次、知识结构也在发生较大的变化，管理队伍资源本身在优化，专业性越来越高。因此，无论是管理资源的硬件还是软件，资源的专业性要求越来越高都是一个趋势。

第三，社会多元系统对大学教育管理的影响。社会多元环境的复杂性要求大学教育管理工作者具有多维的专业管理视野。高等教育走出象牙之塔的过程也是其受社会多元程度不断发展的过程。这首先表现在高等教育必须对个人、家长、政府部门、企业、政治家提出的不同期望和要求作出不同的回答和反映。其次，高等教育系统的结构、运作方式、管理条件正在受到社会其他系统的环境影响。不难发现，高等教育不仅要借用一般的管理理论与方法解决自身的问题，还要运用大学教育管理的专业原理、规则去解决相关的社会与学校相关联的问题。随着改革开放的程度不断提高，这种多元将不再局限于一个国家、一个地区，而是一种全球化视野的多元。因此，现代大学教育管理工作者要具备这种社会多元视野的专业思想和管理能力。

（二）大学教育管理者的高学历要求

大学教育管理的专业要求越来越高，我们看重学历，但不过分重视学历甚至把学历看成是对大学教育管理人员的唯一要求。但是，大学教育管理者的高学历化是一个发展趋势。现实的状况也是这样，无论是宏观的大学教育管理工作者还是微观的大学教育管理工作者，低学历层次的管理者都在被高学历层次的管理者逐步代替，这是不可逆转的趋势。目前，各级高等教育行政管理部门的领导者一般都具有较高的学历和较高级的技术职称，对年轻的、具有研究生学历的管理者进行不断补充，这些管理者越来越受到这些部门的欢迎。目前高校的党政主要领导，尤其是校一级领导，大都由具有高级技术职称、较高学历学位、具有一定的国际留学和出国学习背景者担任。这里强调学历，其实是要求大学教育管理者在大学教育管理方面具有真正的才能和学识，学历要求意味着需要有与时代发展相适应的大学教育管理者，具有较新、更高的综合知识、较强的专业能力、辩证的和系统思维的能力、科学决策的能力。近年来，不少重点高校聘用在国内外获得博士学位的高层次人才担任校级和二级部门重要的领导职务，充分发挥他们对国际高等教育最新发展前沿动态学习和理解的优势，应用先进的管理思想、管理技术和方法推进学校的工作向前发展。事实上，出现管理者高学历化有以下一些因素：

第一，管理对象与要求的提高。1982年，我国颁布了全国人民代表大会通过的第一部教育法规《中华人民共和国学位条例》，在此后的十几年中培养了许多硕士研究生和部分博士研究生。与此同时，众多国家派遣的或自费留学的学生在国外攻读研究生学位，这些高学历的人员充实到大学教师队伍形成了管理对象的高学历化。如果我们的管理者在学历层次上与其他国家的管理者具有太大的差距，就会缺乏共同的语言，在管理上出现交流的障碍，因此，管理队伍的高学历化是大学教育管理发展的很重要的趋势之一，整个大学教育管理队伍在学历层次的结构上发生变化已经成为必然。近年来，国家和高等教育组织也开始对这方面的问题予以重视，采取了各种各样的措施提高管理者的学历层次。同时，国家高等教育专业研究生教育的发展很快，具有多种研究生层次的大学毕业生进入社会寻找工作，这些都为高等教育的行政领导部门和高等学校聘用具有研究生学位的管理者创造了基本的选聘条件。

第二，领导干部的素质要求。教师队伍中尤其是年轻教师中具有研究生学位的比例越来越高，要管理好这支高学历的教师队伍，势必对领导干部提出更高要求。正如管理学专家哈罗德·孔茨所说，没有高级管理人员迅速、灵活、不墨守成规并有条理的管理，就不可能进行有效的管理。因此，他认为，接受过良好教育的人要比受较少教育的人更可能提升到各级领导岗位上。在20世纪80年代后期，尤其是20世纪90年代以来，我国高校更注意选拔具有研究生学位的德才兼备的人到各级领导岗位，他们对教师队伍中众多教师的需要、心理特征、业务素质、思想品德更加了解，工作起来非常顺利，可谓得心应手。

第三，开展国际合作与交流的需要。改革开放以来，许多高校已经开展了广泛的国际交流合作，重点高校往往都与国外几十所高校建立良好的、长期的合作关系。一些著名的国外高校的高、中层管理者都具有博士学位，有着较高的学历层次与管理水平。如果我国高校的高、中层管理者也具有相同的条件，必将极大地增加交流的能力，推动学校与国外的学术交流，扩大合作规模和领域，提高学校在全球的知名度。

第四，普通管理者自身的需要。高等学校是文化教育层次较高的社会系统，在这样的系统里的管理职务要求有较高的学历,学历通常与工作岗位的安排、职务的提升以及个人的社会地位、工资福利具有十分密切的关系。在社会主义市场经济条件下,好的工作岗位竞争更加激烈,我国高校选拔管理者的竞争将会随着社会主义市场经济的深入、高等教育办学条件的改善和管理者社会地位的提高而趋于加剧。面对竞争,"高校管理者不得不接受与岗位相适应的大学教育管理知识与能力的培训,提高自己的学历层次和专业管理能力"。

另外,要注意处理好大学教育管理者的学历层次与大学教育管理专业化的关系。管理者要有较高的学历,更要有较高的管理专业化水平。有的高校聘用刚回国的年轻博士或国内刚毕业的硕士、博士进入校级和中层管理的领导岗位,而实际效果往往并不如预期。因为这些人虽然有比较高的学历层次,又有各个方面的较高水准的专业知识,但是缺乏大学教育管理的专业知识和实践能力。因此,在选拔管理者时应注意正确地处理学历与管理专业的关系,不能偏废某一方面。在选拔年轻的、高学历层次的高等教育的管理人员,尤其是领导干部时,要从实际出发,除了考虑自身的条件外,还必须先进行大学教育管理专业的理论培训学习,从低层的管理岗位和工作锻炼开始,先熟悉情况,取得经验,为以后担任高一级的管理者奠定坚实的基础。此外,从优秀的普通管理者中选择优秀的人员脱产进修学习,通过培养后视其情况进行提升也不失为一种好的方法。

三、大学教育管理战略与规划更加柔性

大学教育管理战略与规划的柔性是近些年发生的变化之一,这是社会主义市场经济发展的结果。一直以来,我国高等教育的战略规划过于系统和刚性,尤其是在长期的计划经济的影响下,对短期的规划较为注重,而且规划过于系统、详细,但政府教育行政管理部门出台的系统、详细的宏观规划往往在实施中与结果形成很大的差距。通过近些年的实践,对高等教育的战略规划进行了重大的改革,逐步弱化以行政方式和思想去指导高等教育组织的行动,代之以现有政策、制度、方法与措施来对高等教育进行规划,强调宏观指导下的微观决策的自主性、

创造性以及对市场变化的适应和调整，充分反映战略规划的协商性、指导性、灵活性等柔性特征。

（一）协商性

协商性体现了政府以协商的态度，广泛地听取社会各界意见，尤其是尊重和认真听取高等学校的意见和建议，并且政府与高等学校一起，通过立项的方式开展调查研究，进行经济与社会发展对人才要求的预测，进行科技的发展与学科专业发展的预测。在这一过程中，政府不再是规划的单方制定者，而是通过专家系统、高等学校的办学者、主办者对高等教育市场需求信息的研究达成一致意见。

（二）指导性

指导性是指政府的宏观战略规划只具有原则性的指导作用，对学校一般没有法律上的强制约束力，但具有很强的指导性。但是，市场的调节作用明显在不断地增加。而且，政府充分考虑到社会经济发展水平、公众对高等教育的需求、地区间教育发展的不平衡等多种因素，使各级教育行政主管部门对高等教育战略规划的宏观指导作用得到了有效的发挥。

（三）灵活性

灵活性是指一般先编制一个中、长期总体发展战略规划，然后根据具体情况的变化适时地推出短期计划以补充和调整总体规划。同时，没有一个在实施过程中一成不变的计划，由于大学教育管理对象的复杂性和管理要素的柔性，会出现一些变化是自然的，变与不变也是相对的，只要有利于促进管理目标的实现，变是肯定的。这就是计划的灵活性的一面。

我们对比《全国教育事业第十个五年计划》和《全国教育事业第十一个五年计划纲要》，可以看出二者在命题上就有一定的不同之处，前者是实实在在的规划，强调了计划性，而后者只是规划纲要，弱化了计划性，突出了指导性与灵活性，在发展的战略思想与目标中，前者规划的提出是以遵循的"基本原则"为出发点提出的,而后者是从"发展思路"提出的。在主要目标与任务中,后者也只是在一个大致的发展区间、要点式地提出工作思路。如果我们再往前去看"九五"甚至"八五"教育事业发展规划,内容则更详细、更系统、更刚性。因此,可以说,我国大学教育管理战略与规划朝着更加柔性的方向不断发展。

四、大学教育管理的制度与程序更加规范

大学教育管理的制度与程序更加规范化也是不言而喻的。古典管理学派曾主张管理层次系统化、规格化和集权化,行为科学学派则主张分权的、较为松散的组织管理。不论是哪一个学派,管理的规范化依旧在很大程度上保障了管理水平和效率的提高。由于管理工作的不规范,没有按照规范工作而造成管理混乱以及高等教育资源利用率降低的现象是存在的,如一直没有适当的规范标准来统一衡量高校各类人员的工作量,由此造成了平均主义,从而极大地挫伤了教职工的积极性;有些高校在使用仪器设备时没有十分严格、规范的操作章程,极大地增加了仪器设备的损坏率;各种统计报表由于没有统一口径和严格制度,在具体填报过程中往往出现随意性,使统计数据部分失真;大量高校对教师从事第二职业没有明确的制约,致使有些教师承担过多的第二职业工作量,这对学校教学、科研质量造成了严重的不利影响;对于学院与学院、系与系、处与处之间需要合作才能完成的事往往没有明确规定,造成每件事都要花费大量的时间与精力进行研究协调;由于没有严格的制度和岗位规范,使领导陷于不必要的具体事务中,不能够各司其职,因此不能够进行深入调查、获取有效的信息,不能进行科学决策等。这些事实的存在,充分地说明了管理规范化在现代化的高等教育的管理中有着十分重要的作用。

规范主要是规定各级各类管理人员的职责、工作任务、工作程序,规范严而适度能够促使各级管理人员的创造性积极地发挥出来。所以,在制定规范和规定时,要给各类人员适当留有一定的空间,让他们根据自己系统的管理目标创造性地工作。

五、高校教育管理更加注重管理效益

大学教育管理的最终目的还是要体现到高等教育的效益管理上。

根据目标管理的要求,管理效益被定义为目标的实现程度。如果学校管理的结果符合或超过组织的目标,那么这种管理活动就是有效益的。具体来说,管理目标分两大类:一是政府目标,指学校的上级机构以正式陈述的方式规定学校任务的本质,要求学校达到某一种状态。一般而言,政府目标是抽象的,这些目标并不存在刚性的要求,无法对高校管理者的具体工作进行直接指导。二是操作目标,指依据本校特定情况而制定的实际工作和活动要达到的目标。操作目标具有被认可的标准和评价程度,对如何测量成就的程度进行了明确的描述,如大学本科生通过四级英语水平考试的比例等。理论上讲,操作目标应体现政府目标才能够保证整个系统的最大效益得以实现。

系统资源模式把效益定义为组织在其环境中得到有利地位的能力,借此,可以获得较多资源。根据系统资源模式,学校有可能通过学生、家长、企事业单位、教育主管部门、当地政府获得资源来加速学校的发展,提高学校的办学质量、水平、效益。系统资源模式根据开放系统的概念和要求,强调学校具有较强的适应能力和寻找资源的能力。

应当看到,企图以一个简单的程式去解释丰富多彩的高等教育系统的管理效益问题是不现实的。管理效益实则也是一个权变的概念,一方面在社会主义市场经济条件下高等教育活动本身是多目标、多价值观的统合,另一方面管理者自己的个性特征也是重要的变量,对管理活动具有直接影响。将管理人员的个性特征与组织特征、情境特征综合考虑后提出的大学教育管理效益指标体系,是具有可操作性的。

管理的效益是大学教育管理中难以阐释又必须要阐释的一个概念。无论从管理学角度还是管理心理学角度,我们都应当高度重视大学教育管理的两个重要特点。这两个特点:一是反复强调的高等教育是一个开放的系统,它包括学校与更高级别的教育行政系统的开放态势,也包括高等教育整体与其他社会系统的开放态势。仅从学校内部来分析效益显然是不充分的，办学效益很大程度上表现为社会效益。二是大学教育管理在空间上的层次性、多样性，在很大程度上影响着管理效益的评价。因此，我们希望通过多视角、多模式的考察，尽可能全面、准确、动态地制作出评价高等教育效益的指标体系。

第二章 大学生理想信念教育

第一节 理想信念教育的内涵和意义

一、理想信念的内涵

(一) 理想

理想是人类特有的一种精神现象,与社会关系的发展以及社会实践的成效有着紧密联系。在人们对客观世界的改造过程中,会产生物质追求和精神需求,他们不仅希望能够满足眼前的物质和精神需求,还对未来的生产生活目标有一定的憧憬,正是这一憧憬和期盼形成了理想。

理想总是围绕着一个总的奋斗目标,它不仅指导着人们的实践活动,对实践的成败起着重大作用,同时也对人们改造世界有着重大的影响。

（二）信念

信念和理想一样，都是人类一种特殊的精神现象，是人的认知、情感、意志的集合。信念指的是人们在对事物有了一定认知后，所产生的情感上、思想上的深信不疑的一种感情，也是一种身体力行的心理态度和精神状态。理想是信念的追求，而信念则是为实现理想而奋斗的强大动力。信念指的是对某种观点主张的全部接受和坚信，所表现出来的是一种信任的态度，指的是人们全心全意地认可和接受它，信念是信与行的统一。科学的信念是一种真实与价值的统一，反映了人类对美好未来的向往和真善美的追求；科学的信念是建立在对事物发展规律的正确认识之上的，并在实践中得到改进和验证的，因此，信念可以作为理想的支撑，成为人们追求理想的强大动力。

（三）理想信念

理想信念是一种综合性的概念。这里所说的"理想信念"，是指"社会主义——共产主义"的理想信念，这一理想信念包含了两个方面的内容：一是社会主义一定会胜利，共产主义一定会实现的理想，其给人们带来了无限的动力与激情，激励着人们在有限的时间里，不断地去追求生活的目标，去突破自己的极限。二是人在现实生活中所坚持的理想，为人们当前的生活提供价值指引，并引导人在现实生活中以自己的实际行动来为伟大的共产主义理想而进行不懈奋斗。共产主义理想的实现离不开对马克思主义的信念，也离不开一套科学的价值观。共产主义理想是一种伟大而正确的人生理想，这不仅是由于它的科学性和合理性，更重要的是，拥有共产主义理想的人，在现实的社会活动中，能够正确地处理好索取与奉献、享受与创造、个人与他人、个人与社会等生活中的各种矛盾。理想信念展现出崇高的道德情操和思想境界，使其成为理想人格的化身，并成为他人学习的榜样，从而最大限度地实现自我价值和社会价值。

二、进行理想信念教育的意义

（一）理想信念教育影响学生的成长成才

理想信念教育贯穿于一个人成长成才的全过程，大到国家经济的和谐发展，小到自我价值的实现。大学生是祖国的希望、民族的未来，大学生的成长成才直接关系到我国现代化建设的成败。理想信念教育要和大学生的成长成才结合起来，既要尊重大学生成长成才的规律，又要贴近大学生的实际生活，因材施教。

1. 理想信念教育是大学生成长成才的内在要求

大学生作为社会的特殊群体，具备扎实的专业基础知识，这就决定了大学生在知识经济时代将发挥重要作用。大学生不但要具备扎实的专业基础知识，而且要具备较高的思想道德素质，而理想信念教育又是思想政治教育的核心。大学生在成长成才的过程中会遇到来自学习上、经济上、就业上的各种压力。很多学生进入大学后，认为自己的理想已经实现了，从高中的紧张状态中解放出来，无拘无束，逐渐失去了学习的动力，逃课、旷课经常发生，导致考试挂科、重修、留级甚至退学试读，荒废了学业。经济困难给偏远地区的大学生带来了学习和生活的负担，多数学生能够在学习之余勤工俭学，减轻生活压力，在困境中找到希望，锻炼能力；少部分经济困难的学生不能正视家庭条件，抱有消极厌世的心态，失去了学习的动力。高等院校的扩招政策使得就业压力日益严重，社会招聘中的个别不公平现象影响了毕业生找工作的积极性，自我认知和社会需求之间出现矛盾。这些问题的出现是因为学生缺乏理想信念，不能正视自我。

2. 坚定理想信念，助推大学生成长成才

首先，坚定理想信念可以帮助大学生在成长成才的道路上明辨是非。只有坚定了理想信念，大学生才能正确看待西方资本主义社会，才能在竞争日趋激烈的社会中抵制各种不良思想和诱惑，发挥自己的聪明才智，实现自己的人生价值。

其次，坚定理想信念可以帮助大学生在成长成才的道路上奉献社会。正确的理想信念鼓励大学生刻苦钻研,不断探索新领域,把所学的专业知识融入社会实践中,争取在现代化建设中早日建功立业。

再次,坚定理想信念可以帮助大学生在成长成才的道路上培育务实进取精神。在社会主义现代化建设中,我们会遇到各种各样的曲折,正确的理想信念帮助大学生认识和对待前进道路上的困难,立足现实,脚踏实地,为崇高的理想不懈努力。

最后,坚定的理想信念能够帮助大学生肩负起中华民族的伟大复兴使命。唯有树立正确的理想信念,才能不断在多变的国际环境中培养出符合社会主义建设的合格人才,肩负起中华民族复兴的伟大历史使命。

(二)理想信念教育有助于弘扬中华民族精神

民族精神是一个民族在长期共同社会实践中形成的民族意识、民族心理、民族品格、民族气质的总和。中华民族精神根植于博大精深、源远流长的中华传统文化,是我国劳动人民在长期社会实践中积淀下来并发扬光大的精神财富。

中华民族之所以能够历经磨难之后生生不息,是因为中华民族是一个充满理想信念的民族。为了民族尊严和气节,文天祥发出了"人生自古谁无死,留取丹心照汗青"的感叹;谭嗣同留下了"我自横刀向天笑,去留肝胆两昆仑"的浩然正气,五千年的中国历史培养了厚重的民族精神。

俄国十月革命的一声炮响为中国送来了马克思主义。马克思主义与中国的实际情况相结合,在各个阶段都取得了不同程度的胜利。从中华人民共和国成立到改革开放再到全面建成小康社会,今天的成绩充分证明了在中国共产党的领导下,坚持走社会主义道路,实现中华民族的伟大复兴只是时间问题。

中华人民共和国成立之后,我国在社会主义建设中形成了"铁人"精神、"两弹一星"精神、抗洪精神、奥运精神,等等。这些精神是我们在实践中形成的,鼓励了一代又一代中国人,特别是大学生奋发进取,积极投身于社会主义现代化建设中。

爱国主义教育基地是对大学生进行理想信念教育的重要场所。通过历史事实和大量的图片讲解,能让生活在和平年代的大学生接受历史和革命教育,培养大学生的爱国主义情怀,坚定大学生共同的理想信念,在中国共产党的领导下走社会主义道路。高校作为中华文化的传承基地,肩负起"弘扬中华文化,建设中华民族的精神家园"的历史使命,高校应传承弘扬中华民族精神,激发大学生的爱国主义情感,增强大学生的责任感和使命感。

民族精神的弘扬有利于树立正确的理想信念,激励大学生奋发进取,增强民族自豪感;民族精神还可以帮助大学生完善人格,坚定理想信念。

第二节 当代大学生理想信念现状分析

在市场经济的作用下,务实与实用成为大学生确立理想的主要根据,但过分的务实导致他们关注自我小利,无视国家民族大义;关注眼前利益,不顾社会长远利益。大学生是社会发展的生力军和栋梁,这个群体失去了理想追求和改造现实的斗志,必然会影响社会的长足发展。

一、当代大学生理想信念存在的问题

(一)理想选择困惑、迷茫

当社会处于转型过程中,面对价值选择的多样性,大学生理想选择上的困惑与迷茫主要表现在以下三个方面。

1. 青年学生中普遍存在对理想教育不重视的问题

理想是人类社会实践的产物,是在改造客观世界和主观世界的实践活动中,对人类生活改变的思索,树立未来的生产生活目标,以满足更高的物质和精神需求。理想形成的动力源泉,正是人们对现实生活的不满和思索,是需要付出努力才能实现的对未来社会和个人生活的期许。理想是建立在人们的世界观、人生观和价值观之上的，它源于现实又超越现实。理想教育的抽象性与思辨性特征使其在教育过程中受到学生知识背景、思维模式、心理结构的影响，特别是由于理论与现实实践性的反差，使成长于改革开放、社会转型期的年轻一代，对于口号性精神食粮的摄取似乎已达到饱和状态。

在教育过程中，学生的学习内容中并不缺乏思想教育的知识。而中国当代教育往往采取灌输的方式，这对理解力达到一定程度的成人来说非常有效。但实际上，中小学生更加乐意接受一些有趣的能够在生活中用得上的思想政治教育知识。灌输教育的内容由于和生活分离，往往被学生们束之高阁。从马克思"异化"概念的角度出发，这种学习观已经成为一种异化的学习观。学生学习并不是为了增长知识，锤炼自己的品德，纯粹是为了一个外在的手段性目的——考试。学习观的移位使学生身心整体状况受到影响，忽视人的基本品性的培养，淡漠精神教育的过程和效果使大学生出现心理扭曲、价值观困惑、移位等极端校园行为和社会问题的比例在增加。熟悉的理论、反差的现实、移位的观念难以相和，只能忽视或淡漠其存在，或孤芳自赏，或了无心境。

2. 过分重视现实利益，缺乏稳定性

设定理想、目标是人们想要对现实的超越，是对未来的期望和信心。理想是人们未来努力的方向，信念则是一种对理想的支持和态度。理想信念是人们确立在对某种思想或事物未来状态基础之上的，并以坚信不疑和身体力行的心理态度和精神状态为之努力。改变一个人的信念需要很长时间，需要经过长期的观察和反复的实践验证，确认其真正错误时才有可能改变。改变一个人的信念必将对一个人的思想和行为产生重大的影响。有的学生第一个信念是考入大学，考入大学之后却茫茫然、昏昏然。有老师询问学生为什么要入党时，学生也回答不出来。

3. 对生活缺乏理性认知和定位

人的精神世界是知、情、意高度融通的复合体。认知代表理智，情感代表态度，意志决定坚韧程度。任何理想、信仰都是要通过一定努力介入人们的生活中发挥作用的。2008年北京奥运会每一个赛场上的激动、呐喊与骄傲；2022年北京冬

季奥运会赛事的紧张与激动,都说明了我们不缺乏热情与激情,而是缺乏能够使热情与激情的感性体验上升为理性认识的沉淀过程与经历。

(二)理想的模糊性与低层次

理想的模糊性与低层次在低年级与高年级学生中的表现有所不同。

1. 理想信念层次低在低年级的表现

低年级的大学生刚刚经过高考的激烈竞争,终于实现了大学之梦。但由于一些学生把考上大学当作人生重大理想的实现,所以考上大学后便有了"船到码头车到站"的心理,出现目标的丧失和理想真空,失去了继续奋斗的动力。这种缺乏理想追求的生活,加上高校自由宽松的管理方式,致使禁锢惯了的学生在突如其来的自由面前,反而茫然不知所措。

2. 理想信念层次低在高年级的表现

高年级的大学生在理想定位上一定体现了崇高的个人理想和社会追求,不能只着眼于眼前利益,追求个人经济利益上的实惠。目前很多大学生在择业时,将收入的高低作为衡量工作价值的主要指标,忽视了个人理想和社会追求。这是个人理想和社会觉悟不够的体现,因此在大学生思想政治教育中,我们一定要重视大学生的理想信念教育,帮助他们树立崇高的个人理想和社会追求,提高他们的思想觉悟。

追求个人利益,追求更好的物质生活并没有错,我们并不否定这种想法,但是如果大学生在自己的人生道路上总是将经济利益放在第一位,过分注重个人得失,就会导致他们的思想境界难以提高,缺乏远大的社会理想,自我实现的程度也相对较低。

(三)以"自我为中心"的享乐主义思想困扰着一部分学生

以"自我为中心"的享乐主义主要表现在以下两个方面。

1. 享乐主义倾向严重

改革开放之后,我国的经济水平迅速提高,人们的收入和生活水平也有了一个很大的提高,加上西方国家生活和消费观念的传入,"人生苦短,及时享受"这种思想越来越有市场,并且为一部分大学生所接受并奉若圭臬。当前大学生大多是独生子女,从小受到父母的宠爱,过着安逸的生活,这也是当前"享乐"思想在大学生中不断扩散的一个重要原因。抱有这种想法的学生,在学习上缺乏动力,不追求个人进步;在生活上讲究吃喝玩乐,甚至一部分存在严重的不劳而获思想;在个性上,他们张扬自由,强调个人的权利,不顾集体利益或完全忽视集体利益。

2. 消费观扭曲

有一些大学生在消费时根本不考虑自己的承受能力和经济状况,为了在同学中"不丢面子"盲目跟风消费、攀比消费,有一部分学生甚至借钱来满足自己的虚荣心。甚至有一些大学生把这种吃吃喝喝的生活作为大学生活的主题,把自己的学业、理想完全放在角落里。有些大学生四年的大学生活中并没有掌握自己应该掌握的知识和专业技能,结果择业时处处碰壁。当然,这种情况虽然存在,但并不是大学生价值行为和价值取向的主流,只存在于一小部分大学生群体之中,但是这种情况的存在为我们敲响了警钟。

鼓励消费是促进经济增长与发展的重要途径,大学生作为一个缺乏独立经济能力的社会群体,应该学会科学消费,根据自己的实际状况和经济能力适度消费,将自己的主要精力放在提高知识水平和专业能力之上,将学习作为自己大学生活的主旋律。

(四)理想的功利化和实用化

一些大学生的理想带有明显的"功利"和"实用"色彩,他们觉得人生在世一切都是假的,只有金钱是实实在在的。当然随着市场经济的发展,我们并不反对这种个人对物质生活的美好追求,并且从某种程度上说,它也的确可以将个人价值和贡献物化得最简单、最直观。这里需要强调的关键是，大学生对钱的态度，以及金钱使用上的差异，这也是区分个人境界和理想高低的一个重要因素。有些学生面对家乡的贫穷、环境的恶化、教育的落后，希望能赚大量的钱加以改变，这种赚钱的理想与完全满足自我享乐的金钱观有着本质差异。

就目前的状况而言，我们担心理想的功利化、实用化的消极影响，并不是要求大学生一定要回到饿着肚子空谈理想的老路上去，而是要求学生正确认识金钱在人生追求中的位置：金钱只是价值衡量的一个标准，不是主要的更不是唯一的标准；一个人如果把金钱的获取作为唯一的人生目标，就会失去理智，从而走向自我毁灭的深渊。

二、造成大学生理想信念困境的原因

大学生理想信念出现偏差的原因是多种多样的，有教育方面的原因，当然也有大学生自身的原因。明确造成大学生理想信念出现偏差的原因，才能抽丝剥茧找到问题的根源，走出当前大学生理想教育的困境。

对于造成大学生理想信念问题的原因，我们在前面的讨论中已经有所涉及，这些原因大多是联系比较紧密的客观因素，比较容易把握和理解，我们简单分析即可。这里我们主要以认知偏差为切入点，对造成大学生理想信念问题的原因进行分析和研究。

（一）家庭校教育

家庭教育是每个人都会面临和接受的一种教育模式，它对大学生理想信念的形成有很大的影响，主要体现在以下两个方面。

第一，家长是每个人最早的老师，他们的价值认知和行为对孩子起着十分重要的引导与示范作用。因此，在大学生思想政治教育中，家长要主动承担起自己的责任，用自己的实际行为孩子树立良好的学习榜样，帮助他们树立崇高的理想和社会信念。

第二，家庭教育对大学生的道德养成具有比较大的影响。当前大学生中，独生子女占到了绝大部分，他们从小在家长的呵护下长大，没有经历过生活的磨炼，思想意志不够坚定，自我控制能力较差。在家庭教育中，家长往往只注重孩子的学习成绩，忽视对孩子独立人格和个性以及思想品质的培养，这种做法也是当前大学生思想价值观念出现问题的一个重要原因。

大学生是社会的未来，他们作为未来经济发展的主力军，如果思想认知出现偏差，将自己的"小心思"作为自己人生的价值追求，他们的行动会因为缺乏崇高理想的支撑变得脆弱不堪，在遭受到生活的打击之后往往会一蹶不振，个人前途令人担忧。

（二）学校教育

理想信念教育中存在某种程度的"头脚倒置"的怪现象，具体来说就是教育的内容与理想的养成反向而行，我们可以从以下三个阶段的教育来理解。

小学阶段，在这一阶段的思想品德教育主要强调共产主义理想，强调远大的社会理想和高尚的个人追求，该阶段对小学生进行大量的理论灌输和理想道德的价值教育。

中学阶段，这一阶段学生的独立意识逐渐体现出来，对他们进行崇高社会理想和远大价值追求的教育往往被认为空泛而苍白，没有实际效果。中学阶段思想政治教育的内容以爱国主义为主，并通过集体意识以及国情教育来提高理想信念教育的内容广度。

大学阶段，这一阶段学生的特点发生很大的变化，他们性格特质已经养成，个人对社会和理想有了自己的独特理解，虽然没有成形但是已经初步确立。大学阶段的理想信念教育，以社会基本规范和社会公德的了解为主。

（三）大学生理想认知的偏差

所有的大学生都认为，一个合理的目标和远大的理想对人生的成功具有重要的意义，但是他们在对理想信念的理念和认识上却存在很大的不同，有人认为个人价值和利益是理想信念的核心；有人认为自己个性的发展是理想信念的核心；等等。

1. 理想认知的普遍偏差

理想认识上的一个非常普遍的偏差就是把理想等同于具体的人生目标。

大多数学生对理想信念的重要性并不怀疑，他们认为只有理想的支撑才能在充满荆棘的道路上不断前行，才能将自己的理想变为现实。大部分大学生在学习过程中都有明确的目标，大学生踌躇满志想要学好自己的专业知识，锻炼自己的真才实学，为社会主义建设作出自己的贡献。一个令人十分不解的问题就是，在理论上大学生能够很流利地完成相关的考试和题目，对理论的掌握和理解也十分娴熟，但是在实际生活中他们往往遇到困难就会产生畏难情绪，变得胆怯悲观，在压力下他们没有逆流而上，成就自我。换句话说，他们所谓的理想和信念都是停留在嘴上，停留在理论上，在现实的压力面前他们的理想和信念没有起到应有的支撑作用，他们在与困境的搏斗中败下阵来。

这种现象并非个例，而是在大学生群体中普遍存在的，大学生的行为与自己的认识是背离的。这种现象从原因上来说，是因为高校的教育和大学生对理想信念的理解拘泥于"目标化"的窠臼，教育者没有引导大学生对自己的理想信念进行深层次的思考，导致大学生对自己理想的认识和对实践的预估不足，出现知行背离。

2. 理想、信念以及信仰的关系

从理想和信念、信仰的关系上来看，这三者是辩证统一、不可分割的。

首先，理想是信念形成和确立的基础，如果没有理想信念就无法形成，大学生在社会实践中，要保持坚定的理想不动摇，才能发挥出它的巨大作用。

其次，信念、信仰和精神境界的追求要根据社会实际和自己的理想，进行必要的转化才能实现目标。从某种程度上来说，正是这种转化将理想的纯粹性以及克服困难的勇气和毅力逐渐磨平。这种转化主要有两个层次的含义，一方面使学生自以为概念明确，拥有理想；另一方面也使理想成了他们的一种生活常识和日常话语。

第三节 理想信念教育的基本内容

一、马克思主义基本理论教育

理想与空想和幻想不同，理想是建立在客观认识与规律之上的一种个人期望，理想体现着个人对社会的清醒认识和对发展规律的正确把握。科学的理想信念是在科学理论与客观实际的双重作用下形成的，缺少任何一个方面，理想信念都可能会发生方向上的偏移。大学生思想政治教育要通过科学的理论教育与引导，帮助大学生树立科学的人生理想。不断加强对大学生的科学马克思主义教育，也是为了保证大学生个人理想的科学性和合理性。

马克思主义是人类认识社会、改造社会的科学工具，在马克思主义理论的指导下，我们可以不断推动社会向前发展。马克思主义传入中国后，在毛泽东等人的发展与不断创新中，其与中国革命具体实践相结合，促进了我国新民主主义革命的胜利，并诞生了伟大的毛泽东思想，在其指导下古老的中国走上了一条彻底摆脱贫穷、落后的光明大道。习近平新时代中国特色社会主义思想坚持把马克思主义基本原理同中国具体实际相结合、同中华优秀传统文化相结合，以原创性理论贡献标注了马克思主义发展的新高度。

二、党的基本路线教育

（一）对大学生进行党的基本路线教育的根本目的

大学生思想政治教育的根本目的是让大学生认识到社会主义道路的科学性，建立大学生对我国社会主义建设事业的信心，教育他们坚决拥护党的领导，教育他们为社会主义现代化建设而奋斗。

（二）对大学生进行党的基本路线教育的一般目的

对当代大学生进行党的基本路线教育，目的是让大学生深刻认识与了解我国的现实任务，深刻理解经济建设的重要性，深刻认识到社会主义道路是中华民族走向富强和繁荣的必然选择。中国共产党在革命与建设过程中积累了很多宝贵的经验，大学生要深刻认识并尊重这些无数前辈积累下来的智慧，并学会结合我国当前社会主义现代化建设的实际情况，对这些经验进行合理的选择与运用，这是当代大学生必须掌握的。

三、社会主义建设的历史教育

在社会主义建设过程中，前辈们充分发扬了伟大的革命和建设精神，吃苦在前，享受在后，他们用自己的实际行动诠释着作为一名共产党员的光荣与使命，当代大学生应该充分学习前辈们在社会主义建设中体现出来的精神。大学生虽然有较高的理论知识，但是缺少社会实践经验的他们，缺乏对事物的判断能力。在大学生思想政治教育中，我们要引导大学生树立正确的认识，帮助他们建立起科学的人生观与价值观。

我国的社会主义建设经历了长期的艰苦奋斗，在艰苦卓绝的环境下，中国共产党带领全国人民取得了伟大的胜利与成就，这是大学生思想政治教育的理想教材；在建设社会主义现代化的过程中，涌现出了一批懂技术、能钻研的优秀员工代表，如许振超等，这些先进典型也是当前大学生思想政治教育的重要内容，能够激励大学生不断前进，不断超越自己。

四、基本国情和形势政策教育

（一）基本国情和形式政策教育的目的

高校通过不同的途径对大学生进行思想政治教育，比如通过对大学生进行基本国情和形势政策的教育，让他们认识到我国社会主义现代化建设的辉煌成就以及存在的问题。通过对我国基本国情和形势政策的认识，能够帮助大学生正确地认识我国社会主义建设的基本状况，深刻理解当前的基本矛盾，从而有计划、有目的地对自己的学业、人生目标和社会追求进行调整，为我国社会主义现代化建设作出贡献。通过对大学生进行基本国情和形势政策教育，可以帮助他们认清形势，进一步理解党和国家的政策，为他们更加全面地走向社会奠定基础。

（二）基本国情和形势政策教育的开展

对大学生进行形势政策教育，有助于他们了解国际国内的形势变化，同时对他们关注的当下热点和难点问题进行认真解答，帮助他们认识社会主义发展的历史进程，并对资本主义的发展进程有更深层次的了解，是十分重要且有着重大意义的一项工作。我国社会主义的改革实践过程深刻影响着人们的思想行为，国际大背景和国内政治斗争也是对人们的思想有着重大影响的、应该重点进行教育的内容。

第四节　加强大学生理想信念教育的具体措施

一、坚定信仰，走中国特色社会主义道路

中国特色社会主义道路，让人们坚定了对马克思主义社会主义理论的信仰。在中国特色社会主义道路引领下，中国的发展日新月异，取得了里程碑性质的大跨越，成功抵御了西方经济危机对中国经济的波及并使之正态发展，也有力地颠覆了苏联解体时西方社会很多人谎称社会主义已经没落的荒谬言论。由此，一些西方学者指出，中国的发展给人们指出了一条摆脱全球资本统治的破坏性进程的

出路，也使人们产生了一种对社会主义前景的希望。有评论称，中国将马克思主义同中国具体实际相结合，找到了解决时代课题的途径和方法，丰富和发展了马克思主义。这让西方重新认识了马克思倡导的社会主义理论。

同时，中国特色社会主义道路是世界上的伟大创举。为广大发展中国家提供了可资借鉴的成功范例。中国特色社会主义道路，对全世界那些正苦苦寻找不仅自身发展，还要在融入国际秩序的，同时又真正保持独立和保护自己生活方式和政治选择的国家来讲，中国提供了新路。

二、营造良好的社会育人氛围

人的本质属性是社会属性，人是社会关系的产物。从我们呱呱坠地的那一刻，我们就依赖于社会、离不开社会。良好的社会环境帮助人们树立正确的理想信念，相反，社会环境的变化无常会干扰人们树立正确的理想信念。

（一）提升校园文化建设水平

在高校校园文化建设中，科学精神和人文精神是大学生观察与认识世界不可缺少的两种素养。

1. 加强科学精神培养

当今国际化程度越来越高，社会生活日新月异，结合我国社会的发展现状和高等教育的发展改革，顺应社会对于各种人才的客观要求，高校校园文化的发展必须加强对大学生科学精神的培养。当今世界各国主导的观念是把大学定位成一个集科学研究、人才培养和服务社会等各项功能于一体的综合性教育机构。要完成好这一任务，必然要求大学教育的重点放在培养严谨规范、求实创新的科学精神上，使高等学校在学生有限的大学学习时间里，充分利用各种教育资源，传授给学生这一科学精神，从而完成国家和社会赋予高等教育的神圣使命。从我国高等教育改革发展的目标来看，要想充分适应我国社会国际化、信息化发展的客观需求，培养出综合素质高、拓展能力强的合格人才，在高校校园文化建设中，都应该围绕一个核心，那就是培养和激发学生自主精神、独立思考、善于创新的综合能力，在教学设计的理念、课程体系及内容、教学方法与手段方面，进一步更新、调整和变革，而这些都与科学精神的本质内涵相辅相成。

2. 加强人文精神培养

国际化对高校校园文化建设中人文精神的培养提出了更高的要求。其主要原因有以下三个：

首先，随着西方社会思潮的侵入，许多大学生的价值观有了偏差，在校园学习生活中感到目标不明确，前进无动力。他们没有明确的理想和追求，学习、生活的动力不足，失去了向上的追求，这在很大程度上与人文素质的缺乏有关。加强大学生人文精神培养，有助于学生世界观、人生观和价值观的完善，帮助大学生培养积极向上的精神面貌，树立远大的理想抱负，执着于对人生目标的追求。

其次，提高人文素质有助于增强大学生的民族自豪感，培养大学生的爱国主义情感。人文素质本身就体现了强烈的民族性，不同的民族有不同的历史，不同的国家有不同的文化。中华民族的传统文化是爱国主义文化的重要组成部分，历史上的仁人志士为我们树立了爱国主义的典范、民族精神的楷模。

最后，高校校园文化建设加强人文精神培养，有助于解决大学生的心理问题，保持其精神生活的健康。当前大学生的心理问题一直是学生安全稳定问题中的一个主要问题。从心理学的角度来说，一切心理问题的出现都是由于个体受到了外界因素的影响，而单纯的外界刺激，本身并不一定会使人们出现心理疾病，产生心理疾病的根本原因是主体受到了刺激，进而对刺激产生了反应。近年来，学生心理疾病的发病率不断升高，使得校园文化中人文精神的培养显得特别重要。保持校园氛围的温馨、健康，对于培养学生的精神面貌，提高学生的抗压能力，保持学生的阳光、健康状态，减少大学生心理疾病的发生，保证学生顺利开展学习工作和生活，有着十分重要的意义。

3. 保证科学精神与人文精神的统一

高校校园文化建设保持人文精神与科学素养的统一，是突出校园文化育人功能的关键。高等教育培养的社会主义事业的建设者和接班人，应该是既有严谨认真的科学素养，又有健康崇高的人文精神的现代意义上的完整的人。从人类发展的文明史来看，自然科学和人文科学之间是相互补充、不可替代的。我国高等教育担负着培养中国特色社会主义建设需要的合格人才的重要任务，高校应充分认识到，校园文化建设中培养健康合格大学生的关键在于倡导和推进科学精神与人文精神的和谐发展，以此培养的高素质的大学生才能在国家发展建设中起到中流砥柱的作用。

（二）发挥家庭育人的连续性

家庭教育是一种重要的教育形式，也是终生教育的重要形式，家长应该正确引导孩子价值观的发展，提高他们的应变能力。

据文献记载，我国的家庭教育最早始于西周。周公因受封于鲁，但是成王年幼，需要留京辅助，让自己的儿子伯禽前往鲁国，周公对伯禽说："往矣！子无以鲁国骄士。吾，文王之子，武王之弟，成王之叔父也。又相天下，吾於天下，亦不轻矣。然一沐三握发，一饭三吐哺，犹恐失天下之士。"周公是文王的儿子，武王的弟弟，成王的叔叔，官居显赫的周公在教育自己的儿子伯禽时曾说："我洗脸的时候，经常要拿着头发，吃饭的时候经常要三次吐出食物，急急忙忙地接待来人，就是怕失去一个贤才。"周公率先垂范，给后代树立了一个好的榜样，成为家庭教育的典范。孔子作为家庭教育的鼻祖，在教育孔鲤时，让他学诗习礼，立足于社会。孟母三迁的故事就是家庭教育成功的例子之一，孟母通过对环境的观察，针对孟子成才的实际需要，不断更换住所，才成就了孟子。

一般来说，加强家庭教育应该从以下两个方面入手。

首先，充分利用网络资源，加强学校和家庭的有效沟通。父母对子女望子成龙的期望值很高，随着网络的普及，学校要建立交流平台，以便随时了解学生在校的思想状态和表现；应将学校的育人理念和新闻动态发布到校园网上，真正做到家校共管。

其次，注重家庭教育的连续性。家庭是社会的组织细胞，也是孩子成长的

第一课堂。在家庭教育中，父母的道德品质、价值观念、为人处世的态度都对孩子产生影响。父母是子女的终生教师，好的家庭教育可以促进孩子的全面发展。

三、健全大学生思想政治教育观念

（一）立足课堂，更新教育理念

1. 改变教学方法，提高教学有效性

（1）互动教学法。互动式教学法是多种教学方法的综合，其目的在于推动教师与学生之间的交往，最终实现教学效果的提高。大学生思想政治理论课的互动教学法主要有以下四种互动形式：

第一，师生互动。师生互动是思想政治理论课互动式教学的主要内容，也是互动式教学在教学实践活动中的难点与重点。在实际教学活动中，教师应设法在课堂上营造平等宽松的民主氛围，给学生展示自己的机会。在课堂讨论中，教师应采取开放的态度，对不同的观点或者角度各异的问题，不宜随便质疑或者肯定，引导学生自主地思考问题、解决问题。在师生互动中，知识在学生学习的过程中自发地"生长"，而非教师强制性地向学生灌输。

第二，生生互动。生生互动是在教师的主导下，在学生之间展开的知识交流过程。学生通过相互提问、对答、讨论的互动方式，相互借鉴彼此知识体系中有价值的内容，达到共同学习、共同提高的目的。生生互动的具体形式主要有：一是讨论。这种讨论可以是全班性的，也可以是小组内的。二是辩论。理越辩越明，辩论一方面可以活跃课堂气氛，加深学生对知识的认识；另一方面则能够调节课堂组织形式，实现全班的共同参与。三是竞赛。竞赛的形式是多样的。教师在组织竞赛的时候，可以采用个体参与的形式，也可以以采用小组作为竞赛单位的形式。

第三，社会互动。加强学生与社会互动的主要形式有参观访问、社会调查、专家讲座和社会实践。社会互动的目的一方面是要学生了解社会发展的方向，了解社会的需要；另一方面则是促进学生反思，培养学生适应社会发展的能力。

第四，媒体互动。媒体是承载最大量信息的社会交流载体。随着新闻媒体的日益发达，我们要充分运用现代媒体在思想政治教育教学方面的作用，使现代媒体充分为思想政治教育教学服务。因此，大学生思想政治理论课教师一方面要充分挖掘现代媒体的有效信息，在课堂上引入现代气息的最新信息资源；另一方面则要鼓励学生关注现代媒体，关注国际国内形势政策，还要鼓励学生运用所学知识分析当前时事问题，增强理论课的吸引力和感染力。

（2）启发教学法。所谓启发式教学法，是教师根据课程教学目的、内容、学生的思维状况，综合运用各种教学手段，以充分调动学生课堂参与积极性为目的的一种方法。启发教学法是引发学生思维的重要手段。通过教师的启发，学生能够从对材料的感性认识上升到理性认识，在学生接收知识的同时提高学生的思维能力。

教师在进行理论课教学的过程中，应该顺应学生的思维方式。

第一，安排教学内容，注意教学艺术。启发式教学的主要载体是教学内容与教学艺术。在编排课程的时候，教师可以按照学生的思维模式与知识基础来调整课程的先后次序，并适时地加入教学案例。启发式教学法的成功与否，取决于教学艺术。优秀的教师可以使用提问的艺术、举例的艺术、板书的艺术、激励的艺术等方法，成功地让学生进行积极的思考，从而获得相应的个性化的知识。

第二，安排作业，善于学习反思。课外学习是课内教学的拓展，课外反思则是课堂教学的延续。理论课教学的目的是要将理论内容嵌入学生的认识中，而学生认识的深化还要通过课外学习完成。教师应该善于利用作业作为学生参与课外学习的线索，通过让学生在课外查找相应资料的方式完成对学习内容的反思。

2. 创新教学观念

有效贯彻以人为本的教育理念。在理论课教学创新中坚持以人为本，就是要坚持以大学生为本。以大学生全面发展为目标，解放思想、实事求是、与时俱进，坚持以人为本，贴近实际、贴近生活、贴近学生，努力提高思想政治教育的针对性、实效性和吸引力、感染力，培养德、智、体、美、劳等全面发展的社会主义事业合格建设者和可靠接班人。

以人为本属于价值论的范畴，是要回答什么最重要、什么最根本、什么最值得关注。在大学生思想政治教育主渠道改革创新中，坚持以学生为本，必须认识到学生的思想政治素质有实质性的提高最重要；尊重学生在教学中的主体性是根本；学生的思想政治状况，学生关心的热点、难点，学生渴望解决的思想矛盾等最值得关注。

要使这样的教育理念得到有效贯彻，需要做到以下三点：

第一，在教材建设上，应把教材作为一种有效的媒介，用它来对大学生进行马克思主义理论教育，并将其推广到大学生中。为此，应根据不同水平的学生的知识、文化素养与阅读能力进行合理选择，以提高教材的时代性与可读性。

第二，在课程设计中，要考虑到不同层次、不同专业背景、不同知识文化水平、不同思维方式、不同兴趣爱好的学生，分别制订不同的课程，创造出不同的课程体系。在此基础上，还提出了"以学生为先""以人为先"的教学原则。

第三，在具体的教学活动中，要充分尊重学生的主体性，采用多种方式，让学生们积极地参加教学活动，给他们一些独立的感悟、思考和探索的空间，使他们能够在积极地参与中，实现知识、情感、信念的统一与和谐的转换，从而提高学生自身的思想政治素养。

3. 及时吸收转化马克思主义最新理论成果

随着高校教育的逐渐普及，从事马克思主义理论研究的人员逐年增加，大量科研成果以论文、文集、专著等形式发表。在成果的内容中，有许多研究者探讨了课堂建设理念、课程内容、教材建设、教学体系、教学途径方法及教师队伍建设等。但是，这些理论成果并没有真正运用到思想政治理论课建设中。成果不能转化为有效的生产力是多方面原因造成的，根本原因是我国至今没有建立起马克思主义理论研究成果转化为指导和帮助大学生思想政治教育实践的转化机制，缺乏专门从事转化的管理部门、工作人员和相关制度，这使大量的理论成果仅仅成了科研人员内部交流的材料和职称评审的条件，造成研究成果的巨大浪费，也使理论成果失去生命力。面对这种情况，要认识到理论成果的转化在马克思主义理论学科建设中具有重要地位，需要将学科建设与理论研究成果及时转换并服务于思想政治理论课作为一项重要的、具有开拓性的工作来抓，让研究成果真正有助于解决大学生思想政治教育主渠道面临的新问题和新任务，这是大学生思想政治教育主渠道建设获得长足发展的基础，也是马克思主义理论研究具有价值的重要体现。

（二）加强大学生网络道德教育

1. 提升大学生网民主体的道德自律，强化网络道德责任意识

网络道德建设的关键是网民自身道德素养的提高。由于互联网上的信息鱼龙混杂，很难进行分辨，因此，在互联网上，思想政治教育的对象，特别是青少年，他们的思想和观念很容易被一些不健康的信息左右，给他们带来负面的影响。所以，要加大对网络道德的宣传与教育力度，引导网民建立起正确的网络伦理道德观，增强大学生对网络中有害信息的识别能力，增强他们的免疫力，从而净化网络环境。在此基础上，要加强对大学生网络道德的责任感，加强对大学生网络行为的引导。比如，指导学生不要沉溺于上网聊天和网游，上网要有节制；不在网上从事剽窃他人学术论文等侵权活动；不随便相信甚至附和网上的过激言论、虚假信息和反动信息等。引导学生在具体的网络行为中增强自律意识，使他们在活动中受到潜移默化的网络自律教育。

高校网络思想政治工作者要教育网络受众注重慎独，在网络受众中形成以下三种意识。一是"慎独"是"为己"。即做到慎独不是为了他人的评论，而是为了自己内心的安定。二是"慎独"之时，既要重视"大过"，也要重视"小节养成""勿以恶小而为之，勿以善小而不为"的道德认知。三是"慎独"要注意"克己"。

2. 使大学生网民学会选择信息，提高大学生的道德判断力

传统的道德教育在本质上是一种"教会顺从"的教育，受教育者要无条件地吸纳和认同既定的道德价值、道德规范和道德理想，因而，也谈不上对大学生进行选择、判断与辨别能力的培养。但是，随着网络社会的到来，过去那种信息匮乏的时代一去不复返了，青年大学生一下子有了更多选择的机会和可能性，这本身是一件好事，但身处选择的时代无疑需要一定的选择能力。

（1）培养学生的选择能力。

浩如烟海的网络信息一方面为学生发展提供了取之不尽的资源，另一方面给学生造成了强大的"信息压力"和"信息选择"的困难。"信息压力"主要指学生面对网络信息的量增和变更，感受的是相互比较的直接和竞争的强烈，觉得发展太快、信息太多、应对太累，压力太大；反映在心理层面，就是"心躁"，即急躁、浮躁、焦躁、烦躁。这种心理特征表明学生的内心充满着矛盾。同时，在信息质量的评价与选择上，由于存在着价值多元、多样和多变的社会背景，评价与选择的主观认定与客观参照借助信息必定互换更替，这就是在网络领域经常涌起的信息新潮、浪潮甚至狂潮，不断地更替评价与选择标准，一方面有利于期望值的攀升，产生激发作用；另一方面也会使人无从选择，犹豫不决。因此，教育大学生学会选择，是高校德育在网络环境下面临的一项新的课题。只有将它解决好，网络资源才会对大学生的发展产生正面的、积极的影响。

（2）培养网德，养成大学生良好的上网行为习惯。

加强网络道德教育重在培养大学生的网络道德品质，形成良好的上网习惯。形成良好的网络行为习惯是网络道德教育的归宿和根本目标。

3. 大力加强当代网络思想政治教育工作团队建设

人力资源是当代网络思想政治教育模式中的主体性资源。在我国网络思想政治教育团队中，高校的教育团队是一大亮点。

参与到高校思想政治教育工作中的人员都应当受到应有的重视，在尊重学生客观需求的基础上组建高效率的教师和管理团队，通过开展学校内部以及学校之间的交流实施大学生网络思想政治教育。肯定人，重视人，为师生提供发挥才能的广阔平台，合理利用校园网络，促进大学生综合素养的根本性提升。

党组织是大学生网络思想政治教育模式中的核心力量。在学生群体中不断发展和培养入党积极分子，发挥学生党员的带头示范作用，积极展开学习讨论，对使用互联网过程中学生群体中存在的各种问题做到及时跟进，有效解决。用党的理论来武装头脑，对网络上的不良信息产生抵抗力，坚持以科学发展观为指导，使高校网络思想政治教育始终朝着正确的目标迈进。

各院系辅导员是高校思想政治教育队伍的重要组成部分。无论在课堂教学中，还是学生日常学习生活中，辅导员都起到了重要的引导作用。他们除了在专业领域教授课程外，还要关注学生日常生活，配合任课教师高效率地完成专业课以及思想政治教育方面的教学目标。.

第三章 大学生劳动教育

第一节 劳动及其劳动教育的意义

一、劳动及劳动教育的认知

"劳动"一词在人类的认知中由来已久,国内外许多学者在哲学、经济和法律等方面都有过关于"劳动"的论述。在哲学意义上,劳动就是人类为适应自己的需求而改变劳动对象所进行的一种有目的性的活动。在不同的社会体系中,劳动具有不同的社会属性。

劳动既是一种自然的过程,又是一种社会的过程。劳动是人的本性,是人的本质活动。只有劳动,才能使人变成真正的人。通过劳动,人类可以与外部进行物质和能量的交换,从而保持和延长人的生命,还可以实现人的自我解放和自我实现。劳动是人类社会赖以生存与发展的基础,也是人类物质财富的源泉。同时,劳动又是连接知识世界、生活世界、工作世界的一座关键的桥梁,是生活认知与生命认知的一条重要途径。

劳动本身就有"教育"的意义,"劳动教育"是指在家庭、职业和社会等领域,基于体力劳动和物质生产性劳动而实施的一种教育性活动。劳动教育是教育和劳动相结合,从个体发展的要求出发,从现实实践的缺失中而产生的。

"劳动教育"的内涵可以概括为"劳动+教育"。但是,劳动教育并非教育与劳动的简单叠加,而应是两者的结合。从教育性的角度来说,劳动教育是一种劳动的教育,教育者要对学生进行劳动知识、劳动技能、劳动态度和劳动情感的教育;从劳动性的角度来看,劳动教育是一种教育的劳动,学生的劳动知识、劳动技能、劳动态度以及劳动情感等都在劳动中得到了更深程度的发展。

《教育大辞典》对劳动教育进行了一种基于实践的界定,将劳动教育界定为劳动、生产、技术、劳动素质四个方面的教育,着重于使学生养成正确的劳动观、劳动态度和劳动习惯,使学生掌握工农业生产所必需的基础知识和技能。

二、新时代劳动教育的特征

(一)强化劳动观教育,弘扬劳动精神

新时代的劳动教育要培养正确的劳动观。通过劳动课程讲清楚劳动理论、培育劳动意识和劳动情感,通过弘扬"劳模精神""工匠精神"等形成对劳动和劳动者的正确价值判断,引导崇尚劳动、尊重劳动,摒弃不劳而获的思想,坚定通过劳动创造幸福美好生活的信念。

1. 崇尚劳动

劳动是财富的源泉,也是幸福的源泉。人世间的美好梦想,只有通过诚实劳动才能实现;发展中的各种难题,只有通过诚实劳动才能破解;生命里的一切辉煌,只有通过诚实劳动才能铸就。"当代大学生要懂得劳动是推动人类社会进步的根本力量,是美好生活的源泉,劳动光荣、崇高、伟大"。

2. 尊重劳动者

我们讲人民，重心是劳动人民；我们讲群众，重心是劳动群众。要尊重普通劳动者，无论是脑力劳动者还是体力劳动者，都值得尊重。劳动模范和英雄人物是劳动者的杰出代表，他们身上展现的劳模精神是民族精神和时代精神的有机融合，是新时代的力量之源，更值得尊重。

3. 弘扬时代精神

新时代劳动精神、劳模精神、工匠精神，包括爱岗敬业、争创一流，艰苦奋斗、勇于创新，淡泊名利、甘于奉献。作为新一代青年学生，要崇尚劳动、尊重劳动模范，如在新型冠状病毒肺炎肆虐期间，以钟南山、李兰娟院士为代表的科学家和舍生忘死的一线医务工作者，以及众多参与抗击疫情的平凡志愿者、人民警察等的劳动精神都值得大力弘扬和学习。

（二）强调身心参与，注重手脑并用

新时代劳动教育强调身心参与，注重手脑并用，从劳动中获得知识、技能与价值观教育，增强职业荣誉感和责任感，提高职业劳动技能水平，培养积极向上的劳动精神和认真负责的劳动态度。

1. 深化劳动教育理念

劳动教育肩负着学生全面发展的重任和社会进步的重责，在劳动的背后，是培养一种生活理念、一种社会责任、一种生命精神。大学生的劳动教育不能是缺乏整合、互不衔接、时冷时热的劳动行为，而是要形成一个整体的劳动认知结构和价值信念。

2. 具有必备的劳动能力

劳动教育既是一种品格教育，也是一种能力锻炼，需要持续体验和不断生成。新时代劳动教育，按照课程的逻辑和教育教学规律实施，保障时间、空间、内容、条件、过程，使受教育者在系统的劳动教育中得到做人做事的严格训练，具备基本劳动能力，实现实践和精神的共同成长。

3. 养成良好的劳动习惯和品质

作为社会生产实践的准劳动者，不仅要爱劳动、知劳动，更要勤劳动、会劳动。通过劳动教育和实实在在的劳动，形成良好的劳动习惯和品质，从加强生活自律、努力刻苦学习、注重节约资源、悉心维护环境等力所能及的事情做起，感受、体悟劳动的快乐和劳动的伟大。

（三）拓展劳动方式，创新教育途径

新时代劳动教育重视劳动育人、实践育人的优良传统，要拓展劳动方式，创新教育途径：结合专业课程学习开展实践活动或参加社团活动；走进社区、走向农村、走上街头开展志愿服务；利用课余时间或假期时间做家教和做兼职等。归纳起来主要有日常生活劳动教育、社会实践劳动教育、职业体验劳动教育、创新创业劳动教育四种类型。

1. 日常生活劳动教育

持续开展日常生活劳动，做好宿舍卫生保洁，立足个人生活事务处理，培养个人良好的卫生习惯；学习掌握烹饪、整理收纳等基本技能，锻炼独立生活的能力，自我管理生活，树立自立自强意识。

2. 社会实践劳动教育

积极主动参加志愿服务、勤工助学、寒暑期社会实践活动和校内外公益服务性劳动，利用知识、技能等为他人和社会提供公益服务，树立服务意识，实践服务技能，在公益劳动、志愿服务中强化社会责任感，培育社会公德，厚植爱国爱民的情怀。

3. 职业体验劳动教育

职业体验劳动教育指的是，以实验实训和校外实习为基础，让学生参加真实的生产和服务性劳动，让学生的职业认同感和劳动自豪感得到提升，培养学生们不断探索、精益求精、追求卓越的工匠精神，培养学生们对工作的热情，以及爱岗敬业的劳动精神。

4.创新创业劳动教育

创新创业劳动教育指的是，在专业实训、毕业实习、社会服务等劳动实践中，培养学生的创新思维，学习大数据、人工智能等新兴技术，探索新工艺，运用新方法，开展创造性劳动，提高学生的创新创业能力。

第二节 大学生劳动教育存在的问题及其成因分析

一、大学生劳动教育存在的主要问题

（一）教育重视程度不足

在当前强烈的应试教育思想的影响下，一些高校片面地追求高升学率和高分数，而使劳动教育受到了某种程度的边缘化。

首先是我国高校的劳动教育制度被"弱化"。当前，大学生劳动课程的设置率与其他课程相比，存在着明显的差距，课程设置存在着简单化、随意性的问题，导致部分院校的大学生劳动教育形式意义大于实际意义，主要是集中于一段时间内的社会实践等劳动形式，而不是以一种长期的方式进行连续性教育，从而导致劳动教育没有取得实际成效。其次，"淡化"了劳动教育的内容。现在，大多数的大学生都是独生子女，再加上大学生的学习压力很大，因此，许多父母对自己的孩子太过在意，他们更希望自己的孩子能把专业功课学好，而那些"跟学习无关"的事情，他们可以代替孩子去做。许多学生在家中的日常劳动，早就已

经被父母完全包揽，使学生自身对于劳动的认知不够清晰，不利于进行劳动教育。再次，在社会教育的大背景下，劳动教育处于一种"虚化"的状态。在目前功利主义错误价值观的影响下，人们变得更加急切，过于注重功利。在社会大环境下，这种现象很容易导致大学生忘记了自己进入大学的初衷，转而去追求名利，从而导致大学生价值观的移位。

（二）教育内容缺乏针对性

教育的针对性，就是要有能力按照时代的要求和被教育对象的特点，选择适合自己的教学方法，选择合适的教学内容。相对于其他专业的劳动教育课程，大学生劳动教育课程的内容应该具有更强的实用性和针对性，并且要结合各大学专业学生的特点，开发出特色课程和校本课程，以充分满足大学生今后发展和工作的需求。当前，我国高校学生的劳动教育教学内容同质化比较严重，教学内容缺乏针对性。在劳动教育课程的具体实施过程中，某些高校仅限于打扫教室卫生、帮助家长收拾家务、从事社区志愿服务等几个方面，缺少了一定的创新性和针对性。课程内容与大学生所学专业存在着严重的脱节，同时也缺少与之相适应的课程教材，课时安排也不合理，不能形成连续性的教育，没有真正帮助大学生培养出良好的劳动习惯。

（三）教育效果评估不够

在很长一段时间里，由于劳动教育效果评估权的归属没有明确，而且劳动教育在德育教育中一直都处于从属地位，因此，在对劳动教育效果进行评估的过程中，各个大学和教育主管部门都没有进行有效的监督。由于对劳动教育的效果没有得到很好的评估，使得劳动教育的效果并不理想。此前，因为社会对劳动教育缺乏足够的关注，高校教育体系中的劳动教育效果考核机制也不完善，许多高校没有将大学生劳动教育效果评估环节纳入大学生的综合素质评价指标中，这直接影响了大学生劳动教育的效果。由于缺少对劳动教育效果的评估，这也在某种程度上造成了在劳动教育内容和形式出现问题的时候，缺少与之相

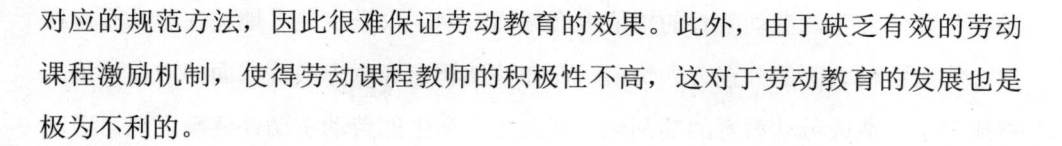

对应的规范方法，因此很难保证劳动教育的效果。此外，由于缺乏有效的劳动课程激励机制，使得劳动课程教师的积极性不高，这对于劳动教育的发展也是极为不利的。

二、大学生劳动教育问题的成因分析

对"00后"大学生劳动意识存在的问题进行分析发现，大学生主要存在劳动理论薄弱、劳动积极性不高和劳动意志力缺乏的问题，这些问题的成因是多方面的。由于劳动教育环境的复杂性和多样性，我们将其归纳为学生自身、学校、家庭和社会四个维度。

（一）学生劳动主动性缺失

1. 劳动价值取向功利化

"00后"大学生从小在全球化的背景下长大，形形色色的西方思潮从贸易、网络和电视媒体等各种渠道进入日常生活中，价值观还未完全成形的"00后"一代极易在各种思潮的冲击中走向功利化。主要表现在两个方面：一是功利的实用主义，只做对自己有用的劳动，认为一切不能得到直接回报的劳动都是对体力和精力的浪费；二是精致的利己主义，他们认为社会是个人的总和，只有每个人自身的利益得到实现，才会获得社会的繁荣。

在"00后"大学生这里，"读书改变命运"这句老话变味了，拥有良好物质条件的他们，读书是为了远离需要大量体力劳动的工作，希望通过文凭成为人上人，这样读书就不是单纯为了理想和个人发展，而是掺杂了更多功利的价值取向。"00后"大学生更多地关注自身需要，看重的是怎么提升自己，使自己的未来更有前途。

将学生的劳动与获取实际的收益相联系，带有功利色彩，诸如参加班级劳动会有名次评比，参加志愿服务劳动是为了获得学分或者志愿者证书，参与劳动竞赛是为了获得荣誉证书，参加组织活动是为了竞争入党名额等。在劳动价值的功利化取向之下，劳动教育的价值也会偏离方向，大学生更多地关注劳动教育在创造物质资料方面的外在育人价值，而在情感塑造和意志锻炼方面的内在价值却被掩盖了，造成劳动教育的功利化日渐突出，学生的劳动主动性逐渐衰退，劳动意识无法得到有效提高，在长期的功利化劳动氛围笼罩下，会给大学生未来的职业选择、社会交往带来不良影响。

2. 智能设备依赖度加深

随着智能设备的不断普及和媒介融合的日益深化，大学生对手机、电脑等智能设备的依赖达到了前所未有的程度。当智能设备在劳动中的角色从"协助"变成"替代"，甚至让学生形成"依赖"，学生的劳动意识也就在智能设备角色的转变中逐渐变质。

智能设备的过度使用和依赖对大学生劳动意识产生负面影响。深陷网络世界的学生会用网络来逃避现实世界，在虚拟世界浪费大量时间，相对的本该用于劳动的时间就会被挤压，形成不良的劳动习惯。还会把智能设备当作心灵的慰藉，不断增加智能设备的使用时间来获得满足感，使虚拟世界的想法充斥并占据了大脑，形成依赖后即使自己想反复控制、减少或停止使用智能设备却无法成功，试图减少使用就感觉烦躁、易怒或沮丧，在劳动中就会表现为对劳动的抵触心理，劳动情绪不稳定、注意力无法集中、劳动效率低下。此外，智能设备会造成学生的懒惰心理。由于智能设备的功能越来越复杂和多元，形式越来越多样，可以提供的劳动服务渗透到生活的各个角落，像扫地机器人、洗碗机、吸尘器更是走进了千家万户，大学生作为最易接受新鲜事物的群体，对新兴科技产品的接受度和使用率都很高，在体验到智能设备带来的便利和快捷之后，逐渐养成依赖心理，认为凡是可以被机器替代的劳动都不再需要亲自动手，久而久之，对劳动会不屑一顾，养成好吃懒做的习惯，甚至生活无法自理。对电子产品的依赖形成了习惯，这样在宿舍或者其他物质条件缺乏的场景下，他们往往会选择拖延或者干脆放弃劳动，而不能积极主动地去通过行动解决劳动问题。

（二）高校劳动教育系统性失调

1. 学校劳动教育与具体实践脱节

高校劳动教育局限在校园的狭小环境内，与具体生产劳动结合不够，是影响大学生劳动意识的一大原因。目前，广大高校虽然也在积极探索劳动意识培养的新方式，但总的来说高校劳动教育还是存在偏重理论、忽视实践的倾向，造成这一现象的原因是多方面的：首先，是从学生安全出发，一旦实践过程出现意外，高校方面不可避免地要承担责任。其次，是从组织安排出发，由于高校内学生众多，劳动实践教育不像理论学习只需要一间教室就能进行，会牵涉学生的实践地点安排，与企事业单位的协调沟通，带队老师的人员安排，甚至还包括交通、食宿安排等，会花费大量的人力物力。因此，高校的劳动教育一部分是依托校园内的社团、学生会等学生组织，另一部分是通过党日、团日活动开展。

高校劳动教育目前以理论为主，学生接收了大量劳动理论知识，却由于场地、资金和人员安排等问题，缺乏将理论知识应用于现实的实践课堂的机会。很多学生表示，他们在大学选择了自己喜欢的专业，并希望通过大学的教育掌握足以用于工作的专业技能，但是现在在大学学到的多是书本上的知识。长期的"纸上谈兵"，让他们懒得动手、不会动手，无法做到将理论应用到实际。

很多同学在低年级时没有意识到实践能力的重要性，在毕业临近，不得不考虑就业问题的时候，才意识到要进行实践锻炼，通过兼职、假期实习来确认职业目标，增强就业能力。此时的大学生将面临就业和学业的双重压力，产生焦虑情绪，导致无法顺利完成从学校走向社会的过渡。上述现象的产生，很大程度上是由于高校缺乏对学生在实践能力和专业应用能力上的关注，缺乏对学生现实需求的了解，造成学校劳动教育长期偏离其真正的价值。

2. 缺乏独立的劳动教育评价体系

高校是大学生劳动意识培养的组织者和监督者，劳动意识培养体系的完善与否，将影响大学生劳动意识培养的效率和趋势。只有一小部分高校有劳动意识培养和评价体系，即使在少数具有劳动教育体系的学校，其劳动意识培养效果并没有达到预期效果。大多数高校没有建立专门的劳动教育负责部门，更缺少相应的评价制度，许多大学生的劳动意识评价处于自发状态，没有科学指标和系统的评价方法。

劳动教育评价应该贯穿劳动教育始终，但由于劳动教育内容的丰富性和形式的多样性，建立其评价体系的难度大大增加，多数高校存在以下三个方面的问题：

首先，缺乏对劳动教育的过程性评价，由于劳动教育形式多样，高校很难统一对各种劳动教育的评价，比如劳动教育的理论课程、劳动实践和各种实习实训，其实施过程中的侧重点各有不同，高校很难做到对不同的劳动教育课程进行分类评价，因此，劳动教育的过程性评价是当前劳动教育评价体系中有待完善的部分。

其次，轻视劳动教育的结果性评价，从一些高校的奖学金评选规则来看，劳动教育成果只与学分挂钩，具备劳动意识和实践活动表现并不是申请奖学金的必备条件。而专业课成绩则与奖学金、荣誉称号等多种评优机制相关，无形中造成学生对劳动教育的轻视。

最后，缺乏对劳动教育评价体系的监督机制，劳动教育监督既包括对劳动教育教师的教学能力、教学态度、教学成果的考核和评价，也包括对学生劳动教育评价的追踪、分析和优化，由于现在高校中没有负责劳动教育的专门部门，导致劳动教育缺乏监管，劳动教育评价难以有效实施。

很明显，没有一个动态的科学体系和有效的监控与评价，仅结合专业课和通识课的成绩无法准确评估大学生的劳动意识水平，这会影响高校劳动教育的发展和学生参与劳动教育的积极性。

同时，各个高校甚至同一高校内的不同学院之间存在评价标准和评价模式不一致的情况，有的学校采取问卷调查的方式，抽取部分样本进行评价，学校无法收集所有学生的真实劳动意识信息，这样不免有部分存在劳动意识问题的学生成为"漏网之鱼"，也就没有办法对这部分学生进行重点关注和培养。还有的学校采取自我评价的方式考查学生的劳动教育情况，学生往往会由于要面子或者是敷衍的态度，使自我评价无法客观、准确地反映大学生的劳动意识。如何制定高校劳动教育评价标准和考核体系是现在高校存在的主要问题。我们必须根据高校的情况和大学生劳动意识的特点达成一致意见。

（三）家庭劳动教育认知性偏差

1. 对劳动教育内涵的片面理解

家庭劳动教育是学生劳动教育的起点，父母对孩子的劳动教育内涵的片面理解，将会间接导致孩子形成错误的劳动意识。这里的片面理解主要体现在过度保护、轻视体力劳动和就业干扰等方面。

首先是家长对大学生劳动教养方式的过度保护。在访谈中，数位受访者表示家长会因为担心他们在劳动中受到伤害而选择包办代替他们劳动。在计划生育政策下，"00后"大学生大多是独生子女，从小含着"金汤匙"出生，在家中众星捧月、溺爱的环境中成长起来的他们不需要主动承担劳动义务，过着"衣来伸手，饭来张口"的日子，这一现象在长期与爷爷奶奶、外公外婆生活在一起的学生中更为明显，正是因为家长对孩子的溺爱，导致了劳动教育没有在家庭教育中体现出来。尊重劳动、崇尚劳动的理念没有引起家长的足够重视，会使大学生忽略他人的付出，缺乏爱心和共情的能力，形成学生在劳动意识上的偏差。比如访谈中有同学提到家长从来不让他们做家务。

其次是家长对体力劳动存在轻视态度。体力劳动是辛苦的，也是必需的，我们今天的幸福生活是与先辈们的辛勤劳动分不开的，很多家长没有正确理解劳动的伟大意义，由于认为劳动辛苦，就不愿让孩子吃同样的苦。部分家长还存在一个传统观念，认为从事体力劳动比脑力劳动低级，此外，随着体力劳动越来越多地被机器替代，而对脑力劳动的需求与日俱增，增加了父母拒绝孩子从事体力劳动的倾向，也就不愿对学生进行体力劳动教育。父母对体力劳动的偏见大大影响了大学生对职业的选择，当没有找到合适的工作时，他们宁愿待在家里坐吃山空，也不愿选择需要付出更多汗水的体力劳动，如此恶性循环下去，大学生们更加逃避劳动，会对社会生产产生巨大的负面影响。

2. 重视学业成绩轻视劳动教育

在父母眼中，对于还在上学的孩子，没有比学习更重要的事情，这里的学习特指各门需要考试评分的课程成绩。这样，文化课程的学习在一定程度上成了学生劳动教育的拦路虎。

大学生谈到"教育内卷"、学业竞争压力大是影响家庭劳动的重要因素。不少家长认为孩子的首要任务就是学习深造，主张学习第一，每天都在围绕孩子的学习成绩和排名位置打转，希望自己的孩子能在这个知识、技术密集型的社会中处于不败之地，成为学习上是佼佼者。受"重智轻劳"教育环境的影响，家庭普遍认为劳动会占用孩子的学习时间，多做一道数学题比多洗一件衣服要有价值得多，不遗余力地培养孩子学习习惯，不惜花费大量金钱，牺牲个人时间送孩子参加各种学习班，生怕自己的孩子输在起跑线上。

父母的劳动观教育在孩子的劳动意识中发挥着潜移默化的作用。如果只注重学业成绩，轻视劳动教育，与目前培养学生德智体美劳全面发展的教育目标不相匹配，也不符合复合型人才的培养要求。科学、有效的劳动教育理念是学生形成良好劳动意识的基本保障，家庭教育作为劳动教育中非常重要的环节，家长更要重新认识劳动教育对学生世界观、人生观、价值观形成的基础性作用，平衡好文化教育与劳动教育的关系，引导子女树立正确的劳动意识。

（四）社会劳动教育结构性失衡

1. 劳动教育开展形式相对单一

社会劳动教育是对家庭和学校劳动教育的重要补充，是今后大学生的主要劳动场所，具有家庭和学校不可替代的职能，肩负着提供广泛丰富的劳动教育内容、灵活多样的劳动教育形式的职能。广阔的社会空间、多样的组织结构和多元的社会主体，赋予了劳动教育更多的可能性，但在当前我国的社会劳动教育的发展中，却存在形式单一的问题。

现阶段社会劳动教育的效果不够显著，在访谈中，学生表示他们接触社会劳动教育的方式多为兼职，兼职的内容大致分为两类，一类是给中小学生做家教或者晚间托管，另一类是专业相关的兼职。

学生在职业发展方面有更多的需求，社会作为资源的集合体可以为理工科学生提供产业实践基地，可以为文科生提供企事业单位实习，可以为艺术生提供举办作品展的机会等，使学生体验多样的社会角色，在大学期间就对职业发展有良好的认知，并在过程中增强自己的创新能力，培养符合社会需求的工作素养。然而，受大学生课程安排影响，分散的校内文化教育课程，使大学生工作日只有零碎的时间可以接触社会，而一般单位的工作时间与大学上课时间重合，再加上寒暑假时间短暂，不足以使大学生短期内熟悉工作内容，企业不愿意将大量时间用在不断培养高流动性的新人身上，所以大多拒绝接受大学实习生。

大学生社会实践单位中社区占绝大部分，对于其他社会团体和群众组织，如各级党组织、政府部门、事业单位、各种协会等则鲜少涉及，造成学生社会劳动教育形式单一，不利于其劳动素养的均衡发展。一般学生自主选择社会劳动教育场所和形式，大多数从劳动中体力付出的多少上进行考量，而不会考虑对自身的教育意义和能力提升，因此，社会各方面应该对大学生们敞开怀抱，积极引导学生加入更为丰富的社会劳动教育场域。

2.劳动教育支持系统尚未建立

社会支持主要包括社会氛围、政策保障、劳动基地和其他各种社会资源的支持，社会氛围是学生劳动意识文化上的保障，会给学生的劳动意识带来潜移默化的影响；必要的政策保障是劳动意识政治上的保证，是保证劳动教育最直接、最具有强制力的措施；基地资源是经济上的支持，是对学校和家庭劳动教育的必要补充。

在社会氛围方面，劳动意识缺乏正确引导。市场经济快速发展，人们的物质生活得到了极大提升的同时，也催化了整个社会的价值取向的功利化。由于当代大学生的社会生存经验不足，对社会环境的认识不全面、不深刻，很容易受到社会环境中功利化价值取向和享乐主义等不良社会思潮的影响，再加上媒体对网红经济、金融业态不负责任的炒作，导致部分大学生劳动价值信仰发生变化，他们渴望一夜暴富,总是期望不劳而获、一举成名,一味地追求名和利,好大喜功且急于求成,从而影响了他们的劳动认知、劳动情感、劳动意志的正确性。

在制度保障方面,劳动教育缺乏政策支持。国家政府从统筹、组织、规划的宏观角度,对大学生劳动教育建设进行了规划,但在实施上还缺乏进一步细节、具体、稳定且可操作的政策支持。一方面,各类高校所属建设部门不同,获得的劳动教育支持差距较大,需要省级部门统一部署,统筹区域间资源分配,规范引导高校劳动教育课程建设;另一方面,宏观的国家政策操作起来存在"水土不服"的问题,可以根据国家劳动教育的大政方针,因地制宜规划适合各自学校的教育政策,为开展劳动课程提供保障,因此,现在亟须具体政策的支持来推动高校劳动教育建设。

在基地资源方面,劳动教育缺乏场地保障。场地是开展劳动教育的重要保障,社会劳动教育的场地涉及各类政府机关、企事业单位、农场农田、机场车站、普通公司、操作车间、商业中心、街道社区等,覆盖大型活动、体育比赛、日常经营、交通枢纽、突发事件等各类情境。但实际上,大学生劳动教育场地集中在和高校有合作关系的单位,社会自发提供的劳动教育阵地少之又少,不足以满足学生多样化的劳动教育需求。

第三节 大学生劳动精神及其培养路径

一、劳动精神及大学生的践行路径

(一)劳动精神的认知

劳动精神的内涵是崇尚劳动、热爱劳动、辛勤劳动、诚实劳动。其中,崇尚劳动指的是要树立正确的劳动价值观,要充分认识到劳动最光荣、劳动最崇高、劳动最伟大、劳动最美丽，劳动创造了物质财富和精神财富，劳动创造了美好生活，要尊重普通劳动者。热爱劳动就是要养成正确的劳动态度，使劳动者自觉、主动地劳动。辛勤劳动指的是对劳动过程及其强度的充分肯定，指的是要充分遵循劳动的客观规律以及要达到的劳动强度，体力劳动需要付出辛劳和汗水，脑力劳动也需要付出智慧和心血。诚实劳动是一种对劳动者道德品质的客观要求，它要求劳动者脚踏实地、求真务实、实事求是。崇尚劳动、热爱劳动、辛勤劳动和诚实劳动，分别蕴含着"劳动价值观""劳动态度""劳动过程"和"劳动道德"等四个方面的内涵。从这个意义上说，"劳动精神"指的是正确的劳动观、劳动态度、劳动过程和劳动品德。

新时代大学生劳动精神培育指的是以塑造大学生劳动观念、端正大学生劳动态度、树立大学生劳动品德、培养大学生劳动习惯、培育大学生劳动情怀等为主要内容，以提高大学生的劳动素质为目的，推动大学生德智体美劳全面发展为目标的教育活动。新时代劳动精神培养的对象是大学生，他们尚处于大学阶段，还未走出校门、步入社会，具有较高的可塑性。通过对大学生劳动认识、劳动认同、劳动参与等方面本质性的引导，可以帮助大学生在劳动过程中收获知识，获得成长。

新时代的劳动精神，既有从西方思想家那里汲取的理论经验，又有从中华优秀传统文化中汲取的经验教训，有着极为深刻、丰富的思想意蕴。

（二）大学生劳动精神的践行路径

1. 突出学校的主导功能

高校承担着培养新一代人才的使命和任务，是对青年学生进行劳动教育的主阵地。高校是知识的发源地，是育才的摇篮，更应肩负着对大学生劳动精神的培养责任，为中国特色社会主义现代化建设提供更多高素质的人才。在培养学生劳动精神方面，学校应在该过程中起到至关重要的作用，要明确培养劳动精神的主体，扩大培养劳动精神的平台，丰富培养劳动精神的内容，创新培养学生劳动精神的方式。学校对学生的教育不应只限于课本知识的传授，而应指导学生的全面发展，让他们在德智体美劳各方面都得到更为全面的发展。

高校开设劳动课程的目的，就是要使学生树立起参加劳动的自觉，因为真实的劳动就在我们身边。劳动是每个人一生中必不可少的一堂课，一刻也不能懈怠。高校要加强对新时代大学生劳动精神的培育，让它存在于每个人的心中；积极弘扬劳动精神，使其在社会上成为一种风气。要实现这一目标，首先要改变传统的教育观念，对学生进行科学的劳动价值引导，要积极创造有利于培养劳动精神的校园氛围。

此外，学校还善于利用校内外的各类资源，比如，校内的学生组织、学生会、学生社团等，借助他们的力量，开展丰富多彩的校园活动，提高大学生的参与度。要加强企业与学校的联系，充分发挥校外实践基地和教育基地的劳动教育优势，全面开展大学生劳动教育活动。此外，高校要定期组织大学生参加劳动，让他们亲身体验劳动，感受劳动，知道劳动的珍贵，珍惜劳动得来的一切，并学会传承劳动文化，弘扬劳动精神。

总之，创新的劳动形式可以让大学生更加主动地参加劳动，让他们接触到更多的新鲜事物，传统的劳动教育方法已不再适用。在当今社会，劳动教育的途径是可以而且应该是多种多样的，劳动精神的培养途径也需要不断进行创新，高校要高度重视这一问题，不能忽略劳动教育。

2. 重视社会的环境影响

在培养大学生的劳动精神方面，社会应该尽其所能地起到积极的支持作用。社会虽然不是大学生劳动精神培育的主体，但它可以为大学生劳动精神的培育提供必要的条件支持，比如，调动各方面的社会资源，为大学生提供参与劳动实践的场所。利用相关部门的力量，对高校、企业、公司、工厂、家庭农场之间的合作进行协调，激发他们之间互动的积极性，做到互帮互助，这些机构或单位为高校提供了实践场所，高校也为这些机构输出大量人才，这样就可以实现双赢。

同时，社会也能为大学生的劳动实践提供技术支撑。在对大学生进行劳动精神培养的过程中，社会不仅可以为其提供必要的环境，而且可以为其提供一些技术支持。比如，一些学校没有相应的技术，而有些社会组织却具备，这时就可以加强校企之间的合作，达到相互交流的目的。特别是有些高新技术企业，能够让大学生感受到现代化的高科技。而对于某些主修"智能制造"的同学来说，若能有机会接触到世界上先进的科技，将会更好地发挥他们的想象力与创造力。在这里，他们可以感受到新的劳动形态，体会到新的劳动方式。特别是在新时代，如果能通过这种实践的方式，让学生们从中得到一些启发，那对于学生来说，无疑是一件非常有意思的事情。由此可以看出，在高校中，借助社会的科技支持，可以为大学生的实践劳动开辟更多的途径。

3. 发挥家庭的熏陶作用

父母对子女的影响是终生的，因此，在培养大学生的劳动精神方面，家庭也是一个不容忽视的因素。在大学生的劳动精神教育中，家庭是重要的教育场所，要注意创造一个美好的家庭环境，营造良好的家庭气氛，使其在大学生劳动精神教育中起到积极的影响。比如，作为家庭里的一员，每个成员都应该有一个好的卫生习惯，而不能将清洁的工作交给某个家庭成员。一家人要自觉打扫卫生，把自己的东西整理好，注意美化、绿化、亮化家庭环境，使家庭环境经常焕然一新。创造一个整洁、温馨的家居环境，不但可以让一家人养成良好的劳动意识，也可以让一家人彼此关心、彼此尊重，从而让家庭成员始终保持良好的情绪和身心健康状况。因此，家长们要注意把握好在衣食住行等日常生活中的劳动实践机会，让孩子自觉参与，自己动手，随时随地、坚持不懈地进行劳动，掌握洗衣做饭等基本的家务劳动技能。在假期里，我们应该鼓励大学生参与各种各样的社会实践活动。除此之外，在家庭中要建立起一个崇尚劳动的良好氛围，在平时的生活中，父母要对大学生进行言传身教，进行潜移默化地教育，让他们形成热爱劳动的好习惯。

4. 增强大学生的自育作用

内因是基础，外因是条件，外因要通过内因才能起作用。在高校中，要培养学生的劳动精神，首先要发挥大学生的自我培育作用。在大学生中，要树立起正确的劳动观念,养成良好的劳动习惯,并培养出自身热爱劳动和热爱劳动人民的思想情感。此外,大学生还应具有良好的道德品质,遵守劳动纪律,爱护劳动工具,尊重劳动成果。大学生应该建立起科学的劳动观念,坚持正确的劳动态度,培养良好的劳动道德和劳动习惯,塑造崇高的劳动情怀。大学生的自我教育要结合自身的特点,这样才能取得更好的劳动教育成果。

二、劳模精神及大学生的践行路径

(一)劳模与劳模精神概述

中华民族是热爱劳动、善于创新的民族。几千年来,中国人民用勤劳的双手创造了辉煌的历史,取得了辉煌的成就。中华人民共和国成立后,"两弹一星"、三峡工程、南水北调、西气东输、载人航天、月球探测、杂交水稻等激动人心的辉煌成就背后,凝聚了无数劳动者的心血,而在这些生产劳动活动中涌现出来的劳动模范则发挥了主力军的作用。他们身上所体现出来的爱岗敬业的主人翁精神,争创一流的进取精神,艰苦奋斗的拼搏精神,勇于创新的开拓精神,淡泊名利的"老黄牛"精神,甘于奉献的忘我精神,激励着一代代劳动者奋勇前行,努力争先,发挥了良好的榜样作用。

1. 劳模及劳模精神的概念与内涵

劳模是劳动模范的简称,有广义和狭义之分。广义的劳动模范是指劳动的楷模和榜样,一切用辛勤劳动推动人类社会发展的人们均可称为劳动模范。狭义的劳动模范是指中国共产党在革命、建设和改革的各个历史时期评选出来的在社会主义生产实践中做出巨大贡献并被授予"劳动模范"光荣称号的先进分子。本书中所讲的劳模是指狭义的劳模。

劳模是我国社会主义建设事业中涌现出来的佼佼者,为经济发展和社会进步做出了巨大贡献,他们的优秀品质和思想行为体现出了"爱岗敬业、争创一流,艰苦奋斗、勇于创新、淡泊名利、甘于奉献"的崇高的劳模精神。劳模精神是劳模世界观、人生观和价值观的精神升华，是国家和人民极其宝贵的精神财富，是推动时代前进的强大精神力量。

2. 劳模精神的主要特征

劳模精神丰富和发展了我国的民族精神和时代精神，具有鲜明的特征。归纳起来，劳模精神主要有以下特征：

（1）时代性。

任何理论都是时代的产物，都具有鲜明的时代性。在特定的时代背景下产生的劳模精神同样具有时代性。长期以来，广大劳模以平凡的劳动创造了不平凡的业绩，铸就了"爱岗敬业、争创一流，艰苦奋斗、勇于创新，淡泊名利、甘于奉献"的劳模精神，丰富了民族精神和时代精神的内涵，是我们极为宝贵的精神财富。

劳模精神的时代性主要体现在两个方面：一方面，劳模精神不是凭空产生的，也不是一成不变的，它是中国共产党在探索民族独立、人民解放和社会发展的时代背景中，开展大生产运动寻求经济独立的过程中产生和发展的，它随国家意识形态、经济社会发展和时代变迁而不断发展；另一方面，劳模精神在不同的时代被赋予了不同的内涵，劳模精神是时代的标杆，是自觉地引领时代前进的旗帜，劳模精神丰富了时代精神的内涵，是推动时代向前发展的重要精神力量。

（2）先进性。

劳模精神的先进性体现在劳模精神具有与时代的发展相一致的价值取向，它是劳模身上所折射出来的优秀品质和优良作风的集中体现。劳模是广大劳动者中先进分子的代表，他们身上所承载的劳模精神具有先进性。如今，劳动者的结构也发生了显著变化，知识分子、民营企业家等都为中国社会经济建设发展贡献出了各自的力量，他们中的先进分子身上也闪耀着劳模精神。劳模精神作为一种先进的思想，其先进性也是与时俱进的。

（3）教育性。

劳模精神的教育性体现在它是一种可以广泛推崇和学习的价值取向，能够教育和引导人民。广大劳模在平凡的岗位上艰苦奋斗、努力工作、服务人民，是值得人们学习的。劳动模范本身是平凡的，但凝聚在他们身上的劳模精神与社会提倡的社会主义核心价值观是伟大的。因此，要大力弘扬劳模精神，传承好中华优秀传统文化，发展好中华民族最傲人的独特品质，充分发挥劳模精神教育引导作用，让其深入人心，受人尊崇，形成人人争当劳模的好风尚。

（二）大学生践行劳模精神的路径

1. 营造劳模精神的文化育人氛围

以文化人，以文育人，这是一种与新时代下大学生特点相结合，展开隐性思想教育的新思路。所以，在对大学生劳模精神进行培养的过程中，家庭、学校、社会要共同发力，形成一种协同育人的格局，将劳模精神的要素融入家风塑造、校园文化建设以及社会宣传中，营造出一种浓郁的育人氛围，让大学生在不知不觉中增强对劳动的认同。

2. 优化劳模精神的培育课程体系

高校是立德树人的主要阵地，在培养和弘扬劳模精神方面发挥着举足轻重的作用。为此，高等学校要以鲜明的旗帜唱出"为人民服务"的主旋律；要切实树立"劳动育人"的观念，让"劳动"变成大学生的一种自觉；注重对高校劳动课程体系的建设，加强对学生劳动价值观的构建。

3. 细化劳模精神的培育考评机制

要想检验学生在短期内的学习效果，最重要的方法就是建立一套科学、行之有效的教育评估体系，而教育实践是由教育者和教育对象共同组成的，所以，要注意强化对教育主客体的双向评估。一方面，通过对教学目标的评价，可以使学生清楚地认识到自己在教学中存在的不足之处；另一方面，通过对学生的学习情况进行评估，可以更好地了解学生在学习中遇到的问题与缺陷，从而更好地改进教学方式与方法。由于缺少劳模精神的培育和考评机制，导致大学生对学校进行的劳动教育实践活动缺乏热情，因此，高校要构建完善的劳模精神培育和考评机制，来改善大学生敷衍了事的消极劳动心态。

4. 强化劳模精神的实践教育环节

劳模精神的培育并非单纯是一种道德教育，而是一种更偏向于劳育的范畴。如果只是单纯地通过理论学习来进行教育，就会使大学生对劳模精神的认识停留在表面上，所以一定要将其与实践相结合，让大学生真正体会到劳动创造的快乐，从而提高他们的劳动能力。任何成果都不可能是一蹴而就的，大学生的劳动能力也不可能是一朝一夕就可以培养出来的，这需要家庭、学校以及社会的通力合作，为大学生提供更多的劳动平台和劳动机会，让他们在实践过程中体会到劳动的乐趣，从而真正提高他们的劳动参与感，增强他们的劳动能力。

三、大学生工匠精神及其培养

（一）工匠精神概述

匠人及匠人精神是一个古老和不断发展的概念。究其历史，早在《周礼·考工记》中就有相关描述："知者创物，巧者述之守之。"《韩非子·定法》中也有相关描述："夫匠者，手巧也。"我国历史上也出现过许多技艺高超的工匠，如木匠鲁班、玉匠陆子岗等。

工匠精神的内涵主要体现在职业精神、职业道德、组织文化、价值取向等层面。

在职业精神层面，工匠精神是个人在工作中对职业的态度和精神理念，是一种尊师重道、爱岗敬业、精益求精、求实创新、止于至善的工作态度和敬业精神，涵盖职业敬畏、工作执着、崇尚精品、追求极致等内容。

在职业道德层面，工匠精神主要包含着爱岗敬业、履行职责、无私奉献、踏实工作等道德规范，是工人作为工程共同体成员的职业伦理的重要内容，是凝结职业之上反映出的职业品格，是职业道德的最高境界。

工匠精神也是组织文化的体现，它以个体的知识、技能、能力、个性特征等为依托，历经多断面、多层面的学习程序，发展成为以组织共识、管理标准、核心能力等为构成要素的组织文化形式。工匠精神是该体系的核心主旨，集中反映工匠心理特质、价值观念及思想本质。

在价值取向层面，工匠精神是对人生止于至善的价值取向的表现，包含职业敬畏、专注、追求精益求精、崇尚极致和完美等内容，是为把事情做好的目的性和欲望。具有工匠精神的人，能够在可感知的现实中找到归宿，并为自己的工作而骄傲。工作对于具有工匠精神的人而言，已经远远超过了谋生的需求，而是人生价值的实现和追求。

1. 工匠精神的发展历史

（1）工匠精神的起源。

原始社会末期，人类出现了第二次社会大分工，手工业从农业分离出来，出现了专门从事手工业生产的工匠，有手艺有技术的人可称为匠人，在现代被称为大师、技术人员。在中国，"工匠"一词最早出现在春秋战国时期，即社会分工中开始独立存在专门从事手工业的群体后才出现的，此时工匠主要代指从事木作的匠人群体。随着历史的发展，东汉时期"工匠"一词的含义已经基本覆盖全体手工业者。

中国古代工匠精神有以下特点：

第一，恪尽职守的敬业精神。中国传统十分强调"敬"这一观念。对古代工匠群体而言，他们十分尊重自己从事的职业劳动，因此形成了内涵十分丰富的"敬业"观念。

第二，精益求精的职业态度。精益求精的职业态度不仅是对中国古代工匠出神入化技艺的真实写照，也是对他们精益求精、追求卓越职业态度的由衷赞美。

第三，与时俱进的创新追求。美丽的丝绸、精美的陶瓷，以及数不清的发明创造，无不体现着古代中国工匠无比的智慧和对完美的不懈追求。

（2）工匠精神的发展。

"工匠精神"一词,最早出自著名企业家、教育家聂圣哲,他培养出来的一流木工匠士,正是来自这种精神。

工匠精神是工业经济时代的一种产物,它是一种精致化生产的要求,它对农业生产同样适用。"从农业生产来讲,其工匠精神的表现,实际上就是从源头开始保证食品安全,使它具有良好的品质和产量"。

中国老百姓数千年日常生活中,须臾不可离的有木匠、铜匠、铁匠、石匠、篾匠等,各类手工匠人用他们精湛的技艺为传统生活图景定下底色。随着农耕时代结束,社会进入后工业时代,一些与现代生活不相适应的老手艺、老工匠逐渐淡出日常生活,但传统手工业的迅速发展,为我国工匠精神的形成提供了必要的物质基础。

在中国悠久的历史发展长河中,制造技术和工艺制作以及建筑艺术等方面都非常发达,并且始终处于世界领先地位。如以鲁班、蔡伦、陈春、黄道婆、杜康等为代表的一代代神工巧匠,以他们精湛的技艺、敬业爱业的操守、精益求精的品格展现出灿烂的工匠文化、师徒传承和匠心精神。

从古代到现代,中国工匠精神的演变经历了四个阶段,即以注重简约朴素、切磋琢磨为特征的孕育阶段;以崇尚以德为先、德艺兼修为特征的产生阶段;以主张心传体知、师徒相承为特征的发展阶段;以提倡开放包容、勇于创新为特征的传承阶段。这四个阶段相互衔接、层层递进,展现了我国工匠精神产生与发展的脉络。在努力实现中华民族伟大复兴中国梦的今天,应充分挖掘和发挥工匠精神的当代价值,进而使这一精神代代相传。

(3) 工匠精神的成熟。

在工匠精神从行业话语转向政府政策话语的进程中,实质上折射的是国家经济发展战略的转变,即从中国制造走向中国创造、从追求速度转向谋求质量提升的发展模式。

"中国制造"是世界给予中国的最好礼物,要珍惜这个练兵的机会,绝不能轻易丢失。"中国制造"熟能生巧了,就可以过渡到"中国精造"。"中国精造"稳定了,不怕没有"中国创造"。路要一步一步走,"人动化"(手艺活)

是"自动化"的基础与前提,在前行的道路上要秉持工匠精神,并实现从"匠心"到"匠魂"的过渡。

2. 工匠精神的表现

新时代的中国工匠精神,既是对中国传统工匠精神的继承和发扬,又是对外国工匠精神的学习借鉴;既是为适应我国现代化强国建设需要而产生,又是劳动精神在新时代的一种新的实现形式,它与劳动精神、劳模精神构成一个完整的体系,成为激励广大劳动者实现中华民族伟大复兴中国梦的强大精神力量。工匠精神主要表现在以下方面:

(1)品质追求:精益求精、追求完美。

在品质上精益求精、追求完美的工匠精神,体现为生产过程中的精益求精、追求细节完美,对消费者品质需求的满足,以及对产品品质的不断优化和性能的不断改进。

简言之,"品质追求"作为个体的工匠对所在行业及工作领域内产品和服务质量的"精益求精""追求完美"的极致追求,体现了"工匠"及"工匠精神"的终极目标。

(2)履职信念:业精于勤、尽职尽责。

履职一词常见于公职和高管方面的研究,表示主动勤勉地履行岗位职责,强调要"有所为";信念具有个性化的特征和强烈的主观情感,可以视为规范的内化和行为的动力。履职信念,即个体对待工作的态度以及愿意为之付出努力的意愿。组织层面的工匠精神还包括高度负责的职业态度。

"业精于勤"是工匠精神的基本写照,"尽职尽责"是每一位工匠对自我最基本的要求。例如,德胜洋楼的创始人聂圣哲在创业初期就确定和贯彻了"不走捷径"的基本价值观,培养员工"我要干"的乐干精神。新生代技术工人为代表的工匠,其工匠精神的核心是对工作的专注,表现在履行职责、无私奉献、踏实工作等方面。

(3)职业承诺:自我认可、实现价值。

"职业承诺"即个体对职业身份高度认同，对职业充满热爱，长期坚守在职业领域，并在职业领域内追求职业成功并以此实现人生价值等。

对自我身份的认可是工匠精神形成的首要条件，要对自身从事的行业充满热爱和敬畏；工匠精神的本质是现代企业人的信仰及对信仰的坚守，是把平凡的事情都做到最好的信念。

（4）能力素养：知行合一、专注专业。

专业能力是工匠精神行为表现的维度之一。个体的能力素养是工匠精神形成和发展的基础，是工匠精神所应包含的重要内容之一。工匠精神的能力素养可以理解为个体完成工作需要具备的能力和素养，强调"知"与"行"的统一。

长期以来，德国的工匠培育模式在全世界都首屈一指，为了培养出更加专业的技能人才，德国非常重视理论和实践的结合，学生往往需要在学校学习两年理论知识，然后去企业或者门店进行为期两年的实习。这种理论与实践相结合的培养模式在很大程度上奠定了其工匠大国的地位。基于该模式培养出来的技能人才不仅技能水平一流，专业程度高，而且对企业非常忠诚。

（5）持续创新：终生学习，永不满足。

创新是工匠精神在行为层面的表现。工匠精神的时代内涵需要更重视创造创新，创新精神是技能人才工匠特征之一。持续创新就是从这个方面强调的个体通过学习、省察、创新等活动培养创新意识、提高创新能力的动态的自我提升过程，强调学习、省察、创新的意识和能力。

例如，日本的工匠型企业在创新驱动下曾做出"不会破坏食材细胞组织的CAS冷冻机""屋顶菜园的特殊土壤""不会发出噪声的牙石清洗器"等，将对产品美的追求发挥到极致，这种创新不止的精神令人敬畏。同样，华为的创新也带领企业从跟跑者成为领跑者。我国的大国工匠们也是在持续学习和创新中创造着许多意想不到的奇迹。"创新"已经成为21世纪企业和个人的必备素质，成为工匠精神的核心内容之一。

（6）传承关怀：关注传统，关怀后人。

"传承关怀"强调的是具有工匠精神的人对技能技艺、优良传统、从业理念延续的关注,还包括在传递过程中代际辅助的意愿和行为等。在更高层次体现的是对所在行业、所从事职业或所在组织未来发展前景的高度关注,以及为此付出的努力。

"传承关怀"体现了工匠在工匠精神传承中的积极作用,属于社会责任的范畴。这种社会责任体现在两个方面:一是在时间维度上对工匠精神能够延续下去所具有的责任及作为;二是在空间维度上对所在组织、所在行业和所从事职业的关怀,即让工匠精神在时间上得到延续,在空间上产生积极影响。

具有工匠精神的个体会主动担任"师父"的角色,自主履行"传承人的义务"。传承精神是技能人才工匠特征之一,"尊师重道"也是对传承的另一种阐释。例如,东来顺涮羊肉制作技艺的第四代传承人、切肉大师陈立新被视为东来顺传统技艺的灵魂和核心,他很早就意识到技艺传承的重要性,主动承担起传承技艺和培养接班人的重担,并定期为合适的"继承人"举办"投刀收徒"仪式,展示了非遗传承人对传统技艺和文化的传承关怀。

(二)大学生工匠精神培养的对策

1. 将工匠精神纳入高校人才培养方案

要使"工匠精神"在大学生的心中生根发芽,成为他们在学习和生活中的一种动力,就必须在大学的人才培养计划中、在特定的培养目标中、在课程设置中、在教学活动中,对工匠精神的教学内容进行设计。高校的专业人才培养方案是高校培养人才的一个重要环节,其包括培养定位、培养目标、课程体系和课程设置等。从宏观的角度来看,"工匠精神"对高校的人才培养目标提出了更高的要求,也就是高校要培养出勤于学习、勇于创新、追求卓越、诚实守信、学识渊博、技能娴熟的,具有"工匠精神"的德才兼备的人才。要把"工匠精神"融入人才培养的目标建设中,融入学校的办学理念、教育理念,以及教学氛围和学习氛围中。在微观层面,要把"工匠精神"融入课程体系的安排、具体课程的设置、教学内容的组织和教学方法的改革中。只有把"工匠精神"融入各个专业的"人才培养方案"中,并让所有人都严格遵守,才能把"工匠精神"这个理念落实到"人才培养方案"中;也只有这样,才能为教师们提供指导,把培养工匠精神的思想根植于教师的心中,并付诸具体的教学实践;也才能给学生们提供一个明确的方向,让工匠精神落实到学生自身的生活和一言一行中,不断地磨砺自己,塑造出新的自我。

通过工匠精神相关课程的学习、考核、实践锻炼等,达到启蒙职业理念、树立职业操守、培养职业精神的新目标,顺利实现向社会人身份的转换。当前,许多高校都将劳动教育作为一门专门的课程,并对相关学分进行了明确的规定。

2. 优化课程体系并增加工匠精神的课程比重

在当前的大学课程体系中,一些学校也许会设置有与"工匠精神"有关的课程,如大学生职业生涯规划、大学生创新创业教育等,但是很少有把"工匠精神"作为一门课程来单独开设的。大学课程是培养人才的主要阵地,而"工匠精神"又是怎样融入大学课程的,是融入思政课中,还是融入专业课程中,是独立开设,还是与其他学科相结合,都是一个值得讨论的问题。毫无疑问,"工匠精神"可以被纳入任何一门课程之中,但是它必须是恰到好处的,既不能过多,也不能过少,要注意统筹规划,合理安排。目前,应适当提高思想政治教育课时的比例,将工匠精神融入思想政治教育中,加强对工匠精神的培养。工匠精神与思想教育在培养目的、内容上有许多重合之处,应将对工匠精神的培养纳入思想课程的章节中。

比如,可以将思想道德修养与法律基础课程中的"职业道德"章节,通过对"大国工匠"的故事来阐述;在中国近现代史概要课程中,把"工匠精神"的历史演变过程等内容融入课程;将我国的经济发展离不开工匠精神,中国制造强国战略、中国梦的实现需要大力弘扬工匠精神等嵌入形势与政策课中。这样就可以将工匠精神固化在课堂上,用分配教学任务的方式来确保学生的学习效果,让其能够深入学生的大脑和内心,从而强化对工匠精神的认识。

3. 构建利于学生体会工匠精神的实践平台

高校大学生培养工匠精神的主要目的是为社会经济发展提供合格的建设者。因此，实践教育是高校教育的主要教育模式。工匠精神的培养只有与实践教育充分结合，才能让学生在实践中逐步强化理解工匠精神。高校必须不断完善实践教育课程体系，探索有效的、场景化的工匠精神培养模式，让学生在实际工作中感受工匠精神的魅力。高校实践教育应与专业课程实训充分结合，让学生在实践中感受和体会工匠精神；应积极探索项目教学模式和团队合作模式，让学生在具体的项目实践中发现问题、探索问题、解决问题。项目教学是高校仿真教学的重要形式，大学生可以在项目实践中真实地感受到工作中出现的问题。在研究问题和解决问题的过程中，学生不仅可以提高业务水平，还可以通过这种形式主动探索、认真发现。解决问题的过程也是工匠精神发挥作用的过程，教育工作者在这一工作中应有效借助实践教学引导学生主动解决问题，及时给予学生引导和鼓励。工匠精神的培养需要实践，但是这种实践同样也需要理论的指导。在实践类课程中，大学生要将理论学习的成果转化为指导实践的指针，在科学理论指导下不断提高实践水平，不断创新实践活动。只有这样才能让工匠精神真正促进其成长，才能将工匠精神融入学生的精神中，进而内化于心，外化于行。

第四章 大学生安全教育

第一节 大学生安全教育的概念、特征与必要性

一、大学生安全教育的基本概念

人类从诞生起就必须面对安全问题。在安全与避害方面，古代先哲给我们留下了宝贵的精神文化遗产，例如"祸兮，福之所倚；福兮，祸之所伏""防微杜渐，居安思危""无危则安，无缺则全"。当然，那时的安全问题主要是大自然对人类生存所造成的威胁。随着社会的发展、人类的进步，人们对安全问题的认识也在不断地发展。当今，对人类安全的影响因素中除了自然灾害外，还有人的自身因素、社会因素等，它们均会给人们的安全带来威胁。由此可见，所谓安全就是指人的身心不受危害，它是人类生存和发展最基本的需要，是生命与健康的基本保障。教育是培养人的一种社会活动，有目的的教育活动于人类社会产生后便已开始，安全教育活动也是如此。安全教育伴随着人类的生存而存在，伴随

人类社会的发展而发展。

大学生安全教育是指高等学校依照国家有关法律法规的规定，为了保障大学生的人身、财产安全和身心健康，增强大学生的安全防范意识，培养大学生的自我防范意识、自我保护技能，组织教师对大学生进行国家安全法规、学校安全规章及纪律、安全防范知识等方面的教育，使其增强安全防范能力。

大学生安全教育者主要是指在高校从事安全教育课程教学的教师和其他开展安全教育的教育工作者。在教育过程中教育者通过宣传教育、案例分析、行为示范来引导和促进受教育者的观念意识和行为规范按照一定的方向发展。

高校安全教育的受教育者是指在校的各类大学生，包括专科生、本科生、研究生、成人教育的学生。

大学生安全教育的内容主要包括安全法规教育、安全责任与安全意识教育、安全知识教育与安全技能教育。教育手段是教育者和受教育者在教学活动中采取的教与学的方式和方法。安全教育的形式主要包括课程讲授、模拟演习、实况图像展播等教学方式。

二、大学生安全教育的基本特征

大学生安全教育既具有教育的一般特征，又具有安全教育内容形式的特殊性，还具有大学生这个群体自身的特点。因此，大学生安全教育具有四大基本特征：

（一）实用性和实践性

进行安全教育最终目的是对事故和灾害进行防范，只有通过生活和工作中的实践活动，才能达到此目的。因此，在对大学生进行安全教育时，教师决不能把安全教育只限于让学生了解安全知识和技能，而应当采取现场说法、案例分析、模拟演习等形式，让学生在实践中学习、锻炼和提升。

（二）全面性

安全教育是大学生素质教育的重要组成部分，是面向全体学生开展的安全素质教育。同时安全教育涉及的内容丰富、种类繁多，因此，教师在开展安全教育时要面向全体学生，教育学生全面掌握安全知识和技能，保障与促进学生综合素质的整体提高。

（三）递进性

安全事故的发生是偶然的，绝大多数大学生在学习和生活中碰不到刻骨铭心的安全事故，故安全意识并不强。加之学习安全知识的技能后不能经常使用，掌握的安全知识容易被淡化和遗忘。因此，学校要根据安全形势的需要，组织教师以各种形式对学生经常性地开展安全教育，巩固学生的安全意识、安全知识和技能。

（四）创新性

随着科学技术的发展和人们生活方式的改变，诱发安全事故的因素在不断地发生变化。大学生已有的安全知识随着环境的变化和时间的推移，需要不断地更新。因此，教师要结合新知识、新技术、新事例，教育学生与时俱进地掌握安全知识，清除大学生学习、生活中的安全隐患，正确应对新型的安全事故。

三、对大学生开展安全法治教育的意义

（一）推进依法治国、构建和谐社会的时代要求

大学校园的治安和稳定关系到整个社会的安定。在我们国家迅速发展和国家实力日益增强的今天，某些人认为中国的发展和强大是他们推行霸权主义最大的威胁，总是在寻求各种时机，与国内的分裂分子、违法分子进行联合，制造骚

乱，企图使我们所获得的成果和巨大成就毁于一旦。西方敌对势力一直在等待时机，想要从青年中找到一个机会。因此，在加强大学生的安全、法治意识的培养过程中，不仅要确保他们的生命和财产的安全，还要从心理上帮助他们树立起一道坚强的思想防线，增强大学生建设中国特色社会主义的信心。

公民的法治观念是一个民族发展的重要标准。重视法治，这就要求人民增强法治观念，树立法治意识，将法治视为人们生活的需求与信念。安全法治教育的意义是通过对学生进行法治教育，培养学生的法治意识，树立正确的法治观念。高校毕业生是我国社会主义市场经济发展的主体和载体。特别是在毕业生就业后，主动参与到社会主义市场经济建设中来，这就是人们加强自身的职业操守和法治观念的开始。因此，在培养符合时代要求的接班人的基础上，加强对大学生的全面培养，提高他们的综合能力，使他们更好地适应新时代的发展和新的社会要求，从而更好地融入社会并贡献出自己的一份力量。

（二）高校教育改革与发展的需要

随着中国高等教育在各个领域的发展和在全球范围内的普及，中国的教育将会对相当一部分人产生巨大的影响。然而，随着高等教育的不断深化，高校的教育教学也面临着越来越严重的不稳定问题，给高校教学带来了严重的生命财产损害，这对高等教育的发展有着重要的影响。对此，各高校应从深刻的历史经验中汲取经验，并进一步加大力度，强化和完善大学生的安全法治教育工作。目前，《中华人民共和国高等教育法》《高等学校学生行为准则》均明确了高校应承担的教育责任，并在此基础上，对大学生进行安全法治教育、预防犯罪的宣传和教育。《普通高等学校学生安全教育及管理暂行规定》中明确指出，高校要把"安全"工作纳入学校的日常工作中，而不仅仅是在"意外事件"出现时开展，而高校的领导也要加大"安全校园"的建设力度，要根据要求，进行明确的责任分工，成立专门的队伍开展工作。通过制定相关的法律、法规，保证大学生的生命财产安全。学校根据相关的法律法规，必须把加强校园的治安管理工作当作自己的责任，以增强学生的应急反应意识。要以对人民高度负责的精神，采取多种形式加强大学生的安全法治教育，加强高校的治安管理工作，确保高等教育的改革和发展。

（三）提高大学生自我防范、自我保护能力的需要

近年来，校园内外发生了许多涉及学生的意外伤害事故，其原因虽各不相同，但有一个共同点，就是大多数当事学生对事故的发生没有任何心理准备和自我保护意识，面对伤害不知所措。当前大学生自我防范意识和自我保护能力方面，主要存在以下问题。

一是缺乏社会经验。当代大学生由于从小都是在父母和老师的呵护下长大，没有经受什么挫折，思想比较单纯，对社会上的不良风气和一些坏人坏事不能作理性的分析。因为缺乏社会经验，自我防范能力就相对比较弱，如缺乏保管自己的贵重物品、现金的经验，这就易发生财物被盗问题；缺乏人际交往中的经验，就容易上当受骗。也有一些学生在受到人身侵害时，不知道如何保护自己，轻而易举地被一些不法之徒欺骗或威逼利诱。

二是缺乏安全防范意识。一些大学生安全防范意识淡薄，对可能发生的各种安全问题缺乏必要的认识和警惕，导致了种种安全隐患，如人离开寝室不锁门、贵重物品不妥善保管、随意丢放，导致钱物失窃；有的学生违反宿舍安全管理规定，在宿舍内乱接乱拉电线、违章使用电器、乱扔烟头等，由此造成各种安全事故。

三是缺乏对社会消极因素的抵御能力。目前，社会上"一切向钱看"的极端个人主义、利己主义、享乐主义乘虚而入，对那些涉世不深、阅历不广、良莠不分的青年大学生来说具有极大的诱惑力。

针对上述大学生安全意识和防范能力不强的问题，我们必须要加强大学生安全教育，使广大学生提高法治意识，提升自身安全文化素养，掌握必要的安全知识，不断增强防范能力。

（四）改进高校德育工作、全面推行素质教育的需要

素质教育必须满足学生全面发展的客观需求，不仅要重视学生的智能、体能，更要重视学生的爱国主义、集体主义、科学的世界观、正确的人生观、道德品质、

文明行为以及非智力要素的锻炼。当前大学生的社会发展趋势是积极的,然而大学生安全事故、侵害权益乃至违法行为却是屡见不鲜,亟待对大学生进行有效的引导与教育。由于受到国内外不利的外部环境的制约,新时代大学生的学习态度、生活方式、就业观念、信息渠道等都会产生很大的变化,从而产生了一定的社会治安风险。高校安全法治教育是高校德育工作的重要组成部分。新时期,高校要进一步强化和完善思想政治工作,要根据新时代的特点和要求,不断总结、交流,增强德育工作的针对性、感染力和实效性。

在开展大学生安全法治教育时,高校应充分了解当前的校园安全状况,并开展有针对性的安全法治宣传,以促进大学生增强自身的法治观念。通过对我国大学生的安全法治教育的研究,各学者普遍认为增强大学生的安全和法治观念是非常重要的。因此,高校要从"安全战略"的高度重视,从根本上认识到加强高校的以安全法治教育为代表的素质教育的紧迫性。

(五)大学生健康成长成才的需要

在高校开展安全法治宣传活动,应注重提高学生的法治意识、增强学生的安全法治观念。通过对大学生学习、生活中常见的安全问题的分析,使他们对当前的治安状况有一个正确的认识和了解;对大学生进行安全知识、法治知识、法治教育和自我保护知识教育,使大学生自觉地学习、掌握安全技能,做好自身的安全防范。从而降低大学生在学习、工作中的不安全问题,有利于提高大学生生理、心理健康水平,提高大学生的综合素质,有利于加强大学生的安全法治观念,培养正确科学的世界观、人生观和价值观。新时代的大学生必须走在先进的思想和正确的价值观道路上才能健康成长。

第二节 大学生安全教育的目的

有效开展大学生安全教育和管理活动,不仅能保障大学生在校期间的人身、财物安全，也能较好地促进大学生身心健康发展，全面提高大学生的素质，使大学生成为真正的社会栋梁。通过对大学生开展一系列的安全教育和管理活动可以达到以下五种目的。

一、使大学生遵纪守法，做一名合格的大学生

随着我国依法治国战略的确定，社会主义民主法治建设步伐的加快，有关教育和社会治安综合治理的法律、法规陆续出台。这些法律、法规是根据《中华人民共和国宪法》及其他基本法律制定的，是开展安全教育与管理和综合治理工作的法律依据。认真学习《中华人民共和国宪法》和相关的法律、法规，并自觉、严格地遵照执行，既是大学生作为公民应尽的一项义务，更是大学生参与校园安全教育与治安综合治理工作的行动证明。高等学校制定的各项管理规章制度，既是维护学校正常教学和生活秩序的必要措施，也是维护学生人身和财物安全的有力保障。大学生认真学习这些规章制度，并以此规范自己的日常行为，从我做起，自觉维护校园治安秩序，是自我教育、自我管理的重要手段之一。

二、使大学生自律、自立、自强，树立正确的世界观、人生观和价值观

大学生学习遵纪守法、预防犯罪等内容，不仅有助于加深对法律法规、校纪校规的理解，分清合法与违法、罪与非罪的界限，增强依法治国、依法治校、依法防范的意识，而且有助于大学生自觉抵制社会不良风气的影响，做到自律、自立、自强。大学时期是世界观、人生观、价值观形成的关键时期。有些大学生面对纷繁复杂的社会现象，感到迷茫，无所适从，渴望寻求正确的世界观、人生观、价值观的指引。大学生学习安全知识，接受安全教育与管理，正是多层次的、具体生动的世界观、人生观、价值观教育的重要一环，对学生正确世界观、人生观、价值观的形成具有重要作用。

三、使大学生学会运用法律武器，同各种违法犯罪行为作斗争

社会主义法律法规是维护社会治安秩序，保障公民人身权利和民主权利的有力武器。大学生学法守法，依法维护自身的合法权益，与运用法律武器同违法犯罪行为作斗争，在本质上是一致的。各种违法犯罪行为都会不同程度地直接或间接地破坏校园秩序，侵害学生的合法权益。那种事不关己高高挂起，对违法犯罪行为熟视无睹、避而远之的态度是十分错误的，只会助长犯罪分子的气焰，让其变本加厉地侵害大学生的权益。只有每个大学生都在学法守法的基础上，运用法律武器勇敢地同坏人作斗争，并在社会上、校园里形成良好氛围，才能从根本上遏制违法犯罪活动。

四、使大学生学好安全防范的知识和技能，增强自我防范能力

大学生接受安全教育与管理，了解和掌握治安问题发生的原因、过程、特点和规律，以及各类治安案件构成的时间、人物，学好安全防范知识，学会安全防范的技能，掌握必备的应对措施，是十分重要的。通过安全防范知识和技能的学习，大学生不仅可以了解和掌握许多生活知识，培养生活自理能力，而且可以学会明辨是非、分清良莠，不致随波逐流、误入歧途；不仅可以有效地保护自我，而且可以帮助周围的同学和朋友，为树立良好的校风、学风，维护社会治安作出自己的贡献。

五、优化育人环境，促进高校精神文明建设

通过对大学生进行安全教育与管理，可以使大学生的安全防范意识得到增强，能力得到提高，在校园内形成群防群治网络，使来自社会和校园的不安全因素得到最大限度的遏制，从而有效地发现和制止违法犯罪活动，消除隐患，预防

灾害事故的发生，使校园治安环境得到改善。只有解除了后顾之忧，教师们才能一心一意搞好教学、科研和管理工作；学生们才能安排好大学期间的学习和生活。高校教育在一个安定的环境中正常运行，也有利于培养良好的校风、学风，发展健康、积极的校园文化，从而促进高校的精神文明建设。

第三节 大学生安全教育的内容和原则

一、大学生安全教育的内容

大学生安全教育的内容主要是指与大学生的生活、学习密切相关的安全方面的内容，并不泛指所有的安全内容，通常包括以下三个层面的内容：

（一）大学生遵守安全法规和校纪的责任教育

大学生遵守安全法规与校纪的责任教育，就是要让大学生明确自己应当承担的与安全相关的责任。我国法律规定，公民年满18周岁就是完全民事行为能力人，绝大部分大学生都年满18周岁，具有完全民事行为能力，需依法对自己的行为承担责任。在预防安全事故、防止危险侵害方面应当积极作为（即采取适当行为或措施进行防范），以减少危险侵害发生的概率，减轻受到侵害或损伤的程度。在预防安全事故、防止危险侵害方面应当作为而没有作为时，对造成人身伤亡、财产损失等后果应当承担相应的责任。大学生安全责任教育的目的是激发大学生关注法律法规和校纪校规，了解法律法规和校纪校规的基本概念，明确法律法规、校纪校规与安全的关系，增强大学生的法律意识以及遵纪守法的道德观念和自觉性，规范自己的行为。

（二）大学生的安全知识教育

大学生安全知识教育的类型是与大学生生活、学习密切相关的内容。第一类是意识形态领域的知识，主要包括政治安全和文化安全，目的在于防止大学生抛弃社会主义意识形态而接受西方资本主义意识形态，犯政治上的错误，走到危害国家安全的道路上；第二类是法律法规中的知识，主要包括交通安全、网络安全、遵守校纪校规和维护自身权益方面，目的在于使大学生知法守法，用法律来维护自身的权益，避免因违法导致法律的制裁和因违法带来的人身伤害、财产损失；第三类是日常安全常识，主要包括消防安全、财产安全、人身安全、社交安全、公共安全等，其目的是使大学生熟悉安全常识，增强安全意识，避免人身伤害、财物受损；第四类是心理安全的基本常识，即心理健康知识，其目的在于使大学生增强自己调节心理、情绪的能力，具有正确的人生观、健康的心态，培养珍惜、尊重和热爱生命的积极态度，避免轻生、变态等不良行为的发生。

（三）大学生的安全技能教育与实践

安全技能与安全知识在内容上有交叉重叠的部分，但不等同于安全知识。安全知识是基础，安全技能是更高的要求，安全技能包含两层含义：一是与专业岗位上要求的操作技能相关的安全技能，在实习、实验中避免因违章操作而造成安全事故（包括未来工作岗位上的专门要求）；二是在自然灾害、公共卫生和社会突发安全事件等面前的一般应对能力。大学生安全技能教育主要包括在交通安全、人身安全、公共安全方面的避险能力，在消防安全中的灭火与逃生自救能力，在应激情景状态下的心理承受能力和应变能力。这些避险、自救、应变能力需要通过学习才能获得，更需要通过实践才能提高，这样才能提高大学生的自我保护能力，增强大学生保护自己和他人不被伤害的意识。

二、大学生安全教育的一般原则

（一）发展性与生活化相结合

大学生安全教育应着眼于大学生个体成长与发展，贴近大学生当下的生活世界，不断提升大学生的安全素养，培养大学生的生活能力，帮助大学生提高生活质量，寻求与实现自身价值。

（二）科学性与人文性相结合

大学生安全教育既要遵从大学生价值观形成和发展的规律与行为养成规律，又要重视对大学生的终极人文关怀，创设人性化情境，实施人性化教育。

（三）认知性与践行性相结合

大学生安全教育既要注重安全知识与技能的传授以及安全意识与观念的培养，又要注重知识在实践中的运用与检验，内化安全规则，养成安全行为习惯，实现"知行合一"。

（四）显性教育与隐性教育相结合

显性教育是指利用各种公开手段、公共场所，有组织有计划地、系统地进行安全教育，一般由政府机构与高校组织实施，是带有一定程度强制性和规范性的安全教育方式，是大学生安全教育的主渠道。隐性安全教育是相对于正式教育课程而言的，是由社会教育包括学校教育、家庭教育和自我教育中隐蔽因素构成的一种开放的、立体网状结构的教育方式。如果说显性教育是刚性教育的话，那么隐性教育则是大学生安全教育不可忽视的软性补充，这样的安全教育一旦为大学生所接受，将更为内在与持久。

（五）教育与自我教育相结合

大学生安全教育既要发挥教育实施者的主导作用，又要展现大学生的主体性教育作用，自我教育是教育的最高境界。

（六）普遍教育与个别教育相结合

既要抓好大学生整体统一的安全教育，又要注意因大学生个体差异而导致的特别的安全需求，帮助每一个在校大学生解决他所关心或面临的安全问题。

第四节 大学生安全教育的方法和途径

一、大学生安全教育的具体方法

大学生安全教育的方法多种多样，在实践中应灵活运用。具体方法主要有以下十种。

（一）理性灌输法

主要由教师或其他专业安全人员将安全知识与技能讲授给大学生，即所谓"晓之以理"。理性灌输法是目前广泛运用的最主要的大学生安全教育方法。

（二）情感启迪法

用情感来感动大学生，激发大学生内在的安全意识、责任意识，使大学生内化安全常识，自觉形成良好的行为习惯，即所谓"动之以情"。

（三）活动熏陶法

组织大学生开展安全实践演练，参与学校安全管理和服务，以达到活用所接受的安全知识与技能的目的。

（四）情景模拟法

通过设置各种情景，有针对性地开展安全教育，促使大学生形成处置各种安全危机的良好反应。

（五）言传身教法

在日常生活中，主要是由教师与其他专业安全人员自然而然地展现安全理念与安全行为习惯，让大学生受到潜移默化的积极影响。

（六）氛围感染法

创造良好的校园安全环境和校园安全文化氛围，将安全教育渗透到大学生的日常学习与生活中。

（七）期望激励法

在安全教育过程中寄予希望，引领大学生澄清价值观念，实现自身价值，养成良好的行为习惯。

（八）自我教育法

鼓励大学生主动学习安全知识，指导大学生组建安全组织并开展活动，培养大学生自我教育、自我管理的能力，让大学生真正成为安全教育的主体。

（九）个别疏导法

设立专门的心理安全机构以及专门的安全咨询点，帮助有特殊安全需求的大学生解决自己关心与面临的安全问题。

（十）案例教育法

所谓"案例教育法"，是指"一种以案例为基础的教学法"。教师根据教学目的的要求，结合课本上的基本原理与方法，组织学生对具体的案例进行分析、思考、讨论和交流，不仅有利于加深学生对基本原理和概念的理解，也有利于促进大学生发现问题、分析问题和解决问题能力的提高。大学生安全教育案例教学，主要分为以下三个步骤。

第一，案例引入。大学生安全教育的案例，从其来源讲，可以分为两类：一类是教师根据自己或他人的经验编写的案例，另一类是社会中发生的真实案例。对于前者而言，教师可以根据自己对此案例的实际体会、感受，进行生动的案例引入，引起大学生对安全案例的兴趣，进而引入教学的主题。对于后者，则需要教师在对案例进行解剖、分析的基础上，方可引入教学过程中。

第二，案例分析。大学生安全教育案例的分析，取决于对于案例的理解。因此，案例分析前，教师首先要让大学生将案例进行通读，然后进行分析。案例分析一般要解决以下问题：案例中的主要问题是什么？哪些信息至关重要？解决问题的方法有哪些？作出决策的标准是什么？什么样的决策是最适宜的？应制订怎样的实施计划？什么时候将计划付诸行动以及如何付诸行动？如何进行整体评价等。通过对案例的分析，引导学生对案例中的事件进行更深层次的讨论，讨论可分开始、讨论主要问题、提供备选方案、讨论如何实施等四个不同阶段。

第三，归纳总结。归纳总结对于大学生安全教育案例教学来说，具有重要意义。它是通过案例讨论后归纳得出结论，是大学生后续学习安全教育课的准备。从归纳主体看，一是学生通过对整个案例的解读，自己归纳出一些结论；二是在教师指导下，经过讨论，学生归纳出一些结论。教师在指导学生进行案例分析时，要引导学生关注案例中的关键点，指明讨论中存在的长处和不足，揭示出案例中包含的观点，强化大学生对安全教育理论的理解。

在大学生安全教育过程中采用案例教学方法，可以促进大学生的创新精神和解决问题的实际能力。通过案例教学，大学生获得的知识是内化了的知识，并且可以在很大程度上整合教育教学中那些"不确定性"的知识。同时，通过案例教学，可以大大缩短教学情境与实际生活情境的差距，也有利于使大学生更好地把理论与实际相结合。

二、大学生安全法治教育的途径

（一）统一认识，加强大学生安全法治教育机制建设

鉴于目前大学生课外活动时间多、活动空间大，要加强对其的管理，修订相关规章制度，确保大学生校内外活动安全有序。特别需要注意的是，大学生如果不在校，要加强与校方的联络，避免发生管理上的"真空"现象。具体而言：

首先，要健全学校的安全管理制度。在教育部已经颁布的文件和法规的基础上，重新审视当前的高校管理状况，针对不足，完善安全法治教育制度、校园秩序管理规定等。其次，要时刻牢记"安全无小事"，严格遵守相关规定，将安全责任分解到每个人，倘若发生安全问题，对责任人进行相应的问责，使每个人、每个部门都时刻关注安全问题。最后，要完善我国的社会保险制度。大学生是一个活跃的社会团体，既应注重其在社会中的独立性、主体性和自律性，也要将与大学生密切相关的安全管理纳入社保制度，以降低学生的人身伤害事件的赔偿难度。

（二）积极推进大学生安全法治教育的常规化进程

大学生安全法治教育要转变过去"等事情发生后才引起重视"的方式，在平时的日常生活中就要做到经常进行、经常落实，使大学生安全法治教育进入"常态化"发展阶段。总的来说，有以下途径：①积极推进安全法治教育进课堂；②经常开展有关大学生安全法治教育的活动，如"安全知识讲座""消防教育日"等，使学生在日常生活中增强安全法治观念；③在节假日、外出实习、毕业生离校前等时间段仍然开展大学生安全法治教育，变校园安全为社会大安全。

（三）加强舆论引导，优化育人环境，形成大学生安全文化

通过对学生进行安全法治教育，可以有效地促进学生的安全意识和行为，营造和维护校园治安环境。目前，大学生通过图片、影视、安全法治教育活动等方式受到安全教育，主要内容包括交通、火灾、环保、防溺水、心理健康、防范电信网络诈骗等，大部分的学生并无法意识到安全事故正走向学校，对实际的安全知识了解得太少。因此，高校要大力推进大学生安全法治教育，自觉地引导舆论的方向，优化育人环境，逐步形成大学安全文化。

（四）改革高校管理制度，构建安全法治教育网络

要改变教育理念，加强对学生的管理。首先，学校各部门要共同努力，相互配合，才能保证学生工作的正常进行；其次，在做决定时充分顾及决定的可实

施性和师生的反映，防止在决定实施过程中师生产生矛盾，从而影响到学生管理工作的顺利开展；最后，将传统的狭窄的管理理念转变为开放式、多元化的管理理念，尽量从学生的视角思考问题，了解其所处的环境和所面临的问题，从而建立起一种全新的师生关系。

（五）加强心理健康教育，建立学生生命安全法治教育的绿色通道

在当今的社会发展中，大学生所面对的种种压力而导致的心理问题日益凸显，因此，高校应更加关注和强化思想政治工作。对于有心理障碍或者有精神问题的大学生，不管是同班同学、辅导员，还是任课老师，在日常生活中，都要给予他们一定的关注和支持，形成一种互助、关爱的氛围，让他们在老师和同学的关怀中感受到生活的温馨，早日摆脱不良阴影，树立起健康、乐观的人生态度。

第五节 大学生安全教育的具体措施

一、加强大学生国家安全教育

（一）充实完善国家安全教育的教学内容，创新教学方式

从教学内容的充实完善方面看：

第一，要加强马克思主义理论中与国家安全相关的理论教育。马克思主义是我国意识形态领域的指导思想，在国家安全教育中加强马克思主义相关理论的教育，有利于大学生以唯物史观的视角理解中国共产党带领广大中国人民进行新民主主义革命、社会主义革命和社会主义现代化建设的光辉历史，有利于其运用马克思主义的立场、观点、方法正确认识和对待新时期党和国家的各项方针政策

及其实施。这对增强新时期大学生的国家安全意识和使命担当具有重要意义。

第二，必须结合新时期我国面临的国内外形势对大学生进行国家安全教育。特别是要将总体国家安全观融入对大学生的国家安全教育教学内容中，帮助大学生打牢国家安全学习的理论基础。

第三，要加强对大学生的爱国主义教育，通过提升大学生的爱国意识，增加大学生对国家安全教育的体会。只有先让大学生从心底里认同党和国家的领导，才能真正使其自觉为社会主义现代化建设贡献力量。对大学生进行爱国主义教育，正是增强其爱国意识的重要手段。

在国家安全教学方式的创新方面，一方面要为大学生提供更加充分的国家安全实践技能训练。为此，高校应当在加强对大学生进行国家安全理论教育方面的教学内容的完善的同时，注重理论向实践的转化。例如高校应当增加对大学生入学军训的重视力度，尽可能地丰富大学生军训时的军训项目。另一方面，要用好网络等新媒体，增强国家安全教育对大学生的吸引力。新时代国家安全教育既要加强对网络平台的监管力度，为大学生提供充满正能量的网络环境，也要充分利用网络新媒体丰富多样的信息资源，拓宽教育教学渠道，增强国家安全教育的趣味性，吸引大学生的学习兴趣。

（二）推进国家安全相关学科体系的建设和发展

要建立专门的学科体系：

第一，要找准国家安全学科体系的学科定位，对国家安全的具体的学术研究方向有所明确。只有明确了学术研究方向，才能有针对性地对国家安全进行系统、全面的研究。

第二，学科体系的建立与发展离不开专业人才的不断研究。因此，必须鼓励和支持有关人才积极参与对国家安全的研究，组建专门的研究队伍，并为其提供足够的科研经费和良好的研究环境。这样也有利于提高教师的国家安全教育的理论水平，有利于加快我国高校国家安全教育师资队伍的建设。

第三，要推动国家安全教育的专门教材的编写和完善。在编写教材的过程中，要重视将新时代的社会现实和大学生的实际需要有机结合起来，提升国家安全教育的实效性，还要注意借鉴其他国家进行国家安全教育的有益经验，以进一步增强我国国家安全教育教材内容的全面性、科学性。

（三）加快高校国家安全教育师资队伍的建设

第一，要加强高校教师的国家安全教育。教师担负着为社会培养合格人才的重要职责。因此，在对学生进行国家安全教育的同时，还必须加强对教师的国家安全教育，以保证教师能够真正领会国家安全教育内容的核心精神，从而在对学生进行国家安全教育时，能够向学生正确传达和解释国家安全的相关知识。

第二，要注重对高校教师正确政治意识的培养。要保证国家安全教育的社会主义方向，就必须保证对大学生进行国家安全教育的教师具有正确的政治意识。为此，必须对教师进行马克思主义基本原理和中国特色社会主义科学理论的培养。

第三，要提高高校教师对党中央相关政策的理解能力。随着我国面临的国内外形势不断变化，党中央对于国家安全的相关政策也会随之不断完善发展。为此，就必须加强高校教师对党中央相关政策的理解水平和能力，以保证高校教师在对大学生进行国家安全教育时，能够紧跟党中央的脚步，为大学生提供更为准确、及时的关于我国实际情况的教学内容。

二、加强人身安全教育

防止学生的人身安全受到损害，除了要改善社会的治安环境、净化学校周围的治安秩序、营造良好的校园环境，更需要加强大学生的自我保护。主要应注意的是下面四点。

1. 尽可能减少或避开遭受侵害的因素和环境

在校期间，大学生的重点是学习，并以学业为重。在日常工作中，必须尽可能地避开社会秩序比较混乱的地方，尽可能地与不法分子保持距离，以降低受到伤害的可能性。首先要了解罪犯容易侵害的时机和对象。在午休、夜深人静、黑暗、视线不好时，尽量不要独自停留或夜不归宿，以免受到侵犯。其次，要了解罪犯容易实施侵犯的情况。尽量避免在复杂的地方停留，避免在荒凉、人迹罕至的树林、山路、沟渠、废弃建筑工地等地方活动，尽量避免出现在犯罪分子容易实施犯罪的环境中。最后，要对不法行为有深刻的认知。要以灵活的方式、正义凛然的态度面对不法行为，力求避免和减少不法侵害的产生。

2. 不给可能发生的侵害提供条件

要防止自己的生命财产安全受到损害，就一定要从自己的行为着手。例如，为避免火灾、爆炸伤及人身安全，寝室不乱接、不乱拉电线，不在蚊帐内点蜡烛，不乱丢垃圾，不用易燃易爆物品，不破坏实验室规则等。

3. 正确对待所发生的各类侵（伤）害

（1）恰当地处理违法行为。是指在违法行为将要或正在进行的时候，能够临危不乱，保持冷静，根据当时的情况采取果断、机智和灵活的办法。

（2）对各种灾难事件作出适当的反应。各种灾难事件都会给人类的人身和财产造成巨大的损害，正确处理各种灾难事件，可以有效地降低或预防伤亡。

4. 日常生活中的一些具体的防范措施

（1）冷静克制，冲动是魔鬼。无论争执由谁引起，尽量保持冷静态度，一旦情绪激动，请尽快远离与自己起冲突的人，以免情绪失控。

（2）注意语言得体。"祸从口出"，大学生中的纠纷多数是由口角引起，而口角的发生通常伴随着恶语伤人。做到语言得体，一是要说话和气，以理服人；二是要说话斯文，不说脏话；三是说话要尊重对方，不盛气凌人。因此防范纠纷发生的总原则即是求同存异，理解万岁。

（3）加强沟通，减少猜疑。生活在集体中，同学们要相互信任，对于一些事情不能只凭表面现象乱加臆测，要认真分析，不要胡思乱想，更不要只听取一面之词。遇到问题，要多和好朋友或辅导员谈心，交换意见，这样就不至于因为无端的猜疑而导致纠纷，从而避免不幸事件的发生。

（4）避免喝酒，多喝几杯后要注意控制自己的情绪，还应提醒别人不要做出过分的举动。

（5）学校周边的娱乐场所，应避免进入，若进入，应确保自身的人身安全，避免与他人产生矛盾。

（6）对于流氓的骚扰，要积极地劝说，不能和他们发生冲突，也不能轻举妄动，以免将事情闹大。

（7）如遇不良行为，须立即通知教师或相关单位。

（8）要团结附近的同学，向寻衅滋事者施加压力，强迫其停止实施违法的行为。

（9）一旦被歹徒盯上，千万不要慌张，要保持冷静，并要考虑到自身的身体状况和心理状况，以及周围环境和歹徒的作案意图。

（10）记住，人命关天，如非必要，绝不能与罪犯硬碰硬，关键在于灵活应变。

三、加强网络安全教育

（一）网络不良信息与网络病毒的防范

1. 抵制不良信息

抵制网络不良信息，维护大学生的利益，需要社会、政府、家庭和个人的共同努力。

（1）树立正确的世界观、人生观、价值观，提高分辨能力，分清是非、对错和美丑。

（2）遵守社会公德、公民道德基本规范以及《全国青少年网络文明公约》，自觉规范个人网络行为。

（3）学习、掌握国家的法律法规，增强自身法治观念。加强道德修养，提高自律能力，抵制不良信息的消极影响。

（4）不要登录不良网站，要选择官方的、内容健康的网站。远离暴力、色情等内容不健康的信息与游戏。为个人电脑安装不良信息过滤软件，将不良信息拒之门外。

（5）丰富自己的课余生活，培养积极健康的爱好。

（6）在网上发现不良信息或收到垃圾邮件可向违法和不良信息举报中心举报，也可点击网站上设置的虚拟警察，向公安网监部门举报，共同维护健康的网络环境。

2. 防范网络病毒

网络病毒通过计算机网络传播感染网络中的所有可执行文件。

针对日益增多的网络犯罪，我们应该提高警惕，增强个人网络安全防范意识：学习、掌握必要的网络安全防范知识，增强网络安全防范意识。个人电脑要安装正版杀毒软件和防火墙，并及时升级。使用他人的文件要先杀毒，不要与人共享文件夹，这是很危险的传播途径。经常检查系统安全漏洞，及时给漏洞打上补丁。聊天信息中的链接，要先向好友确认，以防感染病毒。网上下载的文件经过杀毒扫描后再打开；双击附件前，用防毒软件扫描。发现有"黑客"入侵或被远程控制应及时向公安机关报案。尽量避免使用"点对点"交换文件，这已成为病毒的目标，传播速度更加迅速。常用杀毒软件查杀病毒。

（二）加强大学生网络社交安全防范的措施

1. 构建信息快速反馈机制

密切注意大学生的心理活动和心理动态，并采取有目的的教育和指导，使问题从一开始就能得到解决。

第一，对学生关注的重点在于以学生为中心，对他们的期望和需求给予充分的尊重和了解，并给予他们更多的人文关怀，让他们乐于并善于与辅导员、同学交流，倾诉自己的心声。

第二，依靠辅导员、学生骨干、舍长等定期到宿舍去了解情况，形成一个健全的人际网络，从各个层次上适时地获得学生的信息。

第三，拓宽信息获取渠道，构建多层次的信息监察系统，包括：阅读档案、谈话与座谈、日常观察、问卷调查、与家长联系、其他老师和同学的反馈等，特别要注意收集重点人物日常的资料，建立并逐渐完善重点人物的档案，及时掌握可能发生情况的学生和问题。

2. 提高学生自我安全防范意识

增强大学生的网络社交安全，关键在于增强其自身的安全意识和预防能力。

第一，要注重网络社交安全的教育，创新安全教育模式，将网络社交安全教育纳入安全观教育的重点，帮助大学生正确利用网络交际，同时通过多种途径广泛宣传安全防范的重要性及措施，加强对大学生社交能力特别是网络社交能力的培养，例如可以汇编典型案例、模拟演练、播放相关影片等。

第二，通过合理的信息分析和规避风险环境，使学生在使用网络的过程中，尽可能地扩大自己的社交面，了解网络中的道德失范、交往欺骗、网络垃圾信息等问题，增强学生的自我保护意识，增强判断和分析能力。

3. 构建网络社交安全事件处理机制

第一，强化网络实时干预，加强网络监管，监护网上交往，及时发现和处置危机，尽量网上问题网上解决，促进大学生的网络交往行为朝着良性、健康的方向发展，与此同时，还要建立比较严格的注册登记制度。

第二，加强对事件的善后处置，在事件发生后，要快速组建应急处置小组，将相关情况及时汇报给领导，并第一时间赶到现场，与相关部门进行协调，采取最高效的措施，主动进行教育、疏导，安抚学生内心，积极帮助学生排解情绪，稳定心态，恢复常态，及时总结经验教训，同时还要寻找管理中的漏洞，优化预警机制，防微杜渐。

四、正确防范和应对各类突发公共事件

（一）应对踩踏

1. 踩踏的定义

踩踏一般指在某一事件或某个活动过程中，因聚集在某处的人群过度拥挤，

致使一部分甚至多数人因行走或站立不稳而跌倒没能及时爬起来，被人踩在脚下或压在身下，短时间内无法及时控制、制止的混乱场面。

纵观历史上发生的踩踏事件，大都会造成严重的人员伤亡，轻则造成交通混乱不堪，重则严重影响社会治安秩序，造成极坏的影响。

2. 容易发生踩踏的地点

只要是人群集中、容易发生拥挤的地方，例如校内的教室、操场、球场、宿舍楼或教学楼楼道、学生食堂、商场、狭窄的街道、影院等，都隐藏着发生踩踏的危险。当身处这样的环境中时，一定要提高安全防范意识。

3. 发生踩踏事故的原因

（1）在拥挤、人多且空间有限的环境下，人们因恐慌、愤怒、兴奋而情绪激动，失去理智。

（2）在拥挤、人多且空间有限的环境下，有人摔倒或者蹲下。

（3）在拥挤、人多且空间有限的环境下，发生突发事件，人们盲目逃跑。

4. 如何应对踩踏

（1）如果发现人很多且环境混乱，最好不要置身其中。

（2）发觉拥挤的人群向自己行走的方向来时，应立即避到一旁，不要慌乱，不要奔跑，避免摔倒。如果路边有商店等可以躲避的地方，可以暂避一旁。

（3）如果陷入拥挤的人流，一定要先站稳，身体不要倾斜失去重心，即使鞋子被踩掉了，也不要弯腰捡鞋子或系鞋带，要继续随着人流走，尽量走到人流的边缘。有可能的话，可先尽快抓住坚固可靠的东西慢慢走动或停住，待人群过去后再迅速离开现场。

（4）在拥挤的人群中，要时刻保持警惕，当发现有人情绪不对或人群开始骚动时，就要做好保护自己的准备，并时刻注意脚下，千万不要被绊倒，避免自己成为拥挤踩踏事件的诱发因素。

（5）若自己不幸被人群拥倒后，要设法靠近墙角，身体蜷成球状，双手在颈后紧扣以保护身体最脆弱的部位。如果仰面（躺着）摔倒，应立即将身体抱成球状,不要平躺,伺机找机会站立起来。如果受伤了但是还能动,就要想办法站起来移动到稳定物旁,再考虑处理伤处。

5. 踩踏发生后的救援

(1)拥挤踩踏事故发生后,一方面赶快报警,等待救援;另一方面,在医务人员到达现场前,要抓紧时间用科学的方法开展自救和互救。

(2)在救治中,要遵循先救重伤者、老人、儿童及妇女的原则。判断伤势的依据有:神志不清、呼之不应者伤势较重;脉搏急促而乏力者伤势较重;血压下降、瞳孔放大者伤势较重;有明显外伤,血流不止者伤势较重。

(3)当发现伤者呼吸、心跳停止时,要赶快做人工呼吸,辅之以胸外按压。

(二)应对地震

在日常生活中要未雨绸缪,学习掌握逃生自救知识,做好抗震应急物品储备,只有这样,当地震发生时才能有备无患、冷静应对,减少地震带来的伤害。

1. 震前应对

(1)学习地震的逃生和自救知识,做好应急物品准备,如水、食物、御寒的衣物、毛毯、应急灯或者手电筒、身份证件等。

(2)熟悉所处环境,预先了解逃生通道。

(3)参加地震演习,有序组织撤离。

(4)清除室内安全隐患,如衣柜、书架等设法固定,天花板上不要悬挂较重的物品等。

2. 震中逃生

不要反复权衡、犹豫不决,应在最短的时间内选定一处,就近躲避。

(1)如果是在室内,就到坚固的家具下面,或者厨房等有管道支撑的地方。

(2)如果是在室外,就选择空旷的地方。

(3)如果是在野外,就要避开山脚、陡崖、山谷,要特别注意滚石和滑坡,还要避开水岸,以防地震引发水流冲上岸或海啸。

3. 避震姿势

（1）下蹲、蜷曲身体，躲进坚固的桌子下，或贴近床沿/承重墙趴下。

（2）用枕头、被褥等保护头部，用毛巾捂住口鼻，防止吸入粉尘。

（3）双臂交叉于胸前，两肘接地，保护胸腹。

（4）抓牢固定物，防止身体移动。

4. 震后自救

（1）震后能自己脱险的，要先清除脸上和胸前的杂物，不要顾着取东西，要迅速撤离。

（2）如果被困，可以想办法清除压在身上的重物，观察四周是否有通道或亮光，判断自己的位置，尝试逃离。如果逃离有很大的困难或者危险，就保存体力等待救援。

（3）可用物品敲打墙壁、管道，引起救援人员的注意。切忌盲目呼喊，避免耗费体力和吸入大量灰尘或有毒气体等。

（4）如果一时无法脱险，要尽量节省力气，树立信心，保护自己，坚持到底，永不放弃。

（三）应对洪水

1. 洪水来之前的准备

（1）准备逃生装备，包括：①防水救生包（家中常备），里面包含手电筒、蜡烛、打火机、哨子等；②保质期较长的饮用水和压缩食品；③密封起来的干燥衣物；④救生圈等漂浮工具；⑤预防灾后传染病的常用药。

（2）提前参加洪水的应急演习，尽量学会游泳。

2. 洪水到来时的应对

（1）根据当地电视、广播等媒体提供的洪水信息，结合自己所处的位置和条件，冷静地选择最佳路线撤离，避免出现"人未走水先到"的被动局面。撤离时认清路标，明确撤离的路线和目的地，避免因为惊慌而走错路。

（2）洪水到来时来不及转移的人员，要就近迅速向山坡、高地、楼房、避洪台等地方转移，或者立即爬上楼房高层、大树、高墙等高的地方暂避。

（3）如果洪水继续上涨，暂避的地方已难自保，则要充分利用准备好的救生器材逃生，或者迅速找一些门板、桌椅、木床、大块的泡沫塑料等能漂浮的材料扎成筏逃生。

（4）如果已被卷入洪水中，一定要迅速平静下来，尽可能抓住固定的或能漂浮的东西，寻找机会逃生。如果会游泳，应顺着水流的方向，斜着游向岸边，不要横渡也不要逆流；如果不会游泳，可以脸朝上、头仰后，双脚像骑自行车一样踩水，双手拍水，让头露出水面。

（5）开车时遇到洪水，千万不要试图穿越被淹区域，应果断往高处开。如果熄火，果断弃车或逃到车顶，千万别待在车里，否则很可能因推不开车门而淹死。

（6）挥舞色彩鲜艳的衣服、有规律地敲打东西、吹口哨等这些有效的求救方式更容易被发现。

3. 洪水过后的自救和互救

（1）洪水过后不要急于回到曾经居住的屋子，一定要收听当地的天气预报的广播，防止洪水再次到来。

（2）听从救援人员的指挥，沉着冷静，不盲目行动。

（3）要做好各项卫生防疫工作，预防疫病的流行。

（四）应对滑坡和泥石流

1. 泥石流的前兆

在地形陡峭、植被稀少及遍地泥沙、石块的半干旱山区或高原冰川区，春夏之际暴雨来临或冰川解冻时，泥沙和石块随着水流沿斜坡向下滑动，称为"泥石流"。泥石流看似流动，但是密度极大，一旦卷入便无法挣脱。

泥石流前兆：

（1）沟谷溪水突然断流或上涨并携带柴草、树枝等。

（2）远处山谷传来闷雷般的轰鸣声。

（3）从山坡上流出的水由清变浊。

2. 山体滑坡的前兆

土体或者岩体在地壳运动或大型工程活动的作用下崩解，顺坡向下滑动，称为"山体滑坡"。由于滑坡体是致密的，被掩埋后会立即被压死、窒息，几乎没有生还的可能。

滑坡前兆：

（1）有岩石挤压或开裂的声音。

（2）山坡前部出现裂缝。

（3）坡脚处土体凸起。

（4）树木倾斜。

（5）动物异常。

3. 如何避免遭遇山体滑坡和泥石流

（1）山体滑坡和泥石流是无法准确预测的，所以要避免在多发季节前往多发地域。

（2）如果必须前往山体滑坡、泥石流多发区域，应提前了解地形和地质常识，知道哪里相对安全，并根据当地有关部门的安排参加演习。

（3）在山谷行走时，一旦遭遇大雨，应立即转移到高地上，不要在谷底停留；露营时，应选择平整的高地。

4. 遇到泥石流或山体滑坡如何逃生

（1）不要顺着流动方向跑，更不要向山下跑，要垂直于流动方向，向两侧的山坡上跑。

（2）如果山体整体滑动，无处可逃，可就地抱住大树。

（3）撤出危险区后，不要看灾区一时平静就急于返回，避免灾害二次发生。

（五）其他自然灾害的防范和应对

1. 海啸

海啸就是由海底地震、火山爆发、海底滑坡或气象变化产生的破坏性海浪，它主要受海底地形、海岸线几何形状及波浪特性的控制，呼啸的海浪每隔数分钟或数十分钟就重复一次，摧毁堤岸、淹没陆地、夺走生命财产，破坏力极大。

（1）海啸的前兆：

1）海洋地震可能会引发海啸，故有时候会感觉到地面强烈震动。

2）海面上会传来巨大的、惊人的声响。

3）海水异常涨落并伴有水泡。

4）海面出现水墙。

（2）应对海啸：

1）如果收到海啸预警或者发现了海啸的征兆，要立即撤离到高处，解除海啸警报之前不要靠近海岸。

2）来不及撤离时，应就近逃到高层的建筑中去。

3）海水退去后也不要去捡冲上来的鱼虾，因为此时可能还会有更大的海浪来袭。

4）如果在海啸中不幸落水，要设法抓住树枝、木板之类的漂浮物，不要胡乱地挣扎，也不要游泳，随波漂流即可，注意保存体力。

5）不要喝海水，不仅不能解渴，反而容易让人产生幻觉。

2. 高温

35℃以上的天气称为"高温天"，如果连续5天以上最高温都达到或超过35℃，即为持续高温。一般来说，高温通常有两种情况：一种是气温高而湿度小的干热性高温；另一种是气温高、湿度大的闷热性高温，俗称"桑拿天"。高温天气会给人体健康、交通、用水、用电等方面带来严重影响。我国气象部门针对高温天气的防御，特别制定了高温预警信号。

如何应对高温？

（1）保证充足睡眠，多喝白开水、绿豆汤、冷盐水等，补充身体水分。

（2）上午 10 点到下午 2 点之间尽量不要出门。如果必须外出，一定要涂抹防晒霜、打伞或戴遮阳帽，穿宽松、透气、颜色浅的衣服。

（3）室内外温差不超 7℃，空调冷风不要直吹，要常开窗换气且用温水洗澡。

（4）饮食要清淡，少吃隔夜的饭菜，注意饮食卫生。

（5）注意防范因用电量过高，电线、变压器等电力设备负荷过大引发火灾。

（6）常备中暑药，如清凉油、风油精、藿香正气水等，外出也要随身携带。一旦感到头晕、恶心、身上无力，立即转移到通风、阴凉处，吃药、休息。

（7）中暑后应立即转移到阴凉、通风处，坐下或躺下，解开衣服安静地休息。还可以用凉水擦身或冷敷。如病情严重，要立即拨打 120。

3. 台风

台风是指形成于 26℃ 以上热带或副热带广阔洋面上的热带气旋。人类对台风是可以准确预测的。在我国，东南沿海是台风的高发区；七月、八月、九月三个月是高发期。我国台风预警从低到高分为蓝、黄、橙、红四档，每档都有相应的预防措施。只要按照预警的要求，闭门不出并且做好准备，就是安全的。

（1）台风来之前：

1）准备即食食物、饮用水、药品、日用品以及蜡烛、手电等应急用品。

2）检查房顶，密封门窗，并将低洼、易涝房屋内的物资转移到高处。

3）将阳台、窗台、屋顶等处易被刮落的物品搬到室内。

4）加固或拆除室外高空设施以及简易、临时建筑物。

5）联系好亲友，以便必要时转移、投靠。

（2）台风过后：

1）要避开破碎的玻璃、倾倒的树或断落的电线。

2）如不幸受伤，不要擅自移动，应立即拨打 120。

4. 雾霾

雾霾天气是一种大气污染状态，雾霾是对大气中各种悬浮颗粒物含量超标的笼统表述，PM2.5 被认为是造成雾霾天气的"元凶"。

（1）雾霾的危害：

1）对心血管系统的影响。长期处于雾霾环境可使血压升高，导致中风、心肌梗死。

2）对呼吸系统的影响。长期处于雾霾环境会诱发肺癌。

3）对心理健康的影响。长期处于雾霾环境中，会使有些人陷入精神懒散、情绪低落的状态。

4）对交通的影响。雾霾天能见度低，提高了事故的发生率。

5）传染病增多。雾霾天气可导致近地层紫外线减弱，使空气中传染性病菌的活性增强。

（2）应对雾霾：

1）雾霾天尽量不要在外运动，防止肺吸入大量空气中的悬浮颗粒。

2）外出戴口罩，可有效减少人体吸入悬浮颗粒。

3）进入室内洗脸、漱口、清理鼻腔。

4）雾霾天尽量不要开窗，可在中午等雾霾弱一些的时候开窗换气。

5）室内应装备空气净化装置。

第五章 大学生创新教育

第一节 大学生创新教育的解读

一、创新教育的基本特点

所谓"创新教育",就是把创新学、教育学、心理学等相关学科的理论有机结合起来,在课堂教学时有意识地引导学生进行主动探索和实践,充分激发学生潜能,帮助学生树立创新志向,发展创新性思维,培养创新精神,从而培养创新能力的教育。创新教育从人才学的角度而言,就是将人的创新能力开发出来,为社会培养创新型人才。创新教育从教育学的角度而言就是为未来的发明创造奠定基础。从心理学角度来看,创新教育是培养、训练人的思维(尤其是求异思维、创新性思维)的教育。其基本特点如下:

(一)超越性

引导学生不断向前和不断超越就是创新教育的本质。超越问题障碍去获得新的知识；对不满意的生活现状进行改造，进而创建新的环境；超越自己，提升自己的能力水平和道德修养。教师如果想在教育过程中引导学生进行创新和突破，就不能按照常规的教学方式，要引导学生充满激情、积极向上地去克服遇到的困难，不断进行突破创新。只有勇敢地去改造不满意的客观现状，才能够实现超越。除此之外，还要不断完善自己，提升自己的能力水平。既要重视外因的作用，也要重视内因的力量，让学生能够提升自我认识和自我修养，为实现自身的理想和目标，不断进行奋斗，不断超越自我，最终达成自己的理想目标。

人既存在于现实之中，又超越现实。原因在于人是自然环境中的产物，但由于人具有主观能动性，能够对现实进行改造。人的理想往往是超越现实存在的，所以就可以引导人们去改变现实，实现自己的理想状态，这一过程其实就是创新。从时间的维度来看，创新教育就是以现实的存在作为基础，引导学生去创建未来。从空间的角度出发，创新教育就是对于现实不满意的环境，引导学生积极主动地进行改造。创新教育是引导学生具有批判性的思维，对于自身要进行不断的反省，不断挑战人们已经获得的理念，创造出一个新的世界。创新教育的作用在于加强人们的创新意识，培养人们的创新能力。在实践过程中以下四方面是要特别注意的：

1. 充分发挥受教育者的主体性和个性

创新就是重新组合现有的信息和知识，是一个自我思考的过程，进而在创新的对象上能够展现创新主体独特的个性。个人的主体精神对创新来说是不可缺少的。创新是创新主体主动进行的。从这方面来讲，创新教育的本质要求是：第一，学生的主体精神一定要得到充分的发挥。在生活中，一个人若拥有创新的欲望，必须要求其有强烈的自我意识，自我主动地进行探索和发展是创新的本质。第二，加强学生独立个性的培养。不同于其他个性独特的人，才有可能进行创新。因此，在教育的过程中要能够将学生的积极性和主动性充分调动起来，使学生能够自觉主动地进行创新。创新教育的本质不是对学生进行改造，而是让学生能够积极主动地参与到创新活动中，不断完善自我和提升自我。所以学生在创新教育中处于主体地位，教育过程中重要的不是传授给学生知识，而是引导学生主动地去探索知识。

2. 着重突出教育过程的开放性

创新是人们通过新的方法和视角来展示新的世界和理想，所以，对于现实世界应该以批判性的思维去面对，让现实存在更多的可能性。学生作为创新主体，其精神力量在创新教育过程中是要特别体现的，要将学生的独特个性充分展示出来。创新教育是开放性的教育，学生在创新教育中一直被视为是不断发展、完善和提升的学习主体，教学过程也是一个不断变化的过程。高度开放自由的时间和思维空间是开放教育所必需的，引导学生积极主动地参与到活动中，充分发挥学生的主体作用。在课堂上学生主要进行两方面的智力活动：一是将人类已有的知识内化为自身的知识。二是主动展示出自己的个性特征。外显行为需要内化作为基础，所以学生将知识进行内化就是创新教育的开放性。需要注意的是：首先让学生相信科学结论是有一定条件的，结论会随着条件的变化而变化。其次营造出一个开放式的课堂范围，让学生积极主动地参与到教学活动中，并且能够敢于表达自己的想法。最后学生要拥有批判性和发散性思维，对传统的和已拥有的进行否定就是批判性思维，对多样和新颖的追求就是发散性思维。三是课堂上应该提供一个自由的空间让学生自由表现，学生能在良好的环境中自由地发挥想象进行创新活动。

创新教育不应仅局限于教材和课堂之上，也不应仅在教师的讲授和布置的作业范围之内，只有在开阔的视野内才能够将创新的潜能更好地发挥出来。创新教育不是封闭和孤立的，要能够与生活实际紧密联系，深刻了解当前社会科技发展的状况，紧跟时代发展的潮流。首先教育的内容符合当前科学发展的最新情况，不断地吸收新的知识和信息。其次，要能够让学生在实际生活中运用所学的知识去解决问题，从而获得更加丰富的知识。创新的关键因素就是进行开放的学习，不能仅局限于课堂之上，要积极主动地参加课外活动，进行课外阅读，使自己的知识面和视野得到扩展。

3. 充分发挥创新教育的民主性

在民主的氛围中才能更好地进行创新。学生在轻松没有压力的环境下才能更好地进行探索和思考，自由表达意见和提出假设，自主地进行实践做出决策，只有这样才能够实现超越和创新，民主性是创新教育不可或缺的内在特性。

4. 课堂活动要能体现强烈的实践性

在创新教育中特别强调实践的作用。首先创新思想必须通过实践才可以转化为现实。其次培养人的创新能力和创新意识，需要通过实践来完成。最后人在创新中的问题情境是由实践提供的，只有在一定的环境中，才可能针对某一问题发生有目的有意识的行为。只有出现问题，人们才会想方设法地去解决问题。将各种问题情境在创新教育过程中呈现出来，这就是创新教育实践性的体现。只有不断遇到问题才会不断产生发明创造。这一点可以通过人类的创新史进行验证。人类在活动中遇到挫折和失败就会产生问题，原因在于人的自身思维和行为存在不足。总而言之，创新教育对于素质教育具有很大的作用。

（二）全面性

在创新教育中，学生对于基础知识要有一个全面的掌握，以此才能全面地开发学生潜能，让学生全面发展，创新来源于这些基础。要使学生能够获得尽可能宽广的知识面，就要鼓励学生偏爱的学科，但也要引导他们不能偏科，学习的知识要全面，对于兴趣、意志等品质的培养也要重视。既要注重思维的训练，又要培养观察力和想象力。在思维方面，既要注重复合思维，也要注重发散性思维。创新需要综合应用各方面的潜能和整体的素质，整合人所有的智慧、情感和经验，只有这样才能不断地创新和超越。全面性并不是要求所有方面都做到最优秀，而是要结合学生的自身情况，让他们的个性得到自由全面的发展。

（三）探究性

对问题的探究是创新教育中不可缺少的。在没有对问题探究的情况下，学生就不可能积极主动地参与到教学活动中，学生也不能进行独立的思考，更不可能有思维的碰撞。所以创新性的学习需要对问题进行探究，也是创新教育中不可缺少的环节。在这个过程中引导学生积极探索，对于问题要有独到的见解，提出独特的解决办法，并在探究的过程中扩充学生的知识面，挖掘探究的兴趣，培养学生的学习能力和创新能力。

二、创新教育的重要作用

21世纪是知识经济时代，在以依靠新的发明、发现、研究和创新的知识经济社会中，民族创新能力的培养成为时代的主旋律，创新教育已成为时代发展的必然趋势。创新教育对于大学生创新能力的形成和发展具有十分重要的作用。具体表现在以下方面：

1. 能够促使人脑发展

创新思维的产生主要是右脑功能。创新教育主要是提升学生的创新精神和创新意识，有利于右脑的开发，使左右大脑发展得更加协调。

2. 能够提高学生的综合素质

记忆力、观察力、想象力等因素共同组成了人的智力。创新能力通常情况下是综合应用这些因素。与此同时，创新能力又能进一步提升和完善这些智力因素。在创新的过程中总会遇到许多阻碍，这时就需要一些心理品质支撑，如意志力和信念。创新教育就是引导学生在实践中对这些非智力因素进行磨炼。在创新教育中无论非智力因素还是智力因素都能得到提升和改善，进而全面提升人的综合素质。

3. 能够促进学生的个性发展

人的创新活动是创新的基础。人类第一次获得某种物质或精神成果的行为或者思维就是创新。独特性是创新的本质。独特性体现于个性，是一种和他人不同的心理特点。所以创新能力和个性之间的关系是相互补充、互相配合的。提升创新能力就是突出个性。学生的创新能力在创新教育中会逐渐得到提升，个性也会越来越鲜明。

4. 有利于各种人才的培养

在人类发展的历史中，教育经历了工具型教育、知识型教育、智能型教育三个阶段。古代社会，教育是用来传播伦理价值、社会道德规范和行为准则的工具。近代资产阶级提出了知识就是力量的口号后，教育随之进入了知识型阶段。科学知识在教育中的比重逐渐增大，提高学生的科学文化水平成为教育的基本目的。教育不仅要提高学生的道德、科学文化水平，更要提高学生的智力和技能水平。于是从20世纪50年代开始，教育又过渡到了智能型阶段。智能型教育视智能是人才的根本素质，因而更加重视人的智能的发展。尽管三种类型的教育关注的内容有差别，但它们都是以传递人类已积累的实践经验和成果为手段，强调对已有知识的记忆。传统的教育把掌握知识本身作为教学的目的，把教学过程理解为主要是知识的积累过程，以知识掌握的数量和精确性作为评价的标准。然而，随着信息时代的到来，传统的重知识、重技能的教育所培养出的知识型、专才型人才已不能满足社会的需要。现代社会，多媒体、网络技术的广泛应用使得人们获取知识的手段日趋多样。课堂不再是获取知识的唯一途径。而在知识增长日新月异，试图拥有所有知识已经完全没有可能的今天，个体能否具备分析、判断、选择和创新性地运用知识的能力已成为教学的关键。因此，学校教育不能再局限于传授知识的功能上，创新能力的培养应是21世纪教育的最高目标。

5. 有利于开发学生的潜能

提及创新能力，人们总要习惯性地联想到科学家、艺术家，似乎只有这些人才具备这种能力。所有人都具有创新的潜能，自我实现的倾向是创新力的首要来源。人都有自我实现的倾向，每个人都希望表达自己的固有能力。但是自我实现的倾向通常会埋藏在内心深处难以发现，但却是真实存在的，只要出现合适的机会就会显露出来。正是这一倾向，当有机体为了更圆满地成为他自己而努力进入周围的新关系时，就是创新能力的首要原因。人不但有着高于一般动物的多种潜能，而且这些潜能需要通过释放的形式发挥出来，这是一种自然的倾向。教育对人类自身的生产是通过开发人的潜能并使之外化为适应、征服和改造自然的能力来实现的。创新力作为人的一种心理潜能，在其未被挖掘之前只是以可能的状态存在。较之生理潜能，心理潜能更为微弱，更有赖于后天的学习训练和培养才能使之充分地转化为人的实际能力。

6. 有利于促进高校教育的进一步发展

随着知识经济在全球的迅速崛起，国与国之间的竞争也越来越激烈。综合国力是以教育为基础的，劳动者的素质越高，综合国力也就越强。我国的教育事业在改革开放以来取得了很大的成绩和进步，但教育体制、观念等还需进一步完善，因此，要进一步加强创新教育，有利于我国教育的健康发展，提升人才的质量水平。

第二节 大学生创新教育政策的实施

一、建立创新教育的有效运行机制

社会系统的有效运行要依靠保证其有效运行的机制。创新是人对自身本质力量的开掘。从个体来看，创新是人对一定生命形式的超越，从群体乃至社会来看，创新则是对必然和客观世界的超越。而就创新的整体而言，这种超越的完满实现，要通过全人类的创新，绝不是通过少数几个个体的创新所能达到的。现代人类孜孜追求的重要目标，不仅是要把创新作为一种静态来观照，而且是要把创新作为一种动态来感受；不仅是要把个体的活动提升到创新性水平，而且要把人类整体的生命活动都提升到创新性水平。提高人们在活动中的创新性，要通过两方面来完成：一种是在提高人们创新认识的基础上来完成人们创新素质的提高，进而完成创新性活动的技术；另一种是保证良好的创新环境，这个环境包括良好的创新机制，它是产生源源不断创新力的动力基础。一个良好有效的运行机制对于创新教育同样十分重要，通过对于组成创新教育各要素之间关系的研究，来促进这一机制的良好发展。

组成系统的各要素以及各要素的结构是决定系统功能的关键。创新教育的过程中一直体现着创新性，它将教学过程中教和学的创新性有机统一起来。这两个部分首先应该进行自我完善，自身形成完善而独立的系统。其次要加强二者的联系以及统一性。创新教育是双边性的教学活动，因此教学主客体间的和谐发展是必不可少的。在这个过程中，教师对于学生创新能力的激发和培养不仅增强了学生的才干和知识，还完善了教师自身的人格，在这个双边交流的过程中，有利于个体社会化的实现。

（一）教学的创新性

教师教学的创新性主导着学生的学习，因此教学过程的创新性是必不可少的。一些教师在教学的过程中忽视了自身对于学生创新活动的重要作用以及责任，没有营造出良好的创新学习氛围，因此培养出的学生往往缺乏创新性。所以教学氛围的创新性是教育过程以及创新教育必不可少的标志。

创新教育的基础是教师教育活动的创新性。任何富有成效的教育都离不开教师的创新性。教师教的创新性集中表现在教学技巧，即教师运用系统的理论知识、成功的教育经验及综合运用各种教育方式方法解决教育教学问题的才能上。教的创新性的最高境界，是教师科学地、熟练地、富有个性地运用教学技巧，使教学技巧的运用达到艺术化的境界，实现教学科学性与艺术性的统一。创新性教育活动常常通过教学的环节和某些方面表现出来。例如，教育过程的有效组织、教育内容的科学处理、教学方式的恰当选择。教学方法的灵活运用、教学机制的权宜应用、教育情感的有效调控，以及教师劳动形态的塑造等。在现代社会，教师教的创新性已经超越了古代教师的狭隘的个人经验和悟性，它是科学理论指导下的教学艺术的灵活运用，包含了教师在组织艺术、讲解艺术、启发艺术、表演艺术、鼓励艺术、批评艺术和调控艺术等方面创新性的富有个性的表现。很显然，教的创新性植根于丰富的教学实践。只有那些富有经验,善于思考,并成功地把教学理论、教学经验用于解决具体问题,从而使教育教学活动具有一定个性的教师,才会使教育活动富有创新性,直至达到某种艺术境界,形成教师个体的教学风格。

教的创新性不仅表现为教师由于创新性劳动而获得的成就感,而且可以使学生在接受教育的过程中领略到教师创新性劳动而表现出来的教学艺术美。在教师创新性的教学活动中,随着教育活动的开展,学生既学到了知识,增长了才干,又在不知不觉中感受到了人的本质力量的出色表现,以及由此带来的深刻的美感体验和愉悦。至此,创新性教学与"愉快教学"实现了有机统一。

创新教学还应当是教学的科学性与艺术性的统一。脱离科学性的、把教学等同于演戏的做法,非但不是人们追求的目标,无助于创新教育,而且也与其出发点背道而驰,将导致学生对教师劳动的片面认识。教师在创新教育的过程中表现出以下特点:富有个性特征的创新精神、较为敏锐的教育活动感受力、十分丰富的教育想象以及思维能力、积极向上的教育情感。创新教育的创新性,不是一成不变的,它是通过教师自身创新素质的提高来不断进行完善的,是动态的。教学过程的创新性分为五个基本阶段:

第一阶段:创设情境。教师主动地进行创新情境的设置,从而激发学生的好奇心以及探索问题的欲望,发挥创新性学习动机。在这个过程中,教师首先需要进行问题情境的预设、在问题中激发学生探究的探索精神,帮助他们进行创新性探索。

第二阶段:问题定向。对于问题情境进行全面分析,从而引导学生对于问题进行积极的创新性探究,产生创新激情,从而使他们更快地在情境中找到问题的实质。

第三阶段:多向求解。这一阶段的任务是用创新性方法解决问题定向阶段所提出的具体问题,这个过程会产生原有经验的解决方法与创新性方法的矛盾,是"尝试—错误"的过程。

第四阶段:突破创新。这是突破旧有观念束缚,在已有的知识基础上提出新观念、新办法的过程，会产生新的理论以及新的艺术作品。

第五阶段：验证反馈。上一阶段会产生新的创新性成果，但是这一成果的正确与否，还需要通过实践进行检验。

（二）学习的创新性

在实施创新教育的过程中，学生的创新学习也有着重要的作用。学生的创新性学习是对老师创新性教学的回应和加强，这不仅对学生的个人发展有很大的影响，还能提升老师的创新自信和教育成就感。学生学习的积极性和创新性，不仅对个体的身体和心理发展水平有直接的影响，而且也是衡量教师创新性教学的主导作用能否取得实效的重要指标。

学生学的创新性主要是指学生主体的创新意识、创新态度、创新思维及运用对个体来说前所未有的手段和方法，解决学习中的具体问题。

在创新性学习活动中，学生具有强烈的创新和标新立异意识，各种体力与智力潜能特别是心理潜能得到充分发挥，并协同作用于学习活动，使主体的本质力量得到充分实现。显然，不能把学生的创新性与科学家的创新性相提并论。前者注重的是活动过程的创新性，注重活动对于主体的精神意义，后者则强调活动结果的创新性，强调活动所带来的社会价值。创新教育应当立足于学生的特点，切忌脱离实际，并以是否有利于学生身心发展，是否能提升主体的创新素质为标准。

大学生身上有着人类对于未知世界探索的本性。创新性的学习活动满足了大学生对于自身才能和个性的强烈表现欲。学生是创新性学习活动的主宰，通过创新性活动，学生提高了自身的自信心、加深了情感以及责任感，用自身的知识改变了世界，增加学生的主体性并锻炼了自身的潜能。因此许多的心理学家和教育学家主张"发现学习法"，这种方法要求教师将学习过程转化为学生自身的探究过程，从而使学习成为学生身心发展以及学习发展的动力和享受。

创新性学习是创新性教育的一种形式。它强调学生的主体性，倡导学会学习，重视学习策略。创新性学习者擅长新奇、灵活、高效的学习方法，具有创新性活动的学习动机，追求创新性学习目标。

创新性学习的特点包括：其一，创新性学习是创新性教育的一种形式。其二，创新性学习强调学习的主体性。其三，创新性学习倡导的是学会学习，重视学习策略。其四，创新性学生擅长新奇、灵活、高效的学习方法。其五，创新性学习来自创新性活动的学习动机，追求的是创新性学习目标。

二、"高等学校创新能力提升计划"的颁布

教育部指出，要从党和国家事业发展的全局出发，改变思维方式，突破原来的规划思路，进行观念上的更新，以体制机制创新和政策项目导向为手段，鼓励高校与科研机构、企业进行深度合作，积极推进协同创新，推动资源共享，共同开展重大科研项目的攻关，在关键领域取得实质性的进展。以"国家急需，世界一流"为基本出发点，以人才、学科、科研三位一体的创新能力提升为中心，以科技前沿、产业创新、区域发展和文化传承为导向，以推动高校创新能力的整体提升为目标，以激发各种创新要素的活力，推动资源的合理流动和资源的充分分享，从而从根本上提高国家的综合创新能力。

教育部提出这项计划的目标，就是要通过推进有利于协同创新的机制体制改革，提升高校人才、学科、科研三位一体的创新能力，创建一批国家协同创新中心，取得一批重大标志性成果，培养一批优秀的拔尖人才，使之逐渐成为"具有国际影响力的学术高地""行业产业共性技术的研发基地""区域创新发展的引领阵地"和"文化传承创新的主力阵营"。

三、"卓越工程师教育培养计划"的启动

"卓越工程师教育培养计划"（简称"卓越计划"）于2011年启动，旨在为我国经济社会发展培养一大批具有较强创新能力的各类高素质工程技术人才，以服务于我国推进新型工业化发展、建设创新型国家、人才强国的国家战略。

"卓越计划"旨在为新时代下的国家建设和发展培育一批优秀的工程师储

备，提出了"面向工业界、面向世界、面向未来"的基本原则。

自从多家高校入选"卓越工程"实施名单，并进行了卓越工程师培养后，其成效已经比较显著。不管是老师还是卓越班的学生，都显示了很强的自信、热情以及多方面的卓越品质。

在"卓越计划"的教学中，突出了三个方面的特征：第一是坚持"校企结合"，使企业在人才的培养过程中有更深层次的参与；第二要坚持高质量的标准，以国际、业界为标准，以培养高质量的工程人才为目标；第三，以能力训练为重点，加强工程与创造能力的训练。

2022年3月"卓越工程师产教联合培养行动"正式启动，为进一步深化我国工程教育改革，加快构建具有中国特色、具有国际水准的工程技术人才培养体系奠定了基础。目前，新一轮的科技革命和产业变革正在蓬勃发展，我国的经济、科技、教育都在由大变强，因此，工程教育一定要回答好这个时代的问题，在学科融合、产业驱动、知识结构、评价机制、国际标准等多个领域上有所突破，充分发挥其引领支撑的功能，为我们走好战略人才的自主培养之路做出重要的贡献。

党中央提出要把卓越工程师教育培养作为高等教育高质量发展的重点，全面、深入、大力度地推动卓越工程师教育培养改革。一要围绕"人才培养计划"中的核心问题，加速探讨"卓越工程师"培养方式改革，加强"育人"能力，突出"科学基础""工程能力""系统思维""人文主义"等四个方面的内容，加强关键实践能力，打造一流的核心课程。二要围绕"导师遴选"这一核心问题，充分发挥"产教联合"的功能，在关键产业、关键技术等方面进行试点先行，建立人才引进培养体系，改进评估和考核机制，选出高水平的优秀师资队伍。三要针对"产教分离"的核心问题，按照人才生长的规律，优化人才生长的环境，运用好财政、金融、人力、产业等政策，构建产教融合的长效机制，充分调动学校和企业的积极性，促进人才培养和工程实践、科技创新的有机结合。四要着眼于建立长期协作的机制，以成效为导向，改进工程教育评估准则，开展好工程硕士生、博士生培养改革专项试点工作，确保出方案、出经验、出样板。

"卓越计划"的实施将有力推动我国工程教育的改革与创新，推动我国工程教育在人才培养方面达到（或尽量超过）世界水准，实现我国由"工程教育大国"走向"工程教育强国"的人才培养目标。

第三节 大学生创新教育体系的构建与实践

一、创新教育体系的系统构建

学校全力推进大学生创新教育工作，可以从以下五大方面打造大学生创新教育体系。

（一）构建科学合理的教学体系和教学内容

当前，我国大学的课程设置虽已较为合理，但仍存在一些不足，如选修课的缺乏，学科间的交叉性和融合性不够等。首先，我国大学对选修课特别是人文学科的关注不够，而人文学科作为社会发展的"发动机"，可以解答社会如何发展、走向何方、最终发展目标等一系列重要问题。美国纽约州立大学布法罗分校的校长桑普尔说："在我们的现代社会中，大众最需要的就是真正的人文主义教育，也就是说，大众所受的教育应该包括语文、文学、艺术、体育、历史，以及其他的学科，而不论他们将来所从事的是什么行业。"所以，加强对创新型大学生的培养，增加人文学科的选修课是非常必要的，在这些课程的指导下，能够让学生对人生发展、定位等重要问题进行更多的思考，让他们把自己的兴趣、特长与自己未来所要从事的职业实现完美匹配，这样才能最大限度地发挥学生在教学活动中的主体作用。

同时，各个大学也要加强对课程整合、专业整合等问题的研究。在拥有扎实的专业知识基础的同时，教师还应该努力编写出一些跨课程，甚至跨学科的教学案例，并设计出一系列与之相适应的教学实验，从而提高学生在课程与学科之间的融合能力。跨学科的结合，很容易让学生们找到创新点，开启学生对新领域的兴趣。在一定范围内进行试点，对其中的一些成功事例进行编撰，形成一套专门针对大学必修课程的教材。学校应该以学科发展的定位为基础，对教学大纲进行适时的调整，将一些过时的、陈旧的课程删除掉，并对一些具有特色的学科和专业进行知识的更新，使学生在有限的学习时间中，掌握产业发展的前沿。

与此同时，高校还应该引进一系列具有灵活性的大学生考核机制，将课程的考核内容分散到课堂上的回答问题、课堂报告和课后的实践报告等多个环节的考核中，加强学生在课堂上的思维能力和课后的动手实践能力。在课程考核内容上，应该尽可能地弱化客观题所占的比重，多设计一些带有开放性和前瞻性的主观题，让学生可以用不同的方式，从不同的角度来看待同一问题。科学的教学计划与课程设置，灵活而富有弹性的考核机制，教师的前瞻性的指导，都是激发学生宝贵的创新思维的有效途径。

（二）创新教学方法

1. 在互动教学中培养大学生的创新思维

首先，教师要强化自己的科研功底，要以学科的发展为依据，对课程结构进行及时的更新，要善于从科研课题中提取出与课堂相适应的教学案例，使所授课程可以跟上学科的发展步伐。教学与学习是一个互动的过程，在进行启发式教学的过程中，教师要让学生充分地参与到教学活动中，让学生通过教学活动中的思考，提高学生对科学研究的兴趣，增强学生对科学研究的深度分析能力。教学的过程绝不只是简单地向学生灌输一种概念或者一种算法，更多的是让他们在潜移默化中，去思考那些知识背后的原因。对大学生来说，导师可以定期召开小组内部的学术座谈会，由导师来掌握学术研究的方向，学生可以进行集思广益，在学术讨论中，从多个角度来审视问题，并对课题的重点和难点进行讨论。这种互动活动可以帮助学生拓展科研思路，激发他们进行科研创新的灵感。

2. 以多种教学形式激发大学生的创新意识

高校有关部门可以利用在校内或地方高校之间的学术和技能活动（如软件设计大赛、演讲比赛和艺术作品展示等），对大学生的创新思维进行启发，提高他们对科技、艺术等方面的兴趣。同时，还可以将大学生在上述领域中取得的成果，统一纳入学生综合评价体系中，从而推动学生新思想、新方法、新理念的萌芽和成长。比如，各高校可以将当今计算机网络和大数据技术充分利用起来，通过构建校园智能网络平台，将学术交流、培训讲座和图书馆等资源进行整合，让学生在第一时间了解到最新科技前沿知识，为人才培养提供及时和广泛的信息获取渠道，使学生可以在科技前沿知识中获得灵感。有条件的地区，应该建立区域内高校和研究机构咨询共享联盟，利用网络互联互通的平台，实现高校和科研院所之间的图书、学术报告、作品展览、比赛咨询和学术培训等资源的共享，最大限度地激发大学生的创新意识。

（三）重视对大学生的人文教育和人文关怀

高校教学创新系统应注重对学生的人文素质的培养，并注意把握学生的心理特征，在潜移默化中培养学生的创新思维。高校教师要始终以关爱、宽容的态度对待大学生，要注意发现他们身上的闪光点，并给予他们以鼓励与关爱。教师具有优良的创新素质，更易得到学生的认可。同时，学校有关部门应努力为学生创造一个良好的学习环境，让他们在这个环境中共同学习。刚进入大学的学生，他们的知识水平都是差不多的，所以他们通常会认为，别人能做的自己也能做。教师应该有针对性地利用大学生这种不服输的心理，在班级乃至整个大学中营造出一种浓厚的学习氛围，将其自身的潜能最大限度地激发出来。在具体实施过程中，学校有关部门要加强引导工作，对表现突出的优秀大学生展开及时的宣传、表彰和奖励，将学校以学为先的理念体现出来。对于那些成绩优异的学生，导师们还可以根据他们的课题，对他们进行一定程度的科研奖励，从而在团队中形成一种外部的激励机制，实现学生综合能力和创新能力最大化的提高。

（四）构建创新综合服务体系

建立完善"学院创业联络员＋中心创业辅导员＋校外创业导师"的创业服务体系。各学院（课部）明确一名辅导员兼任创新教育专员，各个班级设立"创新委员"，打造"专员＋委员"的学院创业联络员队伍；大学生创新教育中心安排专人负责创业辅导和创业服务工作。积极争取政府部门支持建立"大学生创业工作服务站"，开展创业意愿调查、创业环境评价，提供创业政策咨询、创业流程指导和跟踪服务，组织编写《大学生创业指导手册》，解决大学生创业"最初一公里"的各种瓶颈。对有创业意愿的学生，根据需要，组织企业家、专家学者或政府公务人员开展"一对一"的跟踪指导服务。建设开发大学生创业服务网，在线提供法律、工商、税务、财务、人事代理、管理咨询、项目推荐、项目融资等方面的创业咨询和服务；广泛收集创业项目、创业政策、创业实训等信息，建立创业项目数据库、创业政策数据库、创业导师数据库、创业专家数据库、创业校友数据库、创业先锋数据库等。

（五）建立大学生创新成果孵化机制

国家和各地应加大对大学生自主研究、学科竞赛、科研训练等方面的资助力度。各高校应该积极争取校外资源，建立大学生专项创业扶持基金，用来支持在校大学生和年轻校友开展创业实践活动，让大学生的创业实践能力得到提升。同时，高校也要大力推行"走出去"战略，与国外著名大学合作办学。与此同时，高校也要鼓励学生以自己的实际情况为依据，向国家留学基金委、地方政府、就读高校或准备申请留学的国外高校申请留学奖学金，拓宽大学生的国际视野。对于大学生的某些创新成果，当地政府或者高校要设立专项基金，构建出一套在校内实践中心、创业团队孵化体系到创意产业园、大学科技园的完整扶持链条，从场地、资金、政策、培训等多个方面对大学生的创新创业进行支持。科技成果申报专利是学生科研成果转化的主要方式，但目前大学生对于专利申请的方式还不够了解，因此，学校应该组织一些专家对他们进行专利申请方面的指导，并支持、鼓励大学生们积极地申请专利，帮助他们实现科技创新成果的转化。

二、创新教育体系的实践——以开展创新实践活动为例

创新教育是一项系统工程，遵从系统性、关联性、全局性、持续性、层次性和有效性的特征，我们对大学生创新活动进行了科学的规划，构建了创新实践平台，组织了丰富多彩的创新实践活动，取得了丰硕的成果。

（一）构建创新实践平台，组织实践活动组织

搭建本科创新实践平台，建立创新团队，不仅能锻炼学生的创新思维，还能培养学生的实践能力。

1. 用正确的思想指导创新实践活动

创新平台建立与创新人才培养的具体指导思想如下：

（1）通过搭建创新实践平台，探索一种符合我国国情的、完善有效的创新实践人才培养新模式。

（2）营造一个开放严谨、自主创新、协作攻关的创新环境，促进本科创新活动的系统化、科学化与合理化，切实提高学生的创新精神和实践能力。

（3）探讨创新实践与课程教学之间的关系，将课内外的教学与实践结合起来。

（4）通过评价分析，建立激励机制，使更多的老师和学生加入创新活动，在各种学科竞赛中取得更好的成绩。

（5）总结经验和教训，为创新活动的组织提出建议和意见，使其进入良性发展的轨道。

（6）努力打造优质的本科创新团队，培养一流的指导队伍，以期取得更加丰硕的成果，获得更多的奖励，并为社会输送优秀的创新人才。

创新活动需要进行科学的规划，精心的指导，厚积薄发，凝练方向，锻炼队伍，形成若干研究和创新的优势。

2. 实施创新实践活动的新模式

探索创新活动实施的新模式，采用"四个一"来概括：

（1）"一个平台"。结合本科教育，开展多种形式的大学生创新活动，以科研项目为依托搭建一个扎实稳健的网络交互平台，实现资源共享与过程监控。

（2）"一个氛围"。通过建立规范化、合理化、公平化的激励机制，营造一种竞争与合作并存的宽松自由的创新氛围。

（3）"一个评价体系"。结合质量工程理念，从科学发展观出发，在建立客观、科学、全面的质量评价指标体系的基础上，综合运用多种评价方法，重点构建一个全方位、多视角、客观科学的高校创新活动质量监督评价体系。

（4）"一个人才培养支持体系"。最终在前期工作的基础上，以提高学生科技创新实践能力、锻炼学生的综合素质为指导思想，着重构建一个学科交融、协作攻关、自主创新的高校创新活动体系。

3. 创新团队的组成

为了提高创新活动的成效，专家专门搭建了一个由教授、副教授、讲师，以及博士生、硕士生、本科生组成的创新团队。通过实际科研项目的演练，以及大学生创新活动和各学科竞赛活动的开展，吸引更多的学生和教师加入创新团队，不断提高团队的科技创新实践能力。

团队成员在取得各种竞赛嘉奖的同时，也从各方面得到锻炼和成长，多数学生获得本校和其他985、211高校的研究生保送资格，有的拿到国外名校的奖学金出国深造，选择就业的同学大多如愿去到了心仪的单位。

对本科生来说，有机会参加到创新实践活动中，对于他们的成长是非常有利的。我们所构建的创新实践平台，是为了将学科建设、人才建设与科技发展统一起来，实现人才和资源的充分共享，继而形成一种新的、交叉的、重要的科研组织运行模式。为了吸引更多的本科生加入，在实践中进行了多层次创新实践平台的规划，对大一至大四学生的创新能力培养提出了规划和目标。

创新团队的活动采用不同的形式，有项目导向的，有学科导向的，也有松散型的。

（二）注重创新实践平台的质量建设

建设创新实践平台是提高人才质量的新思路，是推动人才培养模式、课程体系、教学内容和教学方法改革和创新的有效途径。

树立科学的质量观，重视创新实践平台的质量建设，通过 PDCA（计划—实施—检查—改进）的循序渐进、持续发展的高校创新活动实施模式来提高本科创新实践平台建设质量。

从第一个阶段——计划阶段开始，在充分调研的基础上，制订出一套切合实际的实施计划；在第二个阶段——计划实施阶段，组织筹建本科创新实践平台，围绕系统建设目标，优化整合有形和无形的资源，为学生构建一个扎实稳健的创新实践平台；第三个阶段是对平台建设的过程进行质量检查；第四个阶段是信息反馈与处理、改进，即根据检验结果总结成功经验，找出不足之处及原因，采取补救或改进措施。采用这样的循环模式，实现平台建设的质量管理。以科学发展观和质量工程为指导，以 PDCA 循环理论为基础，构建一个科学完善的本科创新平台，加强对大学生创新实践活动的质量管理，促进高校人才培养质量的提高，为社会输送更多优秀的创新人才。

在创新活动评价制度上坚定创新的价值取向，设计了一个科学而完善的本科创新平台建设质量评价体系，对平台建设的效果做出科学评价并对人才培养的方式及其有效性进行了多方位的评价与深入的探讨。

（三）建设创新基地，进行合作研究

充分利用教学、实习基地和大学生社会实践基地锻炼学生的实践能力，可以有效提高教师和学生创新的积极性。

教育者们建立了大学生实践中心和创新基地，采取多种方式支持和鼓励学生进入中心（基地）学习、研究，进行发明创造。努力营造良好的交流与合作的环境，为不同类型、不同专业的学生提供相互学习、相互交流的机会。

在创新活动的组织中，应重视与企业的合作，通过"产—学—研"的结合，把课外科技活动与社会热点问题、市场需求结合起来，引导大学生参与到教师的教学、科研和创业的活动中，提高课外科技活动的开放性和可参与性，使各类优秀人才脱颖而出。要注意加强与企业，尤其是知名企业之间的联系，借助企业的项目与资金支持，不断改善实验室的创新和科学研究环境，以及可持续发展的研究氛围，为大学生的创新能力和科研能力提供更有力的保障。

（四）培养创新实践中的人文素质

创新活动是一个很好的实践环节，可帮助学生提高人文素养。

"素养"本身是由"能力要素"和"精神要素"组成的。所谓"人文素养"，就是人文科学的研究能力、知识水平，以及人文科学体现出来的以人为对象、以人为中心的精神——人的内在品质。

创新人才应当具备的内在品质包括勇于坚持、敢于否定和质疑，也包括推翻自己原来的想法，提出新的创意，不媚上，不盲从，不怕困难，同时还要善合作，能沟通。

在担任多项科技竞赛指导教师的过程中，不少教育者发现不少专业的学生普遍存在一个问题，那就是各交叉学科专业的学生们似乎进入了某种尴尬境地。一方面，机械设计等"硬"能力不及纯工科的学生；另一方面，"软"的功夫也不如理科或管理等专业的学生。于是，原本管理与技术交叉的学科，学生们却管理与技术皆不精通。动手能力差成为相当普遍的问题。

教师会定期组织团队全体成员参加讨论，各组成员汇报近期的研究进展与体会，展开讨论，共享成果。可以为学生提供一个宽松的环境，给他们思考的空间，鼓励他们提出自己的疑问和看法。

不仅在创新活动组织的过程中，在课堂教学方面也是一样，大力改革教学方法，多途径培养学生的创新精神与自主研究的能力。除了教师讲授、课堂讨论外，采用社会调研、工程实践、文献阅读报告撰写、科技论文写作等方式对学生进行全面训练，并通过研究成果的交流展示、论文报告演讲等方式，使学生在分享成果的同时，提高交流与沟通的能力，希望他们在接收知识输入的同时，掌握知识输出的能力，学会准确、善意地表达自己思想和观点，并从学术高度归纳整理自己的想法，提高自己的水平。

在多年指导本科创新的实践中，一些教育者一直特别注重学生人文素养的形成与提高。强调要"用自己的头脑思考"，不仅如此，在定期举行的团队交流活动中，通常会要求每一位成员说出自己的想法，让大家学会捕捉他人讲话中闪光的东西。要经常采用头脑风暴的方法展开热烈的讨论。在方案的探讨中，不停地肯定、否定、提出新的创意。

从理论上讲，人类的创造潜力是无穷的。但每一个个体的创造力却是有限的。任何人的每一次创新都是在大量积累的基础上呕心沥血地付出所得到的结果，而且即便如此，也不能肯定获得成功。

创新人才成长的最佳环境就是要允许失败。教育者们普遍欣赏那些不怕吃苦、不怕失败的人，同时告诉学生，失败就是确定了一条走不通的路，如果可以把所有走不通的路都确定下来了之后，剩下的就是通往成功的那一条路了。

在教育者眼中，人文素养不仅包含了科学精神、艺术精神和道德精神，还要有丰富的知识积累、很高的综合素质、很强的责任心、很好的团队合作精神，以及很棒的表达能力。按这样的标准和目标，教育者们往往精心地培养学生并希望他们能够成为特别优秀的创新人才。

（五）实现科技创新实践的常态化

学生科技创新能力和实践能力的培养是一项系统工程，应当将其纳入学校育人的整体规划。

要让更多的学生从创新实践活动中受益，就要实现科技创新从"精英活动"向普及活动的转化，要实现科技创新实践的常态化。我们组织和设计了各种面向全校和不同院系特定群体的各类科技活动，举办各类竞赛和课外科技活动，鼓励学生组成跨专业的团队开展创新与科研训练，安排知名专家教授组成"学生科技活动指导委员会"和不同学科竞赛的专家委员会，指导全校学生开展科技创新活动。

  实现科技创新常态化的有效途径就是将课堂教学与课外实践有机地结合起来。对于课程改革所做出的努力和变革就是想要达到这样的效果。课外调研、社会实践，应该直接成为课程教学的补充内容。

第六章　大学生事务管理

第一节　大学生事务管理的认知

一、大学生事务管理的基本概念

在明确我国大学生事务以及学生事务管理概念前,应比较分析相关概念的演变。

(一)我国大学生事务管理的相关概念

1. 大学生事务管理与德育

关于思想政治教育的定义,基本都是围绕教育实践来描述的。我国的思想政治教育定义,即"一定阶级或政治集团,为了实现其政治目标和任务而进行的,以政治思想教育为核心与重点的思想、道德和心理的综合教育实践",课堂内外都进行相关的教学和管理工作,重点研究的是大学生的思想道德和心理教育问题,强调社会主义核心价值的导向性。

学生事务管理主要是对学生课外所涉及的具体事务进行管理并提供服务，其管理内容不能被思想政治教育涵盖，也不能仅作为思想政治教育的附属地位来研究。

因此，大学生事务管理与德育并不是等同的概念，二者既有联系又有区别，其研究内容和重点也有所不同。

2. 大学生事务管理与学生工作

20世纪90年代后期，我国教育界逐渐接受了美国大学生事务管理这一概念，但当中有不少人将之简单地理解为学生工作。实际上，二者存在一定差异。

20世纪90年代初期，我国正处于社会主义市场经济体制的转型期，大学生的课外具体事务越来越多，如学生心理辅导、特困生资助、就业等，它们在早期都归属于"德育工作"。但是，随着高等教育大众化时代的到来，德育工作越来越不适应社会的变化，无法恰到好处地反映新增事务的特征。于是，人们开始频繁使用"学生工作"这一术语，此时它包括了"学生教育"和"学生管理"两个方面。相对来说，"学生教育"的内涵和外延并没有很大的改变，而"学生管理"已不再是简单意义的"管理学生"，它开始逐渐扩展到管理学生的具体事务。至此，我国学生工作领域开始有了"学生事务"和"学生事务管理"的概念。

从实践来看，我国大学生工作是直接作用于学生的，有专门的机构和人员，他们从事的教育、管理和服务工作旨在提高学生思想、政治、品德、心理、性格等方面的素质，有目的、有计划、有组织地促使学生养成、发展正确的行为，具体体现在教育、管理和服务三个方面，如图6-1所示。

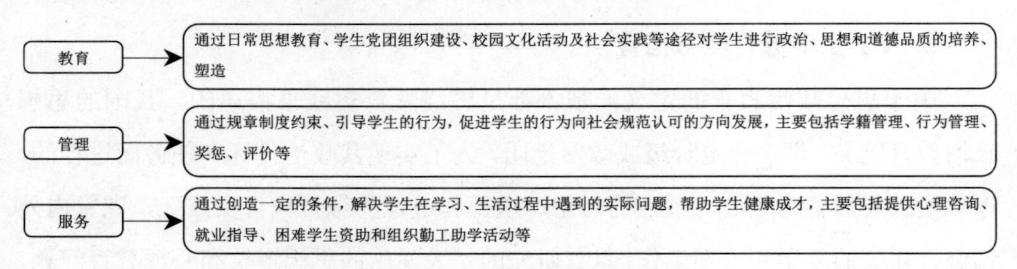

教育	通过日常思想教育、学生党团组织建设、校园文化活动及社会实践等途径对学生进行政治、思想和道德品质的培养、塑造
管理	通过规章制度约束、引导学生的行为，促进学生的行为向社会规范认可的方向发展，主要包括学籍管理、行为管理、奖惩、评价等
服务	通过创造一定的条件，解决学生在学习、生活过程中遇到的实际问题，帮助学生健康成才，主要包括提供心理咨询、就业指导、困难学生资助和组织勤工助学活动等

图6-1　我国大学生工作的现实状况

上述界定简要概括了我国大学生工作的现实状况，教育方面属于学生的思想政治教育，管理和服务方面则属于学生事务管理内容。可见，我国大学生工作主要指的是学生课外的非学术活动。

上述概念之所以发生变化，主要是因为时代的变迁导致教育观念做出相应的变化，这个变化过程也反映了大学生工作从开始对学生政治思想发展的关注转为对学生全面发展的关注。当然，我国大学生工作始终将学生的思想政治教育作为重要的内容。

随着我国高等教育改革和国际化进程的深入推进，学生的全面发展更是成为重要的关注点，"学生事务管理"的概念更为切合高校管理的发展变化，学生事务管理内容更加广泛，囊括学生的个人学习、个人生活、个人职业等方面，这些内容互相促进和渗透，还从高层次上推进学生思想政治教育的发展。

从我国高等教育目前的现实状况和未来的发展趋势来看，学生工作的构成应该包括两个子系统，一个子系统为思想政治教育，属于思想政治教育学科研究范畴；另一个子系统为学生事务管理，属于高等教育学研究范畴，两个子系统的具体内容如图 6-2 所示。

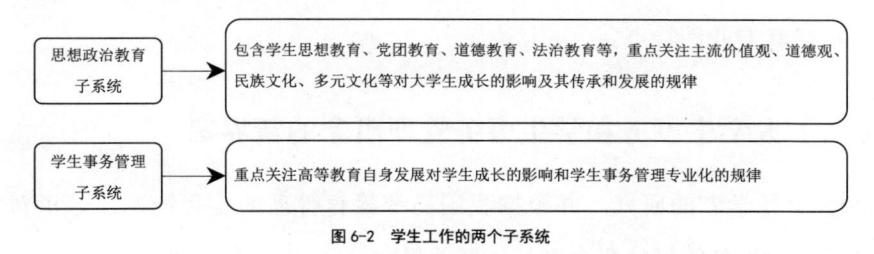

思想政治教育子系统	包含学生思想教育、党团教育、道德教育、法治教育等，重点关注主流价值观、道德观、民族文化、多元文化等对大学生成长的影响及其传承和发展的规律
学生事务管理子系统	重点关注高等教育自身发展对学生成长的影响和学生事务管理专业化的规律

图 6-2　学生工作的两个子系统

学生事务管理与学生工作是从属关系，前者是后者的下位概念。当然，美国大学生事务管理也包含思想政治教育的内容，但是成分比较弱，其存在是隐性的，并不像我国那样可以成为一个相对独立的子系统。

（二）我国学术界对大学生事务管理的界定

目前，我国学术界对大学生事务管理的界定还没有取得共识，以下列举几个比较有代表性的定义。

蔡国春认为，大学生事务管理是指"高等学校通过非学术性事务和课外活动对学生施加教育影响，以规范、指导和服务学生，丰富学生校园生活，促进学生成长成才的组织活动"。

漆小萍、唐燕在《高校学生事务管理》一书中指出，大学生事务管理是指"学生非学术性活动和课外活动的组织指导和管理"，它不但涉及学生社团、各种各样的课外文体活动，还涉及学生的经费资助、身心问题、就业指导等多个领域。

大学生事务包括四个要素：学生、专业人员、具体事务和学生事务专业。其中，最基本的人员要素是学生和专业人员，也是"学生事务"这一教育活动的两大主体；具体事务是人员要素交往活动存在的载体；学生事务专业是一个组织体系和知识系统，是人员要素在活动过程中不断形成和提升的。"学生事务"中的这四大要素紧密相连，不可分割，相互作用，从而形成了一个具有内在运行逻辑的系统。从这个意义上讲，大学生事务管理则是管理者运用相关专业知识和技能，配置合理的资源，促进学生发展的组织活动过程。

从上述几种定义来看，有的并没有充分考虑我国的实际情况，对思想政治教育、学生工作、大学生事务管理的差异性进行区别；有的则只强调了具体事务，而没有描述其专业性特点。

（三）大学生事务和学生事务管理概念的新界定

综合中外学者的研究，并根据我国高等教育管理的实际情况，这里对大学生事务和学生事务管理的概念进行了新的界定。

1. 大学生事务概念的新界定

大学生事务是指高校为大学生提供教学之外的具体事务，这些具体事务支持大学生正常的学习、生活秩序，有助于大学生的全面发展，从而实现高等教育的培养目标。它既包括管理性学生事务，也包含指导与服务性学生事务，其涉及的内容如图 6-3 所示。

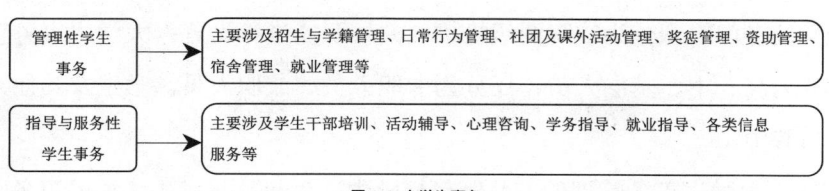

管理性学生事务	→	主要涉及招生与学籍管理、日常行为管理、社团及课外活动管理、奖惩管理、资助管理、宿舍管理、就业管理等
指导与服务性学生事务	→	主要涉及学生干部培训、活动辅导、心理咨询、学务指导、就业指导、各类信息服务等

图6-3 大学生事务

该定义可从以下三方面进行理解：

第一，大学生事务的目的是满足学生全面发展的需要，适应高端人才培养的规律。也就是说，并不是所有学生的需要都可以成为学生事务存在的基础，它还需要一定的社会保障条件，如果缺少这些条件，高校也无法提供相应的学生事务。

第二，管理性学生事务必须按照规章制度进行，面向全体学生，要求规范化、整体化。指导与服务性学生事务以一定的理论为依据，需要一定的技能支撑，遵循一定的规范流程，其要求是个性化的，由学生主动选择。当然，管理性学生事务和指导与服务性学生事务的分类只是相对而言的，并不是截然分开，如大学生事务管理工作者面对心理障碍较严重的学生时，就不能仅仅依靠学生个人的努力了，而应该要及时给予干预。

第三，大学生事务的内容只是相对教学内容而言的，从时间的角度来看，主要发生在课堂之外；从空间的角度来看，主要发生在教室之外，但又通常局限于校园环境里。

2. 大学生事务管理概念的新界定

大学生事务管理是指高校管理者依据国家的法律政策和人才培养目标，遵从一定的价值观，对学生非学术性活动和课外活动进行的组织指导和管理活动过程。这个过程隐性、间接地实现教育的功能，促进学生的全面发展。大学生事务管理的范畴包括人格教育、行政管理、成长辅导、生活服务、素质拓展，为适应中国国情，还包括时政教育和大学生党建。大学生事务管理要通过一定的体制和机制实现，如专门的组织和管理者、相关的机构设置、权限划分、运作方式等，这可从以下五方面进行理解：

第一，大学生事务管理要通过专门组织和管理者才能实现，也就是管理的主体。学校专门组织分为校院两级机构，并按职能进行设置；大学生事务管理工作者可分为高、中、基层人员，还分为专职人员、兼职人员，学生及其他人员还可以参与其中。

第二，大学生事务管理的客体既包括学生，也包括与学生相关的事务。

第三，大学生事务管理的出发点、归宿都是学生，其使命和核心价值就是促进学生全面发展。

第四，大学生事务管理的活动过程主要是指专门的组织和管理者按照特定的管理职能，运用一定管理方法，整合一定的资源所进行的实际活动。为提高管理效率和质量，这个过程一般为封闭的系统，它由计划、领导、实施、评估等环节构成。

第五，大学生事务管理的内在要求是专业性、职业性，因此，管理者需要具备一定的基础条件，如专业知识和技能。

二、我国大学生事务管理的历史沿革

20世纪90年代后期，我国高等教育界正式认识、接受"学生事务"这一概念，但与其相关的管理内容其实早在20世纪20年代就已经出现了，并随着时代的变迁不断融入本土化色彩，不断丰富了其管理职责，体现了我国高等教育演变的时代特征，反映了我国大学生事务管理从内容、管理模式到队伍建设等方面的丰富特点。

（一）雏形期

1. 背景

20世纪20年代，现代教育在五四运动时期接受西方文明洗礼的基础上得以启蒙、奠基，人们也开始奉行学术自由精神，并使其得到充分的发展。1922年，新学制（壬戌学制）的诞生，随之也开始形成了中国现代大学理念，逐渐建立了现代大学制度，近代教育正向现代教育过渡。1927年，国家主义和党化教育逐渐取代了自由民主之风。

2. 管理内容

这一时期，大学生事务管理部门主要是指导学生的生活指导、体育卫生，资助学生，并实行军事化的管理制度。以西南联合大学为例，该校为救助贫困学生制定了相关办法的文件，如《西南联大关于战区学生救济方法暨名单的公函》《对于贫寒学生患急性或长期病患者补助或贷款方法》《西南联大学生请求津贴医药费的方法》。

3. 管理模式

20世纪二三十年代，中国很多大学都确立了学术自由、教授治校、学生自治的制度。例如，蔡元培担任北京大学校长期间就进行了现代大学的改革，他借助五四运动的自由民主之风建立了学术自由、兼容并包的现代大学制度，实行教授治校、民主办学，还成立相关的民主机构进行民主议事，如学生自治委员会、入学考试委员会、新生指导委员会等。20世纪20年代末，清华大学也进行了改革。特别是抗日战争爆发后，高中人数持续增多，当时政府还出台了非常时期中等以上学校公费招生的办法，这使得更多的人有了上学机会，很多高校并没有因为战争而停止办学，从而促进了高等教育的发展。西南联合大学就是其中的代表，它于1938年在云南昆明由多个大学联合组成的，包括北京大学、清华大学和南开大学，在战争期间搬迁到了后方。西南联合大学实行学生自治的办法，建立健全学生管理制度，在管理中尊重学生。由此可见，这一时期的大学生事务管理整体上采用的是民主自治管理模式。

4. 管理队伍

20世纪20年代末，由于政府的干预和影响，教育界以三民主义教育为宗旨，各级学校都进行三民主义教育，建立、实行训育制度和训导制度。抗日战争爆发后，为应对战争，相关部门出台了文件，规定所有中等以上学校采用军事管理制度，严格控制大学生的思想，在借鉴德国学校严格训育制度的基础上设置了训导处，并采取导师制。一个导师带 5~15 个学生，体察学生的思想、行为、学业、个性等，并进行严格的教导。例如，西南联大的学生事务管理遵循的工作纲领就是"本校训导方法，注重积极的引导，行动的实践。对于学生之训练与管理，注重自治的启发与同情的处置"，管理工作通过学生自治会、学生社团和学生自主活动实现。由此，中国学生事务管理队伍的发展有了坚实基础。

（二）确立期

1. 背景

1949 年后，国家对高校进行了全面的改造，在这个过程中，无论是教育内容、教育目的，还是教育指导方针，甚至是管理体制等，都成为社会主义改造的内容。在社会主义方向的指导下，中国大学生事务管理发生了一系列的转变，为促进其现代化发展提供了丰富的营养。

2. 管理内容

这一时期，大学生事务管理内容注重学生的时事政治教育，高校重视组织学生了解国际环境，学习国内外形势，学习党的路线方针政策。由于上述各种历史原因，此时的学生事务管理内容主要为各种形式的政治思想教育，突出政治特点，管理者也因此被称为"学生政治思想工作者"。

3. 管理模式

这一时期，在社会主义方向总的教育方针指导下，大学生事务管理是集中式的，也就是所谓的"一元"领导管理体制。在该体制下，党逐渐代替了之前的校长负责制、行政系统，由党委和党务系统负责实施学生事务管理，体制内包含党委领导、党委负责、党务系统和党的基层组织。1961 年，中共中央批准通过的《教育部直属高等学校暂行工作条例（草案）》（简称《高校六十条》）就体现了上述的转变。

4. 管理队伍

这一时期，初步建立了大学生事务管理队伍。1952年，教育部通过颁布相关文件，提出了高校建立政治辅导员制度，并使其成为学生事务管理重要部分。1965年，高等教育部政治部为扩充政治工作队伍，通知各直属高校建立政治部，同年还制定了《关于政治辅导员工作条例》。之后，我国各高校基本上都建立了政治辅导员制度。政治辅导员成为中国高校专职学生工作者，并沿用至今。此时，大学生事务管理还没有取得相对独立的地位，也没有专门的机构，它还只是学校政治管理的某个组成部分。

（三）停滞期

20世纪六七十年代，高校的正常教学秩序和学生事务管理，无论是大学生事务管理的内容、模式，还是管理队伍的建设，基本上都处于停滞期。

（四）恢复期

1. 背景

1978年，党的十一届三中全会召开，全党的工作重点实现了转移，指出我国的中心任务就是发展社会生产力。为适应时代的发展，高等教育理论和实践者纷纷呼吁办学要遵循教育自身的规律，为促进社会主义现代化的发展做出贡献，同时提出了贯彻德、智、体全面发展的教育方针。在这一方针的指导下，我国逐步恢复、发展了高等教育和学生事务管理工作。

2. 管理内容

我国大学生事务管理逐步恢复，逐步扩展了管理的内容。为了适应新的高等教育目标和教育方针，培养社会主义新人才，大学生事务管理对学生继续进行思想政治教育并研究与之相关的对策，帮助学生了解、学习党的方针路线、社会形势政策和思想品德；分析学生思想动态；指导团委和学生会的工作；做好学生入党积极分子的培养教育工作等。

3. 管理模式

20 世纪 80 年代初，为做好学生思想政治教育工作，各高校相继设立了专门的机构——党委青年部（党委学生部）。20 世纪 80 年代末，多数高校成立了学生工作部（处），该机构由原来的党委学生部与学生处（学生科）合并形成，使原来的二元结构转变为了一元结构。在此基础上，高校毕业生的分配工作也由学生工作部（处）负责，并为之设立了毕业生分配办公室。管理模式仍然是采用党委领导与负责制，即"一元"领导管理体制模式。

4. 管理队伍

这一时期，我国大学生事务管理队伍逐步恢复并得到发展。1961 年，中共中央批准试行《教育部直属高等学校暂行工作条例（草案）》，正式提出要在高等学校设置专职政治辅导员。1965 年、1978 年分别制定并颁布了《关于政治辅导员工作条例》《全国普通高等学校暂行工作条例》，明确规定各直属高等学校建立政治部，建立一支学生思想政治工作队伍。自此，高校政治辅导员制度基本上得到了恢复。

（五）发展期

1. 背景

20 世纪 80 年代末，党的第十三次全国代表大会召开，会议系统地提出了社会主义初级阶段的理论。20 世纪 90 年代初，为促进社会主义现代化发展，我国开始确立社会主义市场经济体制。为努力实现高等教育现代化，我国进一步深化高等教育改革。在此背景下，高等教育学生事务管理从内容、模式、队伍建设方面都得到了空前的发展。

2. 管理内容

这一时期，大学生事务管理的地位开始独立，从而进入了全新的发展阶段。1990 年，原国家教委颁布了《普通高等学校学生管理规定》，该文件所称学生管理，是指对学生入学到毕业在校阶段的管理，是对高等学校学生学习、生活、行为的规范。此时，学生事务管理的对象不仅包括专科生、本科生，还包括研究生。学生事务管理内容也扩充至学生贷款、就业指导、心理辅导等，并逐渐成为重要组成部分。学生事务管理的职能也发生了转变，从管理型逐渐转变为服务型，对此各高校相继成立了与就业、勤工助学、心理咨询相关的机构，为学生提供一系列的服务项目，帮助学生成才，指导学生就业、生活。

3. 管理模式

在管理模式上，多数高校采取学校、院系二级管理模式。1995年，国家教委颁布了《中国普通高等学校德育大纲》，规定由校党委统一部署，校长全面负责，校党委、校行政均设校党委副书记、副校长，由一人担任，分管学生事务管理。校党委职能部门中设立学生工作部，该工作部有可能负责招生，也有可能负责宿舍管理等，甚至可能与其他相关部门"合署办公"等，每个高校根据自己的实际情况划分。

4. 管理队伍

20世纪90年代后，随着我国高等教育的改革和发展，大学生工作的范围增大，学生事务也得到了进一步的分化，我国学生管理队伍——辅导员的角色定位、工作职责及人员构成也发生了变化，从而推动了我国学生管理队伍的内涵式建设，也体现了新时期下我国大学生工作的发展、教育改革的深化。2004年，国务院颁布了《关于进一步加强和改进大学生思想政治教育的意见》，强调高校学生思想政治教育工作队伍的主体为辅导员。2006年，教育部召开了全国高校辅导员队伍建设工作会议，该会议指出，辅导员既是教师也是干部，更是大学生思想政治教育工作的骨干，组织、实施、指导高校学生日常思想政治教育和管理工作，应该成为学生的人生导师，成为学生的知心朋友。另外，教育部还通过《2008年招收高校辅导员在职攻读思想政治教育专业博士学位研究生工作办法》进一步明确辅导员的组成：在岗一线的专职辅导员，包括院系副处级（含）以下从事学生工作的人员。

第二节 大学生事务管理工作的时代特征和对象特点

大学生事务管理工作是高校教育活动的重要组成部分,分析它所处的时代特征以及工作对象的特点,对不断完善大学生事务管理工作者的工作意义深远,是高校开展管理工作的基础条件。

一、大学生事务管理工作的时代特征

目前,我国正处于社会主义初级阶段,这是我国最基本的国情,也是我国发展一切经济文化的基础条件。我国的现代化建设之所以能够取得举世瞩目的成就,与党正确认识我国的国情有重要的关系。具体来说,我国的国情可以从以下两个方面来认识。

1. 当前中国处于社会主义初级阶段

我国最基本的国情就是我国尚且并将长期处于社会主义初级阶段,它是我国在当前各方面发展的基础条件。社会主义初级阶段,是社会主义社会在发展过程中必然要经历的一个阶段,这个阶段包括两方面的含义:一是我国已经是社会主义社会;二是处于社会主义发展的初期。处于社会主义初级阶段就意味着社会发展还不成熟,还需要不断地改革、不断地进行经济建设,大力发展生产,把祖国建设成为富强、民主、文明的社会主义现代化强国。

2. 当前中国的根本任务是发展社会生产力

(1)发挥社会主义制度优越性要求发展社会生产力。

社会主义能够最大限度地促进生产力的发展,是能够取代资本主义制度的主要原因。社会主义生产力的发展程度直接决定着社会主义制度的发展水平。但是,由于我国的社会主义是在半殖民地半封建的基础上发展起来的,且发展时间

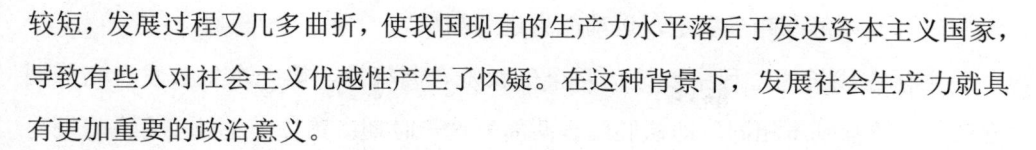

较短，发展过程又几多曲折，使我国现有的生产力水平落后于发达资本主义国家，导致有些人对社会主义优越性产生了怀疑。在这种背景下，发展社会生产力就具有更加重要的政治意义。

（2）改善人民生活水平要求发展社会生产力。

实现共同富裕是社会主义发展的最终目的。这就要求不断解放生产力、发展生产力。如果生产力得不到提高，人民的生活水平也得不到提高，长此以往，人民对社会主义的信念就会发生动摇。因此，如何用最有效的方式提高生产力，是我们党和政府需要深入思考的问题。

（3）建设社会主义民主政治和思想文化要求发展社会生产力。

经济基础决定上层建筑，民主政治也是在一定的经济基础之上产生的。这就要求我们党要大力发展生产力，打好这个基础。思想文化的发展同样受着生产力发展水平的制约，当然这种制约也只是相对而言的。总之，生产力越发达，民主政治、思想文化就越容易发展。正是在这个意义上，我们肯定了生产力发展的思想文化价值。

二、大学生事务管理工作的对象特点

大学生事务管理工作的对象主要是在校大学生，因此，这里重点阐释大学生的特点，主要可以分为以下两个方面。

（一）大学生的身心特点

社会主义市场经济体制的建立，既为大学生的发展带来了机遇，同时也带来了严峻的挑战。在这种形势下，当代大学生的身心状况呈现出新的特点。具体如下。

1. 大学生的生理发展特点

从目前大学生的入学年龄来看，他们普遍在十七八岁至二十二三岁，生理逐渐由不稳定进入稳定时期。具体来说，主要表现在以下两个方面。

（1）身体形态趋于稳定，运动能力进入高峰。

个体在成长的过程中要经历两个生长发育高峰期，第一个生长发育高峰期女孩、男孩都基本相同，即从胚胎到两周岁这一时期；第二个生长发育高峰期男孩要略晚于女孩，一般情况下，女孩是11～14岁，男孩是12～16岁。在大学新生中，此时男生还处于第二次生长发育高峰的后期，而女孩已经过了第二个生长发育高峰期。总之，大学时期，学生的身体形态趋于稳定，运动能力逐渐达到顶峰。

（2）神经系统逐渐发育完善。

大学生的神经系统基本发育成熟，能够有效地控制自己的行为，妥善分析和处理外界的各种刺激，能够担负起紧张复杂的学习任务。

2. 大学生的心理发展特点

（1）智力发展特点。

智力是指认识客观事物并做出适当反应的一种心理能力，构成智力的要素主要包括注意力、记忆力、想象力和思维力。这一时期，学生的智力已经达到较为稳定的水平，但是对一些较为深刻的问题，还不能全面、深刻地把握。

大学生的注意力具有较强的抗干扰能力。如果学生对学习的内容充满兴趣，就能够在较长的时间里保持注意力。但是如果学生存在病理性的神经衰弱，就难以形成关注某件事情的兴奋点，最终影响智力的发展。

记忆是识记、保持和再现客观事物的心理过程，智力发展的关键性标志就是记忆。处于大学阶段的学生，记忆能力、理解能力已经达到顶峰，能够根据需要，随时调动大脑中存储的信息，帮助解决现实的问题。

大学生的想象力十分丰富，他们能够在合理的逻辑推理下创造出典型的形象，但也有不少大学生的想象还缺乏现实性和可行性，不能完全正确揭示事物及其发展规律。

思维力是个体智力发展的核心因素。大学生能够用理性的思维看待事物，但也不可避免地带有一些感性的成分；大学生思维的独立性逐渐增强，能够独立思考问题;大学生的发散性思维和创造性思维也得到了迅速发展,他们敢于创新,不愿意有太多的要求。但有时也会陷入盲目自大的错误中。

(2)大学生的自我意识。

自我意识包括主体在思维的过程中领悟到自我的存在,自我发展过程的评价、自我与周围的人们和事物关系,自我对周围事物的看法。大学阶段是自我意识急剧增强并趋于稳定的时期,大学生开始关注并思考自己的内心世界。但有些大学生对自我定位太高,没有从实际出发,最终导致他们的自我设计脱离社会。这样一来,理想和现实就会产生强烈的反差,导致大学生产生悲观消极的心理;有的同学对自己的设计抱着积极的肯定态度,不愿意接受与自己主观愿望不符的正确意见。总之,大学生自我意识的发展还带有较强的理想化色彩,大学生事务管理工作者在工作中应注意到这一点。

(3)大学生的情感与意志。

在理性思维的约束下,大学生的情感也得到了控制。情感与理智之间的关系开始趋于平衡,但还不成熟、不稳定。在一些外部因素的刺激下,容易冲动。有的同学犯了错误,在没有认识到自己的错误之前,仍然会以强烈的情绪坚持错误,但一旦他们真正认识到了自己的错误,也会以强烈的情绪责备自己,并敢于承担责任。

意志是指人们自觉地确定目的并支配其行动以达到预定目的的心理过程。大学生一旦确立了明确的目的,往往就会产生自觉的意志,并能够根据社会意义对自己的意志进行评价。大学生有较强的意志坚持性,具有克服各种困难的信心和毅力。但是,由于大学生的身心发展并不成熟,他们的意志活动也容易受到各种因素的干扰。

(二)大学生的思想特点

1. 政治观

当前大学生的政治取向越来越积极,政治思想越来越健康,政治鉴别力不断增强。但同时也存在政治选择幼稚、功利化的倾向。具体来说，包括以下五个方面。

（1）政治取向逐渐向着正确的方向发展。

（2）政治思想更加健康向上。

（3）政治评价更加积极。

（4）政治心态更加理智。

（5）政治鉴别力不断增强。

2. 价值观

当代大学生的价值观发生了巨大变化，他们的价值取向越来越向着多极化的方向发展；他们认同社会主义核心价值观，认同个人利益要服从集体利益，反对自私的功利行为。具体来说，主要表现为以下五个方面。

（1）大学生的主体意识增强，能够在一定的目的之下产生学习动力，个人的成就感趋于明显。

（2）认为奉献和索取是同等重要的。

（3）认知的标准与践行的标准不一致。

（4）价值观的来源多种多样。

（5）从价值观念的内容来看，呈现出复杂性。

3. 道德观

大学生有崇高的道德追求，他们希望自己成为一个有信念、有道德的崇高的人，向往崇高是多数大学生追求的一种人生境界。

对于社会上存在的某些不道德的现象，如损人利己、坑蒙拐骗等，大学生的反应是极其强烈的，他们表示出深恶痛绝。多数学生希望社会是和谐的、公平的。

大学生主动加强道德修养，积极参加青年志愿者活动、社区援助活动的积极性日益提高。

当然，大学生的道德观也不是十全十美的，仍然存在一些比较严重的问题，主要表现为以下四个方面。

（1）面对环境日益复杂的社会生活，许多大学生在道德上变得模棱两可，是非观念日趋淡薄。

（2）一些大学生在道德评价上对自己与他人的要求并不一致。对自己的道德要求比较低，对他人的道德要求则比较高。

（3）道德认知与实际行为并不完全一致。

（4）对道德标准的认知并不全面。

第三节 大学生事务管理工作者的定位及其职责

一、大学生事务管理工作者的宏观角色定位

（一）职业的特殊性

大学生事务管理工作者的宏观角色定位是指从党、国家的高度对其予以定位。通过查阅有关的资料和文件，我们可以发现，大学生事务管理工作者的职业既具有其他职业的一般共性，又具有自身的特殊性。

职业是在社会分工的基础上产生的，它是社会分工逐步细化的内在表现。由于社会分工的细化可以提高工作的效率，新职位的产生就逐渐成为必要，这种职位能够为社会带来效益，最终被社会认同。

我国大学生事务管理工作者职业的产生却并非如此。纵观高校发展的历史，大学生事务管理工作者队伍建设一直都是一项重要的政治工作内容。因此，可以认为大学生事务管理工作职能最初是源于政治工作，并随着高等教育的发展不断丰富和拓展。从它发展的内容来看，其工作的内容也多与思想政治教育有关。发达国家和地区大学生事务工作者的产生，最初源于高校学术事务和学生事务方面

的分工,这种分工经过了几百年的磨合,才最终形成了今天学生事务工作职能明确的现状。

(二)宏观角色解析

教育部对大学生事务管理工作者的定位是"德育教师、大学生思想政治教育的骨干力量以及大学生健康成长的指导者和引路人。"从教育部的定位中可以看出,对大学生事务管理工作者的定位是综合国家、党和社会三方的要求做出的。

德育教师的定位,主要是继续发扬社会主义高等教育的优良传统,注重教师在德育、智育、体育等方面的表现,为国家培养优秀的社会主义建设者提供可靠保障;大学生思想政治教育骨干力量的定位,主要是对大学生事务管理工作者的思想政治要求,反映中国共产党不断注入年轻力量的需求;大学生健康成长的指导者和引路人的定位,则更多的反映了国家的意志,反映了国家要求培养政治素质、专业素养和个人能力都非常强的社会主义接班人。由此可见,大学生事务管理工作者的宏观角色定位,是在多方面的共同要求之下形成的。

德育是大学生发展的核心内容,因此,大学生事务管理工作者的角色定位应当最终归为做好大学生德育工作。但是在某种情况下,这三种角色定位又不完全一致,甚至会出现冲突的情况。有时候,人们在强调某一方面的同时常常会忽略其他的方面。例如,德育是一个很大的概念,思想政治素质也属于德育的一部分,过分强调思想政治教育往往会忽视德育工作的其他方面。一些大学生在成才的过程中只重视知识技能,而忽略了道德层面的发展。对此,大学生事务管理工作者在具体工作中,也很难将这种宏观定位准确把握。

总体说来,在校党委的领导下,三种角色定位发生冲突时会遵从一定的处理原则,那就是时刻以思想政治工作为核心,其他两方面的角色定位都要严格服从。

二、大学生事务管理工作者的微观角色定位

大学生事务管理工作者的微观角色定位,即高校对学生事务管理工作者工

作任务和内容的具体要求。一般来说，他们的工作任务和要求都会有一个相对完整的体系，每个大学生事务管理工作者只需要做好自己的工作即可。具体来说，大学生事务管理工作者的工作任务和要求可以分为以下六项内容。

（一）管理

一名大学生事务管理工作者要接触的学生有上百人，要把他们管理好，就要在纵向上培养出优秀的干部队伍，包括年级组、党支部、班委会、团支部等；在横向上建立起一个完善的管理体系。这样一来，大学生事务管理工作者的工作就可以顺利展开。具体来讲，管理的内容主要有以下五个方面。

（1）学风建设工作。如开展学习交流活动。

（2）规范学生的日常行为。

（3）管理学生的资料。包括特困生档案管理，学生党团档案管理，奖学金、荣誉称号统计工作，就业资料管理等。

（4）管理学生的日常生活。如处理学生的违规、违纪情况，负责学生奖学金的评审工作，组织各类学生工作会议、学生工作的协调沟通等。

（5）能够完成学校领导及有关部门交办的其他工作。

（二）教育

高等教育主要是培养具有专门知识和技能的人才。教育的形式可以是多种多样的，要尽量增加教育的趣味性，还要注意不断地对其进行温习。教育除了课堂教育外，还要开展多种实践活动，如社团活动、文体活动等。开展大学生实践活动要努力做到面向多数人，做到群众性和广泛性。此外，还要注意与时代、所学专业结合起来。

（三）服务

"辅导咨询"的提法来自发达国家和地区学生事务领域。主要是为学生提供各种服务，包括为贫困的学生提供服务、为生病的学生提供服务、为考研的学生提供服务等。

近年来,随着发达国家大学生事务理念的影响,我国大学生事务管理工作者也逐渐以提供专业的辅导服务作为自己的重要职责。学生对大学生事务管理工作者的认识也发生了改变,越来越重视他们的辅导、服务功能,并希望这种服务可以一直伴随着自己。

当然,大学生事务管理工作者的职能不是一成不变的,它们也经历着发展变化的过程。大学生事务管理工作者要努力通过自己的工作,维护大学校园秩序,引导大学生的思想,规范大学生的行为,促进大学生的学习,帮助大学生更好地发展。

(四)研究

随着社会的不断发展,大学生事务管理工作者面临的问题也越来越复杂。因此,大学生事务管理工作者在进行学生工作的同时,应该不断学习、不断思考,不断掌握解决新问题的技巧和方法。具体来说,思考的内容主要有以下三个方面。

(1)思考学生不同年龄段的身心特点。

(2)思考学生在当前形势下的学习内容。

(3)思考做好学生工作的新思路、新方法。

(五)开发

每个学生个体的家庭环境、成长背景是不相同的,学生的发展能力也是不相同的。大学生事务管理工作者应该看到学生个体在这一方面的差别,看到每个学生的长处、兴趣爱好,帮助他们树立自信心,充分发挥他们的长处和优点,使之体验成功的欢乐。这里所指的开发主要包括两个方面的含义:一是能够看到学生的潜力,帮助他们把潜力挖掘出来;二是能够帮助学生发展他们的兴趣爱好。

根据学生的兴趣爱好和特长开展形式多样的活动,有利于因材施教,有利于充分发挥学生的才能。具体来说,大学生事务管理工作者开发学生的潜能以及兴趣爱好应该从以下几个方面着手:①多开展各种各样的集体活动。②结合学生的实际情况，发展他们的特长，调动他们主动学习的兴趣。③为学生树立榜样，注重对学生品德的培养。

（六）指导

大学阶段，学生的身心仍然处于发展的时期。这就要求大学生事务管理工作者对大学生的成长发展提供帮助和指导。具体来说，主要包括以下五个方面的内容。

（1）及时了解各班级的意见和建议，组织协调有关学生干部开展工作。

（2）指导班干部的各项工作，并对其给予协助。

（3）指导学生的生活，帮助其更好地适应大学阶段的生活。

（4）指导学生参加就业。

（5）指导学生的身心向着健康的方向发展。

三、大学生事务管理工作者的岗位职责

大学生事务管理涉及方方面面，它从浅到深可以分为三个层面，因而管理者的职责也主要从这三个层面来把握。具体如下。

（一）高层学生事务管理工作者的岗位职责

高层学生事务管理工作者，一般是由学校党委指派的一位校领导（通常是校党委副书记或者副校长）进行专项负责。在国家大的方针政策的指导下，学校党委据此制订出相应的规划，对学校各主体的思想政治状况及时进行调试和把控，以对学生事务管理的现状进行充分的了解，根据时代的变化及时调整相应的要求。

同时，学校设立党委直接领导下的学生工作领导小组，包括校团委、党委宣传部、学生工作处（即学生处）、教务处、保卫处、后勤部门等。这些部门虽然分属不同的职责，但是综合起来看主要体现在以下三个方面。

第一，对学校的有关部门进行监督和检查，对各部门完成工作任务的情况，

建立公开、公正的信息反馈机制。

第二，根据学校发展的实际情况，制订符合发展要求的总体规划。同时，还要制订相关考评制度，促进有关机制的长效运行。

第三，要建立平台，加强各部门之间的联系，及时解决各部门存在的问题，要促进学校资源的合理分配，推动学生事务管理的民主化、科学化进程。

（二）中层学生事务管理工作者的岗位职责

中层学生事务管理工作者，通常是指学生工作处、团委、教务处、后勤处等单位和职能部门主要负责人。其中，学生工作处的管理职责比较宽泛，主要包括招生、助学贷款、宿舍管理等。在我国，由于每所高校的实际情况都不一样，因而学生工作处的职责也有所不同。某大学学生工作处的主要职责就包括以下内容。

（1）负责对学生开展各项教育活动，包括政治教育、道德教育、人文素质教育等。

（2）认真学习党的路线、方针、政策，并对其坚决贯彻、执行。认真制定学校管理的规章制度，对学校各项发展事宜做出合理的安排。

（3）对学生的日常行为进行管理和教育，严肃处理学生的违规、违纪事件，注意处理的方式，对其尽量进行教育转化。

（4）建立完善的学生资助体系：及时奖励先进个人和集体；组织评审、发放各类学生奖学金；对贫困学生及时给予救助；组织学生勤工助学活动。

（5）选拔学校的管理层，组织开展相应的科学研究活动，能够对学生的思想政治工作给予指导。

（6）负责网络思想政治教育及学生工作办公自动化和信息化建设；能够及时完善学生的信息。

（7）负责全校各学科的建设工作，能够对学生的心理健康提供指导。

（8）根据国家政策制定学校就业管理规定，对学生的就业给予指导，并且能够提供相应的招聘信息。

（9）根据国家法律法规和相关政策，制定相应的招生条例，并严格按照有关程序开展录取工作。

（10）根据国家相关规定，负责全校学生的学籍变动和学历学位证书的审核发放工作。

（11）负责国防生的选拔、培养工作；协助武装部做好大学生的军事训练工作。

（12）积极加强校园文明的建设，做好对学生的日常教育活动。

（13）协助学校党委组织部做好培训党员、建设党员队伍的工作。

（14）完成其他各项工作。

（三）基层学生事务管理工作者的岗位职责

基层学生事务管理工作者，通常是指职能部门和单位的相关科室工作人员以及院（系）的专兼职辅导员等。他们的主要职责是在相关院系的指导下，制订出符合实际情况的工作计划，提出设备需求和经费投入。

以某校学生工作处部分科室的主要职责为例进行说明。

综合事务办公室的职责比较复杂，主要负责收集信息以及管理学校的日常工作，具体职责如下。

（1）负责有关文件的上传下达，管理印章，负责报纸、信件的收发，负责管理学生的档案文件。

（2）负责安排协调各部门之间的工作，加强各部门之间的配合。

（3）负责学校的形象策划与宣传工作，负责接待外来到访人员，加强学校内部与外部的联系。

（4）负责草拟制定各种文件，发出信函、通知等。

（5）负责综合信息的收集、统计和分析工作。

（6）负责管理学生的信息，加强学生信息平台的建设。

（7）负责学工系统和部（处）内部的评优、评先的组织工作。

（8）加强对学校人事部门的建设，对学校的固定资产进行严格的管理。

（9）负责日常会务管理，负责重要会议的安排和大型活动的后勤保障工作。

（10）配合学校工会做好相关的工作，加强对学校有关场所的安全管理。

（11）负责学校有关的服务管理和值班管理。

（12）负责用车和车辆管理。

招生注册办公室是学校招生领导小组的日常办事机构，主要职责是对入学新生的有关信息进行注册和管理，具体职责如下。

（1）负责草拟及修订本校招生的有关规定，制定相应的《招生章程》。

（2）负责草拟（建议）学校普通本科招生规模、年度招生计划、招生来源计划。

（3）负责草拟学校的相关管理措施以及实行办法。

（4）负责制订合理的招生计划，拟定招生人数。

（5）负责保送类、艺术类考生的选拔。

（6）负责新生入学的接待工作，包括回复邮件以及电话工作，负责招生信息网正常运营以及维修工作。

（7）负责新生入学的报批工作，对其进行资格审查、体检等相关工作。

（8）负责招生录取的具体实施，协调和处理招生录取工作中的后续问题。

（9）整理入学新生的相关信息，将所有的新生入学信息录入数据库中，并及时报送上级教育主管部门。

（10）对学生学籍信息的变更要及时记录，并且能够按时开展学籍咨询服务工作。

（11）负责学生有关信息的统计工作。

（12）负责学生有关证件的制作和补办工作。

（13）协助做好上级的工作。

大学生就业中心主要负责对毕业生就业工作的指导，包括为毕业生提供就业信息，提供就业岗位等。具体职责如下。

（1）宣传国家有关的就业政策，积极为毕业生提供指导。

（2）拟定毕业生就业的相关管理办法，制订毕业生就业的年度计划。

（3）能够为毕业生的就业提供更多的选择，加强与就业基地的联系与合作。

（4）对毕业生的就业市场进行分析，将就业的市场动态及时反馈给广大师生。

（5）负责毕业生就业率统计、分析、发布以及上报工作。

（6）负责有关用人单位来访的接待工作，负责组织供需见面会以及校园专场招聘会的工作。

（7）负责毕业生后续教育的联络工作，对毕业生的后续发展进行跟踪调查。

（8）负责毕业生就业推荐、协议书管理、就业方案编制上报以及日常派遣等工作。

（9）负责就业咨询工作。负责就业指导选修课程、就业指导讲座组织管理工作。

（10）负责网上信息平台的正常运营和维护工作。对用人单位的原始资源进行收集，及时对毕业生给予发布。

（11）负责毕业生职业观、人生观、价值观的教育工作。

（12）负责指导与大学生就业相关的社团活动。

（13）负责毕业典礼的组织工作和学位服的管理工作。负责优秀毕业生的评比工作。

（14）负责定向生的管理工作。

（15）能为学生提供测量勘查的实地环境，为学生提供各种培训服务。

大学生事务管理与服务中心主要是规范学生的日常行为规范，为学生的生活提供服务的职能部门。具体职责如下。

（1）制定相应的规章制度，规范学生的日常行为，对学生开展教育和管理工作。

（2）制定学生管理机制，使各项规章制度能够有效运行下去。

（3）加强文明校园的建设，促进整个校园精神文明的提高。

（4）负责学园建设和宿舍日常事务的管理工作。

（5）负责宿舍管理人员的安排。

（6）负责新生宿舍入住方案的制订和宿舍调整工作。

（7）负责兼职管理者日常工作的安排。

（8）负责对表现优秀学生的表彰工作。

（9）负责处理违规、违纪学生的批报工作。

（10）负责学生早操管理与评比工作。

（11）负责学校大型活动的安排与指导工作。

（12）负责对学校的安全事务进行管理的工作，及时对学生进行安全教育，提高他们的安全意识。

（13）负责校园的安全稳定工作。

（14）对学校的有关设施进行及时维护，加强对学生活动场所的监督和管理。

大学生奖励与资助中心主要是对优秀大学生进行奖彰，对贫困学生提供帮助的职能部门。具体职责如下。

（1）负责建立各种激励机制，能够制订完善的评奖程序以及评奖办法。

（2）负责实施相应的奖励机制以及资助措施。

（3）负责各类奖励、资助政策的宣传工作。

（4）负责组织和指导各类奖励的评比工作。

（5）负责组织学生进行贫困贷款工作，并能够帮助银行做好后续的还款工作。

（6）能够把受资助的学生信息收集起来，建立相应的数据库。

（7）负责组织开展大学生勤工助学活动，确定岗位、审查资格，建立学生勤工助学档案库。

（8）负责落实国家相应的学杂费减免工作，并向上级进行通报。

（9）负责各类临时困难补助的发放管理工作。

（10）负责调查了解贫困学生家庭的工作。

（11）加强与社会各界的联系，加强社会各界对学校的资助。

（12）负责建立学生勤工助学基地，拓展面向社会的服务项目。

（14）负责帮助勤工助学学生维权和提供法律援助工作。

（15）负责对受助学生的感恩教育，使他们充满信心的同时能够时常怀着感恩的心。

从学生工作处各科室的职责可以看出，每个科室的职责都是相对独立的，它们的管理范围都相对清晰和明确，每个科室的职能都有自己的特点。这些科室具体开展工作时，都要依靠学院进行，需要院（系）来具体配合。

院（系）辅导员是在学院主管副书记的领导下，依据学院的实际情况制订年级各项工作计划，并在相关职能部门（如后勤处、教务处、保卫处等）的配合下实施学生事务管理的工作者。

以某学院为例，该学院制订了比较翔实的工作职责。

学院学生工作组关系到学生日常的生活学习，它与学生的关系最为密切，主要负责学生的日常生活学习状况以及思想教育情况。学工组以人才培养为中心，全面贯彻党的教育方针，为全面推进素质教育提供强有力的精神动力和思想保证。具体工作职责如下。

（1）负责学生的奖学金评比工作。负责对家庭贫困学生的资助和管理。

（2）负责对大学生的思想进行教育的工作；负责对大学生的心理健康咨询的工作；指导学生党组织开展各项团体工作，为学生党组织活动的开展提供有利的环境氛围。

（3）负责大学生日常生活安全管理与成长成才服务工作，以及对违纪学生的上报处理工作。

（4）负责指导大学生的实践活动，努力开展实践教育，等等。

学院党委副书记的具体工作职责如下。

（1）负责学生奖学金的评比工作；负责学生各项能力的测评工作；负责家庭贫困学生资助的初审工作；负责学生勤工助学工作。

（2）负责学生的思想政治教育工作和日常生活管理工作。

（3）负责学生的形势政策教育工作。组织辅导员集体备课，采用多样化的教学形式，保证辅导员的教学质量。深入研究学生的思想状况，根据学生的实际发展情况，制订出相应的教育计划，以使学生的思想政治教育工作能够切实可行，富有成效。

（4）对辅导员、班主任各项工作的开展提供适当的意见，对其在学生管理方面的成绩给予考核。

（5）负责辅导员、班主任的思想工作，负责学生干部选拔、培训和使用等工作。

（6）负责对毕业生提供就业信息和就业指导。

（7）负责新生的入学教育及军训等工作。

（8）负责对入党积极分子的思想教育工作、培训工作。

（9）协助有关部门进行学生公寓的调配和宿舍文明建设。

（10）领导学院分团委、学生会工作。

（11）完成对教师上岗前的思想政治培训工作。

（12）完成校领导交办的其他工作任务。

学院团委书记的具体工作职责如下。

（1）协助主管学生工作的院领导全面抓好学院的学生工作。

（2）帮助学院领导做好相关领导队伍的组织建设工作。

（3）对学生工作组的日常工作给予指导，负责阶段性工作的协调与安排。

（4）负责学院分团委、团学联的干部队伍建设、培养及考核。

（5）负责开展各项研究活动，帮助教师和学生成长与发展。

（6）负责学院团组织的建设工作，切实加强团员的思想建设。

（7）负责制订本学院学生工作及分团委工作计划。

（8）积极协助团组织开展社会活动，帮助青年团员积极参加社会实践，提高他们的社会实践能力。

（9）帮助团组织开展学校组织的大型活动。

（10）负责团组织的推优工作，确保推优质量。

（11）帮助党支部搞好党员建设工作，做好学生党员的发展及教育工作。

（12）完成学校领导交办的其他工作。

学院一年级辅导员的具体工作职责如下。

（1）安排新生入学并组织好有关工作，包括迎新工作、新生军事训练及入学教育，协助有关部门做好新生学籍注册工作以及相关的资格审核工作，落实好新生住宿安排及档案收取等相关工作。

（2）负责对学生的日常生活管理以及思想教育工作；帮助班干部开展有关活动；负责对学生的奖励、惩罚工作。

（3）详细掌握新生信息，如家庭经济情况、民族情况、地域分布情况等，做好新生贫困生认定及国家助学贷款方面的工作。

（4）组织好新生班级的各项文体活动，加强新生之间的沟通与交流，营造良好的环境氛围。

（5）指导组建班委会和团支部委员会，并认真指导班级开展各项工作。

（6）对新生加强诚信教育，将考试中的纪律以及严肃性告知新生。

（7）组织新生开展安全教育的活动，并能够提供模拟情境进行演练。

（8）协助分团委抓好本年级共青团的各项工作。

学院二年级辅导员的具体工作职责如下。

（1）对二年级学生的各项工作予以负责。

（2）负责二年级学生的日常生活以及思想政治教育工作。

（3）负责二年级学生的奖学金评比工作以及家庭贫困学生的资助工作。

（4）负责协助二年级学务指导教师和指导学生干部开展工作。

（5）协助学院党委做好二年级学生的党员培训、发展工作。

（6）协助学院党委开展的各项活动。

（7）负责做好本年级学生稳定工作，对重大问题及时报告并妥善处理。

（8）协助学校有关部门开展的校园文化建设活动。

（9）积极完成学校领导交办的其他工作。

学院三年级辅导员的具体工作职责如下。

（1）对三年级学生的各项工作予以负责。

（2）负责三年级学生的思想教育及日常行为管理。

（3）负责三年级学生干部开展的各项活动。

（4）负责三年级学生贫困资格的审核，并对其给予资助的工作。

（5）负责三年级学生的奖学金评比工作。

（6）协助学校党支部开展的各项党员培训工作。

（7）协助共青团组织的各项活动。

（8）负责做好本年级学生稳定工作，对重大问题及时报告并妥善处理。

（9）协助学校有关部门开展校园文化建设活动。

（10）积极完成学校领导交办的其他工作。

学院四年级辅导员的具体工作职责如下。

（1）负责管理四年级学生的日常生活以及思想教育工作。

（2）负责帮助四年级班主任和指导学生干部开展工作。

（3）负责四年级学生的实习工作以及纪律管理工作。

（4）协助抓好四年级共青团组织的各项工作。

（5）负责四年级贫困学生资格的审核工作。

（6）协助学生党支部开展的各项党员积极分子培训工作。

（7）协助四年级学生收集有关的考研信息以及历年的考研真题。

（8）负责四年级学生的综合素质测评及奖惩工作。

（9）协助学校开展的校园招聘活动，尽可能多地为学生提供就业信息和就业指导。

（10）协助学校开展的各项校园建设的活动。

（11）负责组织好毕业生离校前后的各项工作。

（12）及时处理四年级学生在毕业中遇到的各种问题，并且按照程序上报给有关部门。

（13）积极完成领导交办的其他工作。

学院研究生辅导员的具体工作职责如下。

（1）负责研究生学籍、研究生证件管理工作，以及每学期初研究生注册、报到人数统计工作。

（2）负责研究生的日常生活管理以及思想教育工作。根据时代以及学校发展的实际情况，对研究生开展形势教育。

（3）把握好研究生的思想发展状况，做好研究生稳定工作，能够及时妥善处理突发的各种问题。

（4）对研究生的党建工作给予指导。抓好研究生党支部建设，建立以党员为核心的研究生骨干队伍，培养积极入党分子，对入党积极分子及时进行考核。

（5）协助本院主管领导做好研究生学风建设工作。开展以学术活动为中心的校园文化活动，促进师生共同参与到学术活动中，支持、鼓励研究生参加国际、国内学术会议。

（6）对研究生的日常生活给予规范，要求研究生在校园中有文明的行为。

（7）指导本院研究生参加各种校园活动，发挥研究生干部在研究生队伍中的带头作用，组织研究生参加实践活动，提高他们的社会实践能力。

（8）负责研究生违纪问题的调查工作，做好违纪研究生的教育工作。

（9）负责对研究生就业工作的指导。能够为研究生提供各种就业信息，提供各种咨询服务，处理好毕业研究生遗留问题。

（10）其他有关研究生管理与德育方面的工作。

学院兼职辅导员的具体工作职责如下。

（1）协助学工组做好新生的入学工作、军训工作、思想教育工作、贫困家庭资助工作、奖学金评比工作、毕业生教育、学生活动的指导等各项学生日常教育工作。

（2）协助学校有关部门开展学风建设工作，教育学生明确学习目的，与任课教师积极配合抓好学生的学习，帮助其掌握科学的学习方法，根据工作需要可参加学生的公益劳动或教学实习。

（3）协助学校教师对学生的教育工作，帮助学生树立正确的人生观念，使他们充满了爱国之心，能够把集体主义的精神发扬光大。

（4）切实了解学生生活的实际情况，保持与学生经常性的接触与思想交流，能够爱护学生、尊重学生、理解学生，虚心听取学生的意见和要求，及时纠正学生的不良行为习惯，及时并妥善处理突发事件，能够在大原则正确的前提下，尊重学生的个性发展。

（5）指导班、团干部的选拔和培养，支持和指导班、团干部工作，努力培养一支品学兼优、工作认真负责的学生骨干队伍。

（6）关注学生的日常生活，注意培养学生综合素质的提高，促进学生的全面发展。

(7) 做好辅导员工作的相关记录，建立学生管理档案，积累有关资料。

从学生事务管理组织机构的设置以及相关管理人员的职责上可以看出，各科室和各管理人员的职责是相对明确的，他们既彼此独立，又互相配合，形成了相对明确的分工体系。较好地凸显了我国大学生事务管理的特色。

综合看来，我国大学生事务管理呈现出比较明显的分工合作状态，每一个部门都可以形成一个相对独立的板块。但这并不意味着板块之间是分离的，它们之间依然存在着协作的关系。这种运行模式能够充分调动学校各方资源，使资源的利用率最大化，提高学校各部门的服务质量，形成全员育人局面。但是，这样的运行模式也存在一定的局限性，大学生事务管理工作者往往会面临以下几个方面的困境。

（1）权力路径模糊。这一表现主要体现在基层大学生事务管理工作者中，尤其是在遇到重大的突发问题时，基层大学生事务管理工作者不能明确负责任的上级是谁，不知道应该将此事报告给谁，导致工作效率低，容易错过最佳机会。

（2）信息传递容易失真。通常情况下，学校的工作任务会首先下发到学生工作处，然后再传递到院系、党支部、团委、班级，在此过程中，需要经历一个较长的时间，很容易使传递的信息出现失误，导致出现错误，影响工作进度，学生的切身利益受到影响。

（3）人事权不明晰。一般情况下，学院掌握着院系的人事权，平时按照学生工作处、团委的要求开展工作，并对辅导员进行考核，但是这样一来，就会形成学生工作处"管事不管人"的局面，最终导致考核结果弱化或者是失效。

第四节　大学生事务管理的运行保障

一、大学生事务管理的组织形态及其优化

很多任务依靠个人是很难完成的，但是依靠组织往往能够轻松处理。所以，

作为人类最为主要的存在方式与发展形态，组织在人类生活中具有重要的意义。在高校中，大学生事务管理组织是大学生事务管理活动开展的基础和载体，只有合理设计组织形态，科学进行组织建设，才有可能更为高效地实现学生事务管理目标。

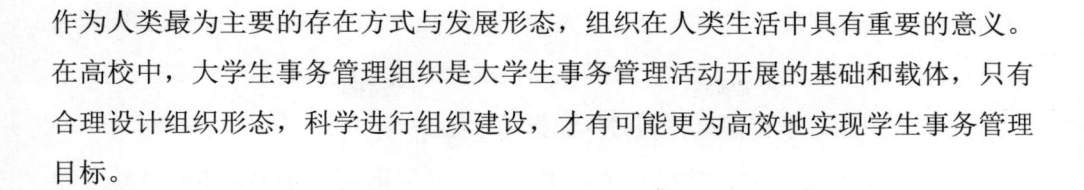

（一）我国大学生事务管理组织形态的类型

大学生事务管理组织是大学生事务管理宏观战略理念实施的重要载体，也是大学生事务管理理念在微观操作的具体依据和有效助推器，对大学生事务管理的具体实践起着引导和规范的作用。自 1949 年以来，我国高等教育行政管理体制从中央统一领导变为中央与地方（省、自治区、直辖市）两级管理，再变为中央与地方办学。这种体制的转变促使大学生事务管理组织出现了多样化的形态。以下就是我国大学生事务管理的几种主要组织形态。

1. 政府组织形态

大学生事务管理的政府组织，主要指的是中央政府所设的大学生事务管理行政机构，包括教育部思想政治工作司、高校学生司、全国学生资助管理中心和全国高等学校学生信息咨询与就业指导中心，地方政府则设立高校学生处与省就业指导中心等。在这种组织形态下，全国的大学生事务管理工作主要通过出台一定的法规与规章进行领导和规范。以下对主要的政府组织部门进行简要阐述。

（1）教育部思想政治工作司。

这一部门主要负责大学生与教师的思想政治工作，从宏观的角度来指导高校基层党组织建设、精神文明建设、网络文化建设以及辅导员队伍建设工作，指导高校政治保卫工作，及时反映和处理高校有关重大问题。教育部思想政治工作司之下设办公室、组织宣传处、思想政治教育处、维护稳定工作处和网络教育管理处。其中，思想政治教育处与大学生事务联系最为紧密，其主要负责指导大学生思想教育工作、学生工作队伍建设、校园文化建设工作、心理健康教育工作等。

（2）高校学生司。

这一部门主要负责各类高等学历教育的招生考试和学籍学历管理工作；负

责指导地方教育行政部门和高校开展大学生就业指导和服务工作；组织实施国家急需毕业生的专项就业计划；参与拟订高校毕业生就业政策。

（3）全国高等学校信息咨询与就业指导中心。

专门从事高校招生、学籍和毕业生就业信息咨询与指导服务工作。这一单位之下又专门设置研究培训处这一机构，主要负责全国高校就业指导人员培训及就业指导课程建设工作。

（4）全国学生资助管理中心。

这一机构主要负责落实高校资助家庭经济困难学生的政策（以国家助学贷款为主要内容）；落实义务教育阶段资助贫困家庭学生的政策（以"两免一补"为主要内容），落实中等职业学校和其他中小学阶段家庭经济困难学生资助的政策；负责外资贷款教育项目的执行及管理工作；承担教育部直属单位政府采购管理及具体项目的采购工作；负责完成国家助学贷款部际协调小组和"两免一补"部际协调小组交办的工作任务。这一机构之下又设大学生资助工作处。

2. 社会组织形态

大学生事务管理社会组织，主要指的是以研究大学生事务管理理论和实践问题为对象，以促进大学生事务管理事业发展和提高大学生事务管理工作者专业化水平为目的的群众团体组织。在我国，全国性的学生事务管理社会组织常见的有中国高等教育学会辅导员工作研究分会、中国高等教育学会高校学生管理工作与就业创业工作研究分会和中国高等教育学会学生工作研究分会等。

（1）中国高等教育学会辅导员工作研究分会。

这是一个隶属于中国高等教育学会的全国性学术团体，由各高校及相关人员组成，不仅开展研究工作还开展交流工作。它以社会主义建设所认同的重要思想为指导，遵守国家通行的法律法规，贯彻党和国家的方针政策，坚持民主办会，团结全国高校辅导员工作队伍，加强理论探索和学术研究，为提升高校辅导员研究水平和实际能力，打造高水准的高校辅导员队伍作出了重要贡献。

（2）中国高等教育高校学生管理工作与就业创业工作研究分会。

这是中国高等教育学会的专业分会，由民政部批准，主要从事大学生就业工作与改革，高校大学生就业工作者自愿参加成为会员。这一社会团体具有全国性、专业性、研究性和行业性。它以新时代中国特色社会主义思想为指导；以探索、研究大学生就业制度改革理论和实际问题为己任，在很大程度上推动了大学生的就业工作，提高了大学生就业工作队伍的素质和工作水平，促进了中国特色社会主义大学生就业制度的完善。总的来说，这一研究分会主要承担以下几大任务：一是围绕我国高校学生管理和就业创业重要的理论和现实问题，规划、组织力量开展专题研究，为有关部门、高校和单位提供咨询或建议；二是组织会员单位围绕共同关心的重大问题开展协作研究；三是加强同国内有关协会团体、教学科研机构及广大工作者的联系与合作；四是组织开展毕业生就业工作的国内外学术交流活动；五是组织有关毕业生就业工作的教育与科研成果的评价活动；六是依法从事社会服务活动，组织开展相关调查研究、专业培训和咨询服务等工作。

（3）中国高等教育学会学生工作研究分会。

这是一个全国性的学术团体，由中华人民共和国民政部于2006年11月批准。它是大学生工作学术交流的主渠道，以大学生工作理论和实践问题为研究对象，以促进国内大学生工作事业的繁荣与发展和提高大学生的综合素质和能力为目标。该研究分会所承担的任务主要包括以下六个方面：一是组织开展与大学生工作相关的研究活动；二是开展国际学术交流活动，借鉴国外先进的大学生工作经验；三是编辑出版大学生工作研究等学术刊物和著作；四是配合有关部门开展大学生工作人员的专业培训；五是为领导决策提供咨询和建议；六是组织面向大学生的各种各样的培训和资格认证活动。

除全国性的社会组织外，各省也相应成立了大学生事务管理协会，统筹、协调、指导全省的大学生事务。例如，广东省在2001年前后分别成立了普通高等学校思想政治教育研究会学生工作专业委员会、普通高等学校思想政治教育研究会心理咨询专业委员会和普通高等学校思想政治教育研究会奖学助学工作专业委员会等。上海、浙江等地的很多高校内部也成立了辅导员协会、辅导员之家等组织。它们都在不同程度上推动了学生事务管理工作事业的发展。

3. 学校组织形态

中国大学生事务管理还存在学校组织形态。由于大学生管理的目标、任务和内容都高度统一，所以，各个高校内的学生事务管理组织也非常相似。一般情况下，我国大学生事务管理学校组织采用科层式的组织结构，实行校、院（系）二级管理，条块结合，网状运行的方式。在学校层面，学生事务管理工作接受校党委和校行政部门的统一领导，具体负责人是副书记（或副校长）；在院（系）层面，学生事务管理工作由院党委副书记（或系总支副书记，或副院长，或系副主任）带头，各年级辅导员、班主任组成学生工作办公室负责。在高校内的学生事务管理组织依据学生事务管理内容，分设学生处、研究生管理处、校团委、就业指导中心和心理健康教育咨询中心等部门。

（1）学生处。

这一机构主要负责大学生思想政治教育、大学生行为规范日常管理、大学生成长成才服务（如学生奖、贷、助、补、勤、减、免）等工作。

（2）研究生管理处。

这一机构主要负责研究生的日常思想教育及管理和服务工作。具体来讲，这些任务主要包括以下八个方面：一是统筹、协调、组织研究生思想教育工作；二是做好研究生基层党组织建设和研究生党员教育；三是负责研究生学籍方面的工作；四是处理好在校研究生的严重违纪行为；五是统筹和开展研究生助学贷款的申请、困难补助的发放及助教、助研、助管工作；六是组织研究生奖学金的评定、审核工作；七是负责在校研究生出国留学、办理结婚登记等的审批工作；八是负责毕业研究生毕业鉴定的审核工作。

（3）校团委。

这一机构主要负责大学生思想政治教育和校园文化建设。具体来讲，校团委要以学生活动为载体，依托各级团组织与学生组织，教育、引导和服务大学生。

（4）就业指导中心。

这一机构主要负责大学生的就业教育与辅导、就业指导与服务及就业规划与管理等。例如，某大学的学生就业服务与职业发展中心就主要承担着以下六项任务：一是制订学生就业工作细则；二是制订全校各层次学生就业指导与咨询的计划和目标，针对学生的就业问题提出指导性解决对策，研究和探索学生职业生涯辅导理论；三是做好本校毕业生资格审查工作；四是开发和拓宽就业市场，开展毕业生就业供需见面与双向选择活动；五是收集和分析需求信息，做好未就业学生的管理工作；六是协调组织毕业生离校手续的办理。

（5）心理健康教育咨询中心。

这一机构主要以大学生心理健康教育工作为主，主要负责宣传普及心理健康知识；开展心理健康及素质教育研究；开设心理健康课程；提供心理咨询服务；进行大学生心理危机事件干预；指导院系辅导员及相关人员和学生心理社团开展相关工作。

（二）大学生事务管理组织的优化

1. 组织结构优化

大学生事务管理组织结构的科学与否、合理与否，对学生事务管理活动的效率和质量有着直接的影响。只有科学、合理的组织结构，才能更好地促进大学生事务管理工作的开展，取得较好的管理效益。从当前来看，我国大学生事务管理组织结构有各种各样不同的形态，主要有直线型层级结构、横向职能型结构、矩阵型结构。其中，直线型层级结构和横向职能型结构是很多高校所采用的。直线型层级结构的优点是能将权力高度集中起来，能快速做出决策，能将管理任务快速落实到基层，指挥灵活；缺点则是领导层次多，各职能之间有交叉，条块分割严重，不便于协调沟通。横向职能型结构的优点是管理层级扁平化，分工明确，很容易进行横向协调；缺点是过分注重分工的专业化，工作强度非常大，容易增加管理者的心理负荷，降低管理者的工作效率。要想加强大学生事务管理的组织建设，就必须在组织结构的优化上下功夫。针对我国大学生事务管理组织结构存在的问题与缺陷，应当从促进组织结构的网络化、扁平化来优化组织结构。

（1）网络化。

组织结构网络化，是指组织在现代信息技术支撑的基础上形成一种没有层次、没有差别的复杂的联络结构。这种结构中的信息流通快捷，不需要遵循自上而下或自下而上的等级阶层，部门与部门、人与人之间可以实现直接的信息交流。对大学生事务管理组织来说，走网络化之路就必须十分注重全方位的交流与合作。全方位的交流与合作以现代信息技术为支撑，既包括组织与组织之间的相互交流与合作，也包括组织内部各部门之间、人员之间的相互交流与合作。通常来说，如果信息技术得到巨大的发展，那么基于信息技术的交流与合作也会得到很大程度的强化。以下对大学生事务管理组织间结构网络化和组织内部结构的网络化进行一定的阐释。

第一，组织间结构网络化。组织间结构网络化主要指组织与组织之间的交流与合作。它既有横向形式的，也有纵向形式的。横向形式的交流与合作往往指组织与组织并联平行，并在一定程度上相互依存，在重大的决策上采取集体行动，在资源上实现共享，在管理上实现相互参与。每个组织都紧紧围绕学生发展需求进行长期的业务联系。纵向形式的交流与合作往往指组织与组织虽然处于不同的层级，但它们以学生事务管理为核心进行相互间的交流与合作。这就使组织间没有明确的组织界线，大幅提高了资源的利用率，提高了管理的效果。

第二，组织内部结构的网络化。组织内部结构的网络化主要指组织内部部门与部门之间、成员与成员之间以网络形式相互联系，去除边界化，从而促使信息实现及时、快速地传播，促使资源实现最大程度的共享。很显然，大学生事务管理组织内部结构的网络化，能够大大促进组织内部各部门、各人员的交流与沟通，能够大大提高组织的管理效率。

总之，组织结构的网络化是大学生事务管理组织结构优化的一个重要策略。网络化可以避免传统组织存在的一些弊端，能够最大限度地实现资源共享，畅通沟通渠道，加速信息的传播，提高组织的工作效率。

（2）扁平化。

组织结构扁平化主要是指简化组织系统层级，压缩行政人员数量，增加管理幅度，下移管理重心。扁平化的组织结构往往紧凑、灵活，具有弹性、创新性，是一种高效率的组织结构。

大学生事务管理组织结构走扁平化之路，能够使组织内的员工不受原有部门管理界限的限制，直接面对学生、面对组织目标及工作任务，能动性更容易发挥，更容易取得良好的业绩与发展。需要注意的是，在构建扁平化的大学生事务管理组织结构时，要以工作流程为中心而不能以部门职能为中心，还要逐渐淡化部门职责。管理层次少了，管理人员少了，管理重心下移了，沟通也就更容易，管理者管理起来也更方便快捷，更能让学生满意，也更能促进大学生事务管理组织的发展。此外，大学生事务管理组织结构的扁平化还需要组织内部及组织之间充分应用现代网络技术，通过学生信息管理系统进行沟通联络，并充分发挥组织人员的主动性、积极性和创造性，营造民主的工作氛围。

2. 科学授权

授权对大学生事务管理组织结构的优化是极为有利的。为了确保职责的顺利执行，高校必须通过层层授权使学生事务管理组织的每个部门都拥有与职责相称的权力。在授权时，应注意以下一些方面：第一，必须明确大学生事务管理组织内部的分工和各部门的职责；明确下级使用的权力的范围和边界。第二，常规任务和一般决策应该授权，重要任务和重大决策不宜授权。第三，对于自主工作能力强的下级应该授权，对于自主工作能力不强的下级不宜授权。第四，授权的同时，通告组织中各个部门授权已经发生，并建立完善的反馈机制。

3. 制度建设和创新

建立健全相应的规章制度并适时进行创新，是保证组织顺利运转的一个有效措施。因此，大学生事务管理组织必须注重制度建设和创新。首先，应废除高校中当前存在的、不符合学生事务管理组织结构现状的规章制度。其次，要适当调整和变革大学生事务管理组织当前存在的规章制度，以适应组织工作中发生的新变化。最后，应创建新的规章制度，满足大学生事务管理组织运行和发展的需要。

4. 组织文化建设

所谓组织文化建设，就是指组织有意识地发扬其积极的、优良的文化，克服其消极的劣性的文化过程。良好的组织文化不仅有利于激励组织人员的积极性、进取心和竞争性，还有利于增强组织结构的统一性和凝聚力。因此，大学生事务管理组织要不断加强文化建设，以巩固和发展自我。大学生事务管理组织要加强文化建设，应当着重从以下四个方面做起：第一，牢牢把握组织的价值观和团队精神，并制定与组织相符合的科学合理的规章制度、行为准则。第二，设计组织的表征性符号和传播宣传口号，如组织标志等，它能够以形象化的物件来反映组织的文化，代表组织最为本质和独一无二的特征。第三，树立先进榜样和典型，可以通过讲故事的方式将先进人物的先进事迹散播于组织成员之间。第四，举办典礼与仪式，如高校辅导员入职仪式、优秀辅导员表彰和晋升晋级仪式等，仪式必须经过精心设计和周密部署，要让组织成员对组织产生浓重的归属感。

5. 干部队伍建设

干部是大学生事务管理组织结构系统中不同层次、不同方面的部门的负责人。他们是组织结构的领头羊，他们的素质、能力等直接关系学生事务管理组织的运转和完善。因此，高校必须加强学生事务管理组织干部的培养和任用。首先，学校要建立起干部和后备干部的培养机制。这包括两方面内容：一是在工作岗位上历练，积累工作经验；二是组织相应的培训。其次，学校要完善干部的任用制度。其中，候选人产生方式可以采用领导提名、教师提名和自荐相结合的方式；干部的任用方式可以采用自我申报、专家评议和学校领导评议相结合的方式。最后，学校要完善干部的评价机制。这需要注意两个方面：一是制定科学可行的评价方案；二是采取公正合理的评价操作过程。

二、大学生事务管理的制度建设

制度是指在一定社会领域内要求人们共同遵守的行动准则。它既可以是某个具体的制度，也可以是由相关规范文件构成的制度体系。本书所说的大学生事务管理制度，就是在学生事务管理领域中，大学生工作者及大学生所共同遵守的一种制度体系。健全而完善的学生事务管理制度既是合理管理学生的重要依据，也是做好学生事务管理工作的重要保障。因此，制度建设是大学生事务管理中的一项重要工作。《中共中央国务院关于进一步加强和改进大学生思想政治教育的意见》明确指出，要建立健全与法律法规相协调、与高等教育全面发展相衔接、与大学生成长成才需要相适应的思想政治教育和管理的制度体系。后来，国家也确实出台了一系列与大学生事务管理相关的文件，它们作为大学生事务管理制度中的重要部分，确实发挥了重要的作用。不过，任何制度都不可能一劳永逸，随着社会的不断发展、人们思想意识的不断提高，以及高校的不断改革，原本的学生事务管理制度出现了不少问题，因而需要不断规范、健全和完善。

（一）大学生事务管理制度的类型

大学生事务管理制度所涉及的内容广泛，涵盖辅导员队伍建设、思想政治教育、党团组织建设、学生日常管理、心理健康教育等各个方面；大学生事务管理制度涉及的层次也十分丰富，有教育基本法律、中共中央、国务院的相关文件、教育部的部门规章，以及各高校、院（系）制定的相关管理规定。正是由于上述特点，大学生事务管理制度的类型也多种多样。从不同的标准出发，可以划分出不同的类型。

1. 按照学生管理制度的不同层次划分

按照大学生事务管理制度的不同层次，可将其划分为国家制定的管理制度和学校制定的管理制度。

（1）国家制定的管理制度。

国家层面的大学生事务管理制度主要包括学生学籍管理制度、奖助学金管理制度、贫困生补助制度、心理健康教育制度、学生行为准则等。

（2）学校制定的管理制度。

学校层面的大学生事务管理制度主要包括宿舍管理制度、学习制度、思想教育制度、值日制度、卫生制度、学生考试评价制度、学生奖惩制度、图书馆借书守则等。

2. 按照学生事务管理领域划分

按照大学生事务管理领域可将其划分为组织建设类管理制度、日常管理类管理制度、思想教育类管理制度、心理健康教育类管理制度和就业工作类管理制度。

(1) 组织建设类管理制度。

这种类型的管理制度主要是指与学生事务管理组织相关的管理制度，如教育部《普通高等学校辅导员队伍建设规定》，以及与学生党、团组织相关的管理制度，如发展学生党员的相关规定、学生会组织章程等。

(2) 日常管理类管理制度。

这种类型的管理制度主要是指与大学生日常学习、生活息息相关的各项管理制度，如《普通高等学校学生管理规定》《高等学校校园秩序管理若干规定》等。

(3) 思想教育类管理制度。

这种类型的管理制度主要是指与学生思想教育工作相关的各项管理制度，如《关于进一步加强和改进大学生思想政治教育的意见》《关于进一步加强高等学校学生形势与政策教育的通知》等。

(4) 心理健康教育类管理制度。

这种类型的管理制度主要是指与开展心理健康教育、咨询与辅导，进行心理健康状况筛查和危机干预等工作相关的各项管理制度，如《关于加强普通高等学校大学生心理健康教育工作的意见》《普通高等学校大学生心理健康教育工作实施纲要（试行）》等。

(5) 就业工作类管理制度。

这种类型的管理制度主要是指与高校就业指导、管理与服务工作相关的各项管理制度，如就业指导课相关管理规定、高校就业派遣和就业推荐制度等。

3. 按照学生管理制度的性质划分

按照学生管理制度的性质可将其划分为政策性管理文件和规范性管理文件。

（1）政策性管理文件。

这种类型的管理制度主要是指以政策性、指导性内容为主的管理文件，一般以"政策""意见""通知"等词汇命名，如《关于进一步加强和改进大学生思想政治教育的意见》《关于切实解决高校贫困家庭学生困难问题的通知》等。

（2）规范性管理文件。

这种类型的管理制度主要是指以规范性内容为主的管理文件，其涉及的往往是一些明确而具体的权利和义务，一般以"法""规定""办法"等词汇命名，如《高等教育法》《普通高等学校学生管理规定》《学生伤害事故处理办法》等。

从上述内容可以发现，大学生事务管理制度内容繁多，有些内容是互相交叉的，不能单一划分，只有彼此互相协调、配合，才能起到管理育人的效果。

（二）大学生事务管理制度的制定原则

任何规章制度的制定都是一件非常严肃认真的事情，需要具备一定的科学性、政策性和思想性。大学生事务管理制度的制定也不例外。在制定大学生事务管理制度时，制定者应考虑到制度的适用性，要依据学生的成长规律，根据党的教育方针及国家的有关政策、上级教育行政部门的具体政策、规定，结合高校的具体情况来进行。具体而言，大学生事务管理制度的制定一般应遵循以下四个基本原则。

1. 规范性原则

大学生事务管理制度是用来约束和指导学生管理者及广大学生行为的，因而它的规范性是制定过程中必须首先考虑的问题。这里的规范既指形式上的规范性，又指内容上的规范性。

（1）形式规范性。

保持学生事务管理文件形式的规范，制定者应当重点注意以下三个方面。

第一，遵循一定的固定结构与格式。例如，一些政策性管理文件应大致包括制定目的、基本原则、具体指导性意见等部分；一些规范性管理文件应大致包括制定目的、基本原则、所规范对象的具体权利与义务、行使权利与履行义务的基本程序、附则等部分。

第二，用语应简练、规范。如果管理文件中需要用专业术语，就应当毫不犹豫地采用专业术语。如果管理文件中不需要使用专业术语，也不能出现口语化现象，而是应当使用规范的书面语言。

第三，逻辑严明，条理清晰。尤其是要注意不能出现规范漏洞，也不能出现前后矛盾的现象。

（2）内容规范性。

保持大学生事务管理制度内容的规范性，要着重注意以下两个方面。

第一，不违反上位管理文件的规定或指导性意见。例如，当中共中央、国务院、教育部等出台了一系列学生事务管理文件后，一般就在宏观上形成了一定的学生事务管理制度框架，高校、院（系）在制定具体的学生事务管理文件时，就应当依据已经形成的制度框架来进行。

第二，注意不要超越制定的权限。这就是说在制定学生事务管理制度时，要避免随意减少所规范对象的权利，随意创设所规范对象的义务。即使在制定属于学校内部的管理文件时，也要做好充分调研，谨慎处理各方关系，严格规范制度内容。

2. 全面统一性原则

全面统一性原则就是指在制定学生事务管理规章制度时，制定者一定要考虑到制度的完整性、统一性，要注意能够使每一项制度内容互相配合、协调，共同促进大学生的发展。具体而言，制定者需要做到以下两个方面。

第一，力求所制定的学生事务管理制度健全、完善，涉及学生事务管理的方方面面。因为不管是从时间上看还是从空间上看，学生事务管理制度都应当全方位地贯穿于学生的学习、生活中。

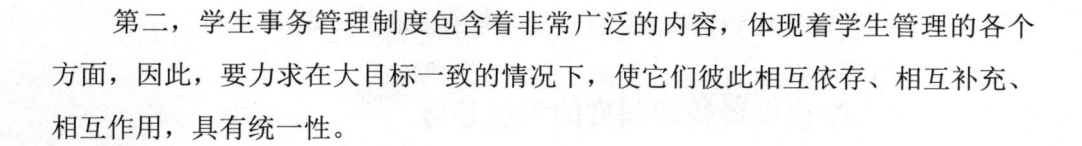

第二，学生事务管理制度包含着非常广泛的内容，体现着学生管理的各个方面，因此，要力求在大目标一致的情况下，使它们彼此相互依存、相互补充、相互作用，具有统一性。

3. 动态性原则

一般情况下，学生事务管理制度应具有一定的稳定性，这样才便于执行，便于发挥制度的作用。但这并不意味着其一经制定就可以永不改变，一直使用。任何一项规章制度都不是绝对稳定的，随着时代的发展变化，以及其他一些相关因素的影响，其必然也需要做出一定的调整，以适应现实发展。学生事务管理制度也是如此。

学生事务管理制度之所以要遵循动态性原则，主要有以下三个方面的原因。

第一，随着社会经济的不断发展，社会对大学生事务管理不断提出新的要求。

第二，大学生事务管理所面临的形势、政策与具体条件在不断变化，因此要求学生事务管理制度也要不断完善与修正。

第三，每个时期的学生都会呈现出各自的特点，都会发生一定的变化，因而规章制度也应相应地做出变化。

贯彻动态性原则，学生事务管理的制定一定要用动态的眼光来看待各种规章制度，在应当适时改变的时候就要积极做出改变。

4. 可行性原则

学生事务管理制度必须能够经得起实践的检验，便于执行。因此，学生事务管理制度的制定要遵循可行性原则。贯彻这一原则，需要特别注意以下三个方面。

第一，充分考虑国家教育政策、方针、规范的要求，如国家制定的学生行为准则等，以它们为依据来制定学生事务管理规章制度。

第二，制度中的规定或指导性意见应当符合实际。尤其是要从高校的实际条件出发，充分考虑高校的具体特点，从而提出切合高校和大学生实际的要求或指导性意见。

第三，制度中的规定或指导性意见应当简明、准确、具体，易于被规范对象理解和应用,切实达到规范或指导意义,避免空话、套话。

(三)大学生事务管理制度的发展趋势

1. 学生事务管理制度范围越来越广泛

随着我国社会经济的不断发展以及学生工作环境的不断变化,大学生事务管理工作的范畴日益扩大,这就促使学生事务管理制度的范围也越来越广泛。

例如,自我国由计划经济体制转变为市场经济体制后,大学生就业从统一分配变为了双向选择。这样的变化促使我国大学生的就业指导工作和就业推荐工作变为了学生事务管理中最为重要的内容之一。因此,大学生事务管理制度就出现了一系列关于就业指导、就业推荐和实施的指导意见和规范文件。再如,随着人们对健康认识的深入,心理健康越来越受到人们的重视,尤其是大学生心理健康教育问题更是成为一个热点问题。因此,大学生事务管理内容中,关于大学生心理知识讲授、心理咨询与辅导以及心理危机干预等工作逐渐增多,相应地,与大学生心理健康教育相关的工作规范和指导性意见也开始出台,并越来越多。

2. 学生参与管理的程度越来越高

大学生事务管理工作往往与学生的切身利益有着直接的关系。在当今社会中,随着社会民主氛围的浓厚,大学生权利意识的不断增强,大学生也越来越希望自己亲自参与到学生事务管理工作中。这种情况带来的一种现象就是,高校在制定学生事务管理制度时,会有效吸纳学生的意见和建议,让学生参与制度的制定,从而制定出更符合工作规律和更利于学生发展的制度。

大学生参与学生事务管理制度制定的途径主要有以下三个。

(1)参与学生事务管理制度的起草。

在大学生事务管理制度酝酿和起草阶段,高校的相关人员会面对广大学生展开相关的问卷调查,也会让学生针对某特定领域进行专题调研,甚至还会直接与学生讨论制度的起草,通过举办各类交流会征求学生意见。

(2)参与学生事务管理制度的适用。

在大学生事务管理相关的各类文件适用过程中，也可以让学生以各种各样的形式参与进来。例如，大学生事务管理组织开展的很多具体的工作，如评优评先、奖助评定等就可以由学生干部作为老师的助手参与到该项工作中，这样自然而然就参与到学生事务管理制度的适用过程中了。

（3）对学生事务管理制度的适用情况提出反馈意见。

大学生参与学生事务管理也可以通过对学生事务管理制度的适用情况提出反馈意见来进行。很多时候，学生事务管理制度的修订和完善正是依据学生的反馈情况进行的。

3. 程序性管理制度受到越来越多的关注

一直以来，我国很多管理工作中都善于强调所管理对象的实体性权利，而忽视管理的程序。实际上，如果缺乏规范的管理程序，实体性权利也是难以得到保障的。因此，近些年，程序性管理制度受到越来越多的关注，也出现了一些相关的制度文件。例如，2005年正式实施的《普通高等学校学生管理规定》就对处分程序做出了相关规范。此外，很多高校也开始注重评优评先程序、奖助评定程序、公示与异议程序等，并给出了相关的规范性文件。

（四）大学生事务管理制度的实施

高校不仅要加强学生事务管理制度的建设，还应当注意采用恰当的方式方法将之贯彻实施。只有将制度运用于实践，才能发挥真正的作用。因此，大学生事务管理制度的实施极为重要，它直接影响着学生事务管理的质量与效果。

1. 规范性学生事务管理制度的实施

规范性学生事务管理制度的实施有点像法律的适用过程。这一过程往往需要重点把握以下三个关键环节。

（1）明确实施主体。

要明确学生事务管理制度中的某项规范性管理文件的执行主体。一般来说，学生事务管理制度的实施主体有多种类型，如大学生处、就业指导中心、团委、院（系）学生工作部等多种部门。当然，在一些情况下，班级学生干部也是规范性学生事务管理制度的实施主体。

通常而言，上述主体主要是通过解释规则、实施管理、接收申请、组织推选评定等来执行制度。

（2）明确实施程序。

不管是哪一项规范性学生事务管理制度，都需要通过一定的程序实施，因此，要想更好地实施管理制度，就必须明确实施的程序。

关于规范性学生事务管理制度的实施程序，并不是统一的、固定的。有些学生事务管理程序已有明确的上位规定，那么只需严格按照该上位规定实施就行，如党、团组织建设的相关规定，须严格按照党章、团章及相关管理规定加以实施；有些学生事务管理程序虽然没有明确的上位规定，但在实践中已经形成约定俗成的做法，如各类学生组织选举程序、奖助学金评定程序等；有些学生事务管理程序还处于探索阶段，那么可以根据实际情况来对制度加以实施，如学生危机事件干预和处理程序等。

（3）做好制度宣传。

学生事务管理制度只有在正式公布实施后才能适用。因此，规范性管理制度的宣传是实施的一个重要组成部分。宣传就是要让所规范的对象知道、理解、熟悉制度的内容。只有真正理解并熟悉了制度的内容，才会逐渐在实践中自觉地将其内化为行为习惯。制度宣传的途径主要有以下三个。

第一，搭建公示平台。利用公文、公告、网络、班团组织等多种有效途径，搭建规范性管理文件公示平台，将规范性管理文件及时、有效地公开。

第二，进行文件汇编。及时将相关的规章制度内容编成手册之类的小册子，下发给所适用的对象，让其系统学习和应用。比如，各高校普遍在新生入学时向其发放学生手册。

第三，开展相关学习。通过组织规章制度知识竞赛，开展规章制度主题学习班会，组织共青团活动等，促使制度的适用对象快速掌握相关规范。同时，也要注意将制度宣传教育融入使用对象的学习、工作、生活中，在自然条件下加深他们对制度的认识和了解。

2. 政策性学生事务管理制度的实施

政策性学生事务管理制度主要以指导性、意见性内容为主,往往用相对抽象的语言指出相应管理工作所应达到的目标以及所应采取的方法和路径。在贯彻该类管理文件时,高校、院(系)所拥有的自由度更高,所承担的责任也相应更重。因为必须在学习和理解该政策性管理文件的基础上,通过一系列具体的举措来实现其既定的管理目标和任务。

(1)开展文件宣讲。

实施政策性学生事务管理制度的重要前提是适用对象正确理解、领会文件精神。政策性学生事务管理制度的用语通常更为抽象和原则化,因此需要通过多种形式开展文件宣讲,如举办讲座、开展研讨、组织调研等,让适用对象真正理解制度内容。

(2)制定可行方案。

要想更好地实施政策性学生事务管理制度中的指导性意见,必须制定具体、可行的方案,以便实施各项举措。在制定方案时,通常应当把握好以下三点:一是任务目标的分解;二是具体方法的制定;三是相关细节的推敲。

(3)做好绩效评估。

实施政策性学生事务管理制度的具体措施如何对实施的效果有着重要的影响,因此,还应当做好绩效评估工作。评估措施的方法,既有主观方面的,又有客观方面的,应当充分结合这两个方面。

第一,主观维度上的评估方法。这一维度的方法主要指个别访谈法与问卷调查法。这样的评估方法主要适用于以教育为主要实施目的的政策性学生事务管理制度。它能反映某政策性学生事务管理制度所适用对象群体对贯彻该制度所采取具体举措的切实感受。

第二,客观维度上的评估方法。这一维度的方法主要指数据统计法与对比分析法。这种评估属于定量评估,主要适用于以管理和服务为主要实施目的的政策性学生事务管理制度。它也能够反映出实施政策性管理制度所采取具体举措达到的效果。

三、大学生事务管理的环境营造

就管理学的理论来看,不管是哪种管理活动都需要依托一定的环境进行,管理环境对管理活动的实施有着重要的影响。因此,管理环境极为关键。对大学生事务管理来说,管理环境良好不仅能够促进管理活动的有效开展,还能够有效激发大学生事务管理工作者的工作积极性和创造力。

(一)大学生事务管理环境的内涵

1. 大学生事务管理环境的定义

当前阶段下,关于大学生事务管理环境的定义,学术界还没有一个明确的解释。不过,根据环境的含义,可以对大学生事务管理环境有一个大致的了解。斯蒂芬·P.罗宾斯认为,"环境"即对组织绩效产生着潜在影响的外部机构或力量。他认为环境是组织生存发展的物质条件的综合体,存在于组织界限之外,并可能对管理当局的行为产生直接或间接影响。根据上述对环境的解释,将其与管理实践结合起来,可以得出,所谓管理环境,就是指管理活动发生的时间、地点、条件、背景等各种主客观影响因素的总和。那么,大学生事务管理环境就是影响大学生事务管理活动的各因素的总和。

2. 大学生事务管理环境的特点

大学生事务管理环境是一种具有特定意义的管理环境,具有自身的特点,主要表现在以下四个方面。

(1)封闭性。

所谓的封闭性主要指大学生事务管理环境区域的封闭性。就当前来看,我国很多高校都是通过围墙之类的设施将高校与外界区隔开,也就是说具有特定的环境区域。这就使得大学生事务管理也是在特定的区域内进行的。由于这种区域具有封闭性，因而大学生事务管理的环境自然就具有了区域封闭性。

（2）特定性。

特定性是针对环境主体而言的。大学生事务管理的主体是大学生事务管理工作者和学生。其中，大学生事务管理工作者是学生事务管理的重要力量，其组织、指挥和指导大学生事务管理的各项工作。当然，学生也是不可忽视的一个主体。大学生事务管理工作者与学生相互影响、相互作用，共同形成高校内部特定的管理关系。

（3）教育性。

《高等教育法》第31条明确规定："高等学校应当以培养人才为中心，开展教学、科学研究和社会服务。"第52条强调"高等学校的教师、管理人员和教学辅助人员及其他专业技术人员，应当以教学和培养人才为中心做好本职工作"。这就决定了大学生事务的管理并不单单是管理，还包括教育。管理必须围绕育人来进行。因此，大学生事务管理的环境也就必须符合培养人才的规范和要求，必须根据培养人才的教育性目标，根据个体的身心发展需求而创设。这就是环境的教育性特征。

（4）动态性。

世界上不可能存在绝对稳定的环境。实际上，环境的动态性是绝对的、永恒的，环境的稳定性是相对和暂时的。大学生事务管理的环境也是如此。这种动态性特征可从以下三个方面看出。

第一，从环境构成要素变化的频率来看，大学生事务管理环境中的很多要素是经常变化的。

第二，从环境变化的速度来看，大学生事务管理环境中的有些要素变化速度较快。

第三，从环境变化是否可以预期来看，大学生事务管理环境的变化趋势很多时候是不可预期的。

（二）大学生事务管理环境的类型

大学生事务管理环境从不同的依据出发有不同的类型。

从所属范围出发，可分为外部环境和内部环境。外部环境主要是指大学生事务管理所面临的当今的政治、经济、社会、文化等大环境。内部环境主要是指校园环境，包括自然环境、制度环境、文化环境和人际环境等。

从所属形态出发，可分为物质环境和精神环境。物质环境主要指校园内影响学生事务管理的物理因素，如建筑、景观、设备设施等。精神环境主要指影响学生事务管理的精神因素，如制度文化、观念文化等。

从功能结构出发，可分为舆论环境、工作环境和政策环境。舆论环境主要是指高校全体师生员工围绕社会重大问题、社会生活的方方面面、学校生存发展变化以及关涉全校师生员工切身利益的各类政策、措施、事件所发表的意见的总和。工作环境就是指大学生事务管理活动进行的具体场所，有软环境和硬环境之分，软环境主要指校园文化、工作氛围等，硬环境主要指学生事务管理所依托的设备、仪器等。政策环境主要指有关大学生事务管理的制度、政策的总和。下文主要探讨大学生事务管理的舆论环境和工作环境的营造。

（三）大学生事务管理工作环境的营造策略

工作环境是大学生事务管理环境的重要组成部分，是各项事务有效开展的基础。营造良好的工作环境，能够帮助大学生事务管理工作者缓解压力、增强合作，使他们的主观能动性和创造力得到最大限度的发挥。因此，高校必须注重大学生事务管理工作环境的完善。一般来说，高校可着重从以下两个方面入手。

1. 工作设计

所谓工作设计，就是指研究和分析工作的开展怎样促进组织目标的实现，以及怎样调动员工积极性和使员工在工作中获得满足的一种方式。在大学生事务管理中进行工作设计主要是为了使工作环境更适应学生事务管理工作的实际需求。

（1）工作设计的意义。

第一，激励。高校对大学生事务管理工作者工作内容的挑战性、工作的意义和价值进行合理的评估，然后依据评估结果对管理者进行相应的激励政策，能够在很大程度上激励管理者，激发其工作的积极性和创造性。

第二，能力开发。工作设计能够让大学生事务管理工作者在新的挑战中工作，在挑战中不断提高自身能力。因而，工作设计具有开发大学生事务管理工作者能力的作用。

（2）工作设计的具体措施。

第一，工作轮换。工作轮换就是指将大学生事务管理工作者从一个岗位调到另一个岗位，以扩展其经验。这种做法不仅能够拓宽大学生事务管理工作者的工作领域，还能够在一定程度上缓解因重复劳动而造成的职业倦怠。此外，进行工作轮换，还能够让大学生事务管理工作者了解和熟悉更多的管理工作，获得更多的管理经验，从而为担当更大的责任做好准备。

第二，工作丰富化。工作丰富化就是指在大学生事务管理工作中赋予管理者更多的责任和任务，赋予管理者更多的自主权和控制权。例如，负责就业工作的大学生事务管理工作者可以同时承担校友工作，也就是说在负责大学生就业工作的同时，追踪调查已毕业学生，积极与已毕业学生建立固定联系，利用校友资源，挖掘更多的就业岗位。工作丰富化与工作轮换不同，它不是水平地增加管理者的工作内容，而是垂直地增加管理者的工作内容。这种措施往往能够增加大学生事务管理工作者的工作满意度，让大学生事务管理工作者感受到被重视而加倍努力工作，因而具有较大的激励作用。不仅如此，工作丰富化还能提高大学生事务管理工作者的工作效率，降低离职率和缺勤率。

第三，实施弹性工作制。弹性工作制就是要求大学生事务管理工作者在完成规定的工作任务或固定的工作时间长度的情况下，可以灵活地、自主地安排工作的时间。这种弹性工作制最早在企业中应用，具有较好的实践效果。引入这种工作环境安排，能够使大学生事务管理工作者拥有更多的自主性和自由度，增加其工作满意度，同时还能降低缺勤率、迟到率，提高工作效率。在大学生事务管理工作者中，对高校辅导员就非常适合采用这种弹性工作制。例如，将辅导员一天的工作时间划分为共同工作时间（通常为 5～6 小时）和弹性工作时间。在共同工作时间内，辅导员要与正常工作的其他人员一样坚守在自己的工作岗位上，但在弹性工作时间里，辅导员可自行做灵活的安排。

（3）工作设计的技巧。

第一，细心观察。大学生事务管理工作者对所处的岗位是否有兴趣以及是否能够胜任对其工作态度和工作效率有着重要的影响。因此，要想使工作设计真正有效，高校的人事部门等应创设条件，细心观察每个大学生事务管理工作者对于各类岗位显示出的兴趣，以及工作中的表现，从而根据大学生事务管理工作者的兴趣，和能力进行工作设计。

第二，主动探测。有些大学生事务管理工作者，单凭平时的观察是不容易看出其兴趣及能力的，对于这样的人员，还可以通过询问一些探测性的问题，调动其对工作设计的积极性，从而更好地进行工作设计。

2. 工作人文环境的营造

运行机制和组织文化是工作环境最为核心的组成部分。因此，优化大学生事务管理的工作环境，除了进行工作设计优化运行机制外，还应当完善组织文化，营造和谐有序的工作人文环境，通过丰富大学生事务管理工作者的精神世界，更好地激发其工作积极性。在营造工作人文环境的过程中应重点注意以下四个方面。

（1）实行人本管理。

从本质上来说，大学生事务管理工作就是针对人的管理，人是管理中的核心要素。因此，面对大学生事务管理工作者，要注意贯彻以人为本思想，实行人本管理，也就是说要充满人文关怀，调动工作人员的积极性。具体来讲，要关注学生事务管理工作者的生存状态，尊重其生命价值，开发其工作潜能，促进其专业发展；要提倡团队精神、钻研精神、工作热情等，建立融洽和谐的文化氛围；要给大学生事务管理工作者提供一个充分发展、展示个性并适应工作需要的宽松空间，允许有不同意见出现。

（2）构建良好的人际关系。

人际关系指的是人与人之间在心理上的距离或关系。它是社会各种组织和群体存在和发展的必然产物,这种关系也深深地影响着社会中的各种组织和群体。良好的人际关系能够营造一个民主公平、平等博爱、感情融洽的人际氛围,形成良好的学生事务管理工作的人文环境。因此,大学生事务管理工作者要注意构建良好的人际关系。

构建良好的人际关系需要大学生事务管理工作者自身努力学会和重视有效沟通,同时也需要高校建立有效的沟通联系机制,定期组织大学生事务管理工作者举行座谈会、联谊会、茶话会等活动,并利用网络搭建沟通交流的开放平台。

(3) 营造良好的团队精神。

高校要想营造良好的团队精神,就应当注意将大学生事务管理工作者的价值取向和人生观念渗透到学生的办学理念和教育管理理念中,给大学生事务管理工作者提供一种安全感、归属感,从而让其产生对学校、对大学生事务管理工作的热爱之情,产生强烈的责任感。

(4) 构建并运用激励机制。

完善健全的激励机制也是营造良好工作环境的重要举措。在大学生事务管理中,建立和运用激励机制要注意以下三个方面。

第一,以最大限度地调动大学生事务管理工作者的积极性为核心。这就需要实施激励的人员注意把握大学生事务管理工作者的需求,有针对性地进行激励工作。

第二,有机结合物质激励和精神激励。物质激励和精神激励是相辅相成的,精神激励需要借助一定的物质载体,而物质激励也包含一定的精神内容。对大学生事务管理工作者来说,精神需求往往高于物质需求,因而一定要非常重视精神激励,如经常表扬和肯定他们,根据他们的成就给予升职、出国提升的奖励等。当然,在进行精神激励的同时,也要注意进行物质激励,如果长期不进行物质激励,那么精神激励的作用也很容易消失。

第三,注重公平性。人们有个很显著的特点,就是会自觉不自觉地将自己付出及得到的报酬与别人进行比较,并判断是否公平,当发现自己的付出及报酬与别人差不多时，就觉得是正常的、公平的；否则，就会产生不公平感，怨气横生，失去劳动的积极性。因此，在大学生事务管理工作者中运用激励机制就要特别注重公平性，要科学地评估管理工作者的工作绩效和努力程度，从而进行公正合理的激励。

四、大学生事务管理的绩效激励

激励学生发展是大学生事务管理的本体性任务。绩效的奖酬能够极大地增强大学生事务管理的效果，激发学生的学习动机，促进学生的全面发展。鉴于此，下文将对大学生事务管理绩效的内涵、作用、措施进行分析。

（一）大学生事务管理绩效激励的内涵

大学生事务管理绩效激励就是指对大学生事务管理工作者获得管理成效的激励，以增强他们的积极性、主动性、创造性，激发他们的工作热情、工作潜能，继而提高他们的工作水平和工作质量。它强调从关注学生的需求入手，对学生既关心、帮助，又引导、鞭策，用不同方式对学生的发展做出有针对性的评价与认定，从而使其可以获得满足感，对评价结果表示认同，清晰明了地实现个人目标，同时获得下一个个人努力动机的激励。

实际上，大学生事务管理绩效激励是对大学生事务管理工作者努力过程、能力过程和自我认知过程的综合激励，主要通过内在性奖酬和外在性奖酬两种方式来实现。外在性奖酬主要是指对于大学生事务管理工作者获得绩效的锦标型激励，如现在实行的各种荣誉称号的授予、各类国内外进修机会的获得、对某一重大社会活动的参与选拔等。内在性奖酬是指对于大学生事务管理工作者获得绩效的精神型激励，主要体现在大学生事务管理工作者完成了富有挑战性的困难目标后所获得的自我成就感、由环境所营造的舒适度、充分授权后所获得的责任感等，如对学生学习与生活条件的重大改善、良好的组织文化环境的创设、鼓励组建各种学生团体等。由于大学生事务管理工作者动机具有差异性，因此这两类奖酬都是需要的。

大学生事务管理绩效激励对大学生事务管理工作者与学生需求的多样性、能力发展的多样性、满足方式的多样性进行了充分考虑，使他们能够获得多元的发展途径，起到了很好的管理效果。

（二）大学生事务管理绩效激励的作用

激励是管理的重要环节，与其他管理过程紧密联系、互相影响。通过绩效激励，可以不断提高大学生事务管理工作者的能力，改进大学生事务管理部门的工作，完善大学生事务管理绩效考核制度，发挥绩效管理在大学生事务管理的作用。具体而言，大学生事务管理绩效激励主要有以下三方面作用。

1. 提高大学生事务管理工作者的能力

绩效考核结束后，通过对考核结果进行分析，可以了解大学生事务管理工作者的工作业绩完成情况、个人发展潜力、性格特点等。同时，也使大学生事务管理工作者清楚地知道他们应做什么、为什么要这样做，在工作中还有哪些地方做得不够完善，应该如何对之进行改进。根据考核结果的分析评估，大学生事务管理工作者可以有针对性地采取改进措施，学校相关职能管理部门也可以据此对大学生事务管理工作者制订科学合理的培训计划，组织大学生事务管理工作者参加相关培训或接受再教育，切实提高他们的各种能力，促使其积极、主动地参与管理活动。

2. 改进大学生事务管理部门的工作

大学生事务管理绩效考核不仅是对大学生事务管理工作者的考核，同时也是对大学生事务管理部门的考核。大学生事务管理工作者的考核涉及思想教育、党团建设、学风建设、心理健康教育、社会实践、就业工作等方面，涵盖的范围极其广泛。通过绩效考核，可以使大学生事务管理部门的领导者对整个大学生管理工作的整体现状有更加清楚的了解，从而发现大学生事务管理工作中存在的问题和不足，并有针对性地制定相应的部门改进措施，对大学生事务管理的各项工作制度、培训制度、薪酬制度、职称评聘制度等进行适当的调整，使各项制度与大学生事务管理工作的现实情况更加相符,促进整个大学生事务管理工作的正常有序发展。

3. 完善大学生事务管理绩效考核制度

绩效管理是一个动态的循环过程,绩效奖励的重要目的是要应用于绩效管理,对绩效考核体系进行改进,使绩效考核指标体系朝着合理化、规范化、科学化的方向不断发展。因此,绩效奖励不仅要针对被考核者,分析被考核者存在的问题,而且要针对绩效考核的指标体系,对绩效指标和标准的设计缺陷予以认真考虑。绩效指标设计时要充分考虑导向性和目标性,但如果在分析考核结果的过程中,发现大部分大学生事务管理工作者出现了意外的偏差,这时,我们就应重新考虑并对之进行及时的调整和有力的改进。例如,设定就业率95%以上作为就业工作优秀的重要指标,会导致大学生事务管理工作者只追求就业数量,忽视了就业质量,对毕业生的个人利益造成不良影响。这时,我们就应考虑在目标和标准设计上是否出现了问题和不足。总之,大学生事务管理绩效考核是一个不断完善的过程,只有通过绩效奖励才能达到此目的。

(三)大学生事务管理绩效激励的措施

在现实的大学生事务管理实践中,大学生事务管理绩效激励的措施主要包括以下几方面。

1. 将绩效考核结果与大学生事务管理工作者的薪酬奖金建立联系

现代管理要求薪酬分配遵循公平与效率两大原则,而将有针对性的绩效考核与有吸引力的薪酬建立起联系是切实可靠的依据。大学生事务管理工作者的工资通常分为固定工资和动态工资,动态工资包括绩效工资和奖金等。我们可以将动态工资增长的比例与绩效考核的等级相衔接,如年终考核优秀者加奖金等。可以说,合理的薪酬一方面是对大学生事务管理工作者工作成果的公正认可,另一方面可以产生激励作用,提高大学生事务管理工作者的工作积极性,增强他们的职业责任感。

2. 将绩效考核结果作为岗位调整和晋升的重要依据

目前，中国大学生事务管理工作者的出口主要有继续从事大学生事务管理工作、晋升高一级的岗位、转行政管理工作、转教学工作等。在职位晋升时，应优先考虑在绩效考核中表现优秀的大学生事务管理工作者，并对之进行大力培养和进一步考察。而对在绩效考核中表现差或确实不适合从事大学生事务管理工作的人员，应及时进行调整，切实提高大学生事务管理队伍的专业素质、潜在能力以及内在活力，增强大学生事务管理工作的吸引力。

3. 将绩效考核结果与大学生事务管理工作者的专业技术职务评聘相结合

大学生事务管理工作的特殊性，要求大学生事务管理工作者的职称评聘必须遵循独立评聘的评聘标准。在评聘时，不仅要考虑学历学位、科研成果等专业教师所必备的条件，也要对大学生事务管理工作者的工作业绩，如所管理班级的学风、班级党团建设、就业、获奖情况等，给予足够的重视，不断提高工作业绩在大学生事务管理工作者职称评聘中的比重，提高他们对于所从事职业的认同感。

4. 将绩效考核结果作为唤起学生需求和满足学生需求的内在动力

唤起学生需求是绩效激励的起点，满足学生需求是绩效激励的目的。通过绩效考核结果分析，大学生事务管理工作者能够清楚地看到自己的管理成效，认识到自身存在的不足，继而通过定位清晰的管理目标，唤起学生需求，通过具有针对性的成绩评价与具有吸引力的奖酬，满足学生需求。

定位清晰的管理目标应着重突出任务的重要性、效价的关联性、技能的丰富性三个要素，以最大限度地唤起学生的内在需求。任务的重要性就是要使作为高成就需求群体的学生，清晰认知总体目标以及其所需要完成的阶段性目标的重要性，当他们有清晰认知的时候，挑战性越强，任务越艰巨，越能激励他们的成就需求，也就越能获得良好的发展。效价的关联性就是要使大学生事务管理的目标要求与学生的内在需求相衔接。必须明确的是，目标的效价要想产生实质激励，必须由管理主体确定，更重要的是要为管理客体所认同。而对于效价如何形成关联，则意味着对学生显性需求和潜在需求的发现和引导。只有大学生事务管理队伍的价值导向转化为学生的价值取向和行为趋向，才能够最大限度地激发学生的行为动机，从而取得较大的进步。技能的丰富性就是让追求新奇、敢于冒险、推崇时尚的大学生，在实现蕴涵时代性、国际性、文化性、新颖性、领先性等元素的大学生事务管理目标的过程中，使技能得到提升，视野得到拓展。大学生事务管理目标的实现也是对学生成长需求和亲和需求的一种积极回应。因此，大学生事务管理工作者要富于创新，使设置的管理目标充满乐趣和个性，而目标技能的丰富性，不仅可以满足学生差异性的发展需求，还可以满足其同质性的高成就需求。

  作为行为改造型激励理论的归因理论认为，坚持是成就行为的主要特征。对现今在顺境下一直被呵护长大的大学生来说，他们缺乏的正是持续状态下的坚持，而非激情状态下的努力。所以，有针对性的成绩评价，是学生保持坚持性的重要激励因素，大学生事务管理工作者不得忽视这一点。少了坚持这个重要的中间环节，动机与最终目的可能会南辕北辙。虽然就某个学生而言，他未必是全能的、全面的，但只要他在某一方面、某一阶段或某一过程中取得了个性化的发展和进步，我们就应当及时给予肯定的评价。当然，也需要对其欠缺方面进行调控。这不仅有助于学生在得到适时评价后获取坚持性的激励，也有助于他通过对被认可行为的重复，获得充分的个性发展。有针对性的成绩评价还需与有吸引力的奖酬相衔接。由于每个人对奖酬的偏好不同，不同的奖酬方式对不同的学生以及对学生的不同阶段的激励也不同。比如，低年级学生更偏好经济性激励，高年级学生更偏重荣誉性激励和内在性奖酬。因此，大学生事务管理工作者要根据学生的兴奋点和关注点，设置有吸引力的奖酬机制。

5. 将绩效考核结果与个人努力紧密结合，引导学生需求

  由动机推动的学生个体行为的积极性是受管理客体主观意愿决定的内在变量，它可以是潜在的、不迫切的，也可以是显性的、迫切的，而个体需求与组织需求、个人绩效与组织绩效总是存在着一定的偏差，这种偏差的大小对大学生事务管理组织目标的实现程度起着决定性作用，所以，唤起学生需求、有针对性地满足学生需求，并不是大学生事务管理绩效激励的唯一目的。由于激励的本质在

于通过有效的过程将个人动机转化为对组织有利的行为动机,从而产生出同时有利于个人和组织的行为,因此,引导学生需求也是贯穿于大学生事务管理绩效激励全过程的一种目标导向。

引导学生需求,要求大学生事务管理工作者不仅要明确了解学生的显性需求,更要注重对学生的那些潜在的需求进行发现和挖掘。其目的不只是对这些需求的简单满足,更是寻求建立个人需求与组织需求的利益联结点和共振点,使学生对自身发展与学校发展的利益相关性和一致性形成更加清晰明了的认知,相信大学生事务管理工作会对自身发展和学校发展都带来好处。这样,初始状态下的个人努力就会因对结果的关联而增强激励效果。

引导学生需求,还要求大学生事务管理工作者时刻对组织动态及发展趋势进行把握,及时发现问题,并采取各种措施,向学生传递组织发展信息,并使这些信息更加深刻地影响到学生的个体发展。比如,大学生事务管理工作者定期将学校的发展状况与组织绩效反馈给学生,邀请具有一定作为的知名校友与学生进行直接的沟通和交流,借助社会媒体宣传扩大学校的声望和影响等。组织绩效的水平显示度,如学校的标志性成果、校园建设、舆论环境、名誉等,不仅是学生获得内在性奖酬的因素之一,也是对学生个人努力产生持续激励的不变要素之一。没有个人努力,就难以形成组织绩效;没有组织绩效,也无法对个人努力形成有效激励。只有将个人努力与组织绩效紧密结合,才能真正实现"人与组织的共同成长"。

第五节 大学生事务管理评价

一、大学生事务管理评价的概念

正确理解大学生事务管理评价的内涵,必须从"评价"和"教育评价"的界定入手。

评价是指为达到一定的目的，运用特定的指标，比照统一的标准，采取规定的方法，对事物做出价值判断的一种认识活动。简单地说，评价就是通过比较分析，对事物做出全面判断的过程。而教育评价是指根据一定的目的和标准，采取科学的态度和方法，对教育工作中的活动、人员、管理和条件的状态与绩效，进行质和量的价值判断。

大学生事务管理评价是指高校相关组织根据一定的标准，选用合适的方法，依照学生事务管理的使命、任务，科学评判学生事务管理的主体、绩效及相关辅助系统的过程。大学生事务管理评价不仅是一项重要的管理内容，也是开展工作的方法之一。

二、大学生事务管理评价的类型

大学生事务管理涉及高校众多部门，影响广泛。要使大学生事务管理评价更具科学性、有序性、规范化，必须对大学生事务管理评价的种类进行明确了解。

（一）按评价的分析方法来划分

按评价的分析方法，可以将大学生事务管理评价分为定量评价和定性评价。

1. 定量评价

定量评价就是指在评价的过程中运用数学方法，将评价的内容分解为若干项目，并对每一个项目的最高分数进行明确规定，由评价主体给各个项目评分，接着根据一定的权重，将各项所得的分数相加，得出被评价者的总分，用这个总分再对被评对象做出某种判断。定量评价最有代表性的就是百分制。定量评价的主要方法有：用数量表示评价结果、用数量描述事物现象、用数量表示评价标准、用数量分析事物状态等。

定量评价适合在宏观上大规模地分析事物或现象，但同时容易忽视事物或现象所具有的特殊性，通常通过单一的模式略去事物或现象所具有的复杂特征，从而导致特殊现象或现象的单一化、简单化、模式化。

2. 定性评价

定性评价是相对定量评价而言的，指用非数量化的方法进行价值评定。由于定性评价反对统计检验，提供丰富的描述，故又称为描述性评价。定性评价的过程一般包括：对被评价对象进行确定、对评价目的进行陈述、对评价背景进行了解、搜集与分析材料、得出结论、检验效度、撰写评价报告等。这些步骤在实际操作时会出现相互渗透、循环反复的情况。定性评价的主要方法有：评定评价法、等级评价法、评语评价法等。

定性评价有利于细致深入地研究被评价对象的微观层面，有利于了解当事人的心理状态和意义建构。

实际上，定量评价与定性评价各有利弊，不能对之进行简单的否定和肯定。定量评价可以使一些概念精确化，增加评价的区分度，降低评价的主观性、模糊性，但其适用范围有限，如难以对管理人员的态度、思想素质、协调能力等进行定量评价。定性评价具有简便易行的优势和特点，但其区分度有限，不能直接、鲜明地评价大学生事务管理的某些内容，如难以对学生宿舍管理的绩效进行定性评价。因此，在大学生事务管理评价的实践中，往往将定量评价与定性评价结合起来使用。

（二）按评价的主体来划分

按评价的操作主体，可以将大学生事务管理评价分为自我评价和民主评价。

1. 自我评价

大学生事务管理自我评价是指被评对象自身主持的评价，即被评对象同时是评价的主体和客体。较为典型的表现形式有大学生事务管理工作者个人自我鉴定、大学生事务管理机构工作总结，等等。作为自我评价的主体，大学生事务管理机构和人员对自己的动机和价值观念最为了解，如果自评合理、准确，就能最大限度地改善大学生事务管理行为。

但是，大学生事务管理机构和人员自我评价容易出现两个主要问题：一是产生仁慈错误，即主观上认为自己的表现比同行好；二是自评的光环效应，即对于自己的表现，给予过高或过好的评价。为了避免以上缺陷，大学生事务管理机构和人员在认识与分析自我时，应尽量做到客观公正、实事求是。

2. 民主评价

民主评价，又称他人评价，是指评价者根据一定的指标体系，对被评价者所做出的一个判断和评价。大学生事务管理民主评价通常包括以下三部分。

（1）同行评价。

同行通常指本校及他校相关领域人员或同一层级的大学生事务管理工作者。由于同行比较深入地了解大学生事务管理的目标、任务、方法、特点，在评价大学生事务管理方面拥有较大的发言权，因此，作为评价主体，同行往往能使评价的过程保持相对轻松，其评价结果也较易获得双方的认同，从而有助于同行之间相互学习、共同进步。

这里需要指出的是，同行评价容易掺杂主观臆测成分，必须注意克服"同行相轻"的心态，只有这样，同行评价才能最终达到"以评促改、以评促建"的目的。

（2）社会公众评价。

通常认为，社会公众包括广大家长、校友等是为了追求质量信任和绩效问责，而参与大学生事务管理评价的。不过，社会公众一般被认为是大学生事务管理实践的局外人，他们对大学生事务管理的复杂性不是十分了解，难以充当大学生事务管理评价的主体。但需要注意的是，社会公众尤其是家长，作为学生受教育的直接投资者和受益者之一，同样拥有参与大学生事务管理评价的权力。

（3）学生评价。

学生是大学生事务管理最直接的服务对象，也是其管理质量最直接的体现者和受益者。因此，大学生具有对相关管理机构和人员评价的发言权。但是，学生评价往往与大学生事务管理工作者评价或同行评议存在着不一致甚至完全相反

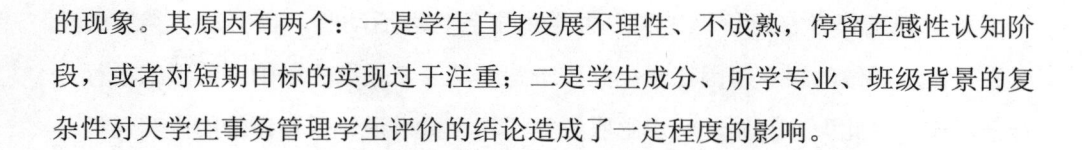

的现象。其原因有两个：一是学生自身发展不理性、不成熟，停留在感性认知阶段，或者对短期目标的实现过于注重；二是学生成分、所学专业、班级背景的复杂性对大学生事务管理学生评价的结论造成了一定程度的影响。

（三）按评价的对象来划分

按评价的对象，可以将大学生事务管理评价分为以管理机构为对象的评价、以管理人员为对象的评价、以管理活动为对象的评价。

1. 以管理机构为对象的评价

不同国家的大学生事务管理机构设置呈现出较大的差异。但总体上来看，大学生事务管理机构的评价可以按照其管理活动过程（计划、组织、人事、激励和控制五个领域）进行评价，这方面的评价主要包括是否设置有健全的大学生事务管理机构，是否有固定的办公场地、办公经费、专职管理人员，管理人员是否对自己的职能进行了明确，管理学生事务的着眼点和使命是否是为了促进"学生发展"，开展本机构的职能工作时是否做到了热情、主动、真诚、积极、负责等。

2. 以管理人员为对象的评价

大学生事务管理工作者分为专职队伍和兼职队伍，但具有相应学历、层次分明的专职队伍是大学生事务管理工作者的主要构成部分。根据其岗位职责，又可以把大学生事务管理工作者分为初级、中级和高级三个层次。

大学生事务管理工作者评价的内容包括：管理人员的思想修养、道德品质是否端正、优良，工作态度是否认真、踏实、责任心强，工作是否积极、主动，是否注重工作效率，并有很强的团队合作精神与合作能力，服务是否热情、周到，业务能力是否到位并且处于稳步提高的态势等。

3. 以管理活动为对象的评价

从宏观上看，大学生事务管理活动是指大学生事务管理机构开展的"类"活动。大学生事务可以分为管理性学生事务与指导、服务性事务两大类。大学生事务管理工作者在评价这"类"大学生事务管理活动时,也要从"类"的角度进行,这样做的根本原因在于:高校一些活动经常采取"联姻"的形式举行,难分"彼""此"。例如,就学生服务类活动评价来说,需要评价的内容包括:高校是否开展了辅导类活动,如行为辅导活动、心理辅导活动、就业辅导活动等,高校开展辅导活动的频率是否很高,高校辅导类活动是否对学生产生了深远的影响等。

从微观上看,大学生事务管理活动是指大学生事务管理机构开展的"个"活动,对这种活动的管理包含在"类"的管理活动中。大学生事务管理工作者在评价这"个"大学生事务管理活动时,也要从"个"的角度来进行,这样做的根本原因在于:高校一些学生事务管理活动存在十分明显的差异,"彼""此"界限清楚。例如,就学生服务"类"活动来说,是否为每一个学生建立心理辅导档案就属于大学生事务管理"个"活动的评价。

无论是从宏观的"类"的角度还是从微观的"个"的角度来评价大学生事务管理活动,都包含两个方面,一是对大学生事务管理活动的过程进行评价,如评价活动方案等,二是对大学生事务管理活动的结果进行评价。

不同的国家对大学生事务管理活动评价具有不同的侧重点。在我国,大学生事务管理活动评价的侧重点在于对活动结果进行评价。在美国,大学生事务管理评价在重视对活动结果进行评价的同时,对大学生事务管理活动中的某一具体活动方案、规划的评价也极其重视。

三、大学生事务管理评价的作用

大学生事务管理评价对大学生事务管理的发展具有重要的理论意义和实践意义。从总体上而言,大学生事务管理评价的作用主要包括以下三方面内容。

(一)鉴别作用

鉴别作用是指在大学生事务管理评价中,用评价标准对被评对象达成目标的程度进行判断，认定、判断被评对象是否合格、管理水平高低程度等实际价值的功效和能力。换句话说，就是区分、辨别对被评对象的功能，通过鉴定区分优劣、辨别真伪、分等定级，为认可、选拔、评优、管理决策提供服务和支持。这是大学生事务管理评价最基本的作用。

评价可以促使学生事务持续地存在，同时可以澄清学生事务管理在教育学生过程中所饰演的角色和作出的贡献，使学校内外关心学生成长的社群（团体），了解方案、服务目的和效能。在实践中，人们往往对同一所大学生事务管理机构及其管理人员、管理政策/方案持有不同的认识、评价，而究竟哪一种评价可以称得上是公正、客观，这就需要以其岗位绩效标准等作为参照体系进行科学的、适当的评价。通过评价，才能对大学生事务管理机构及其管理人员的业绩和潜能做出比较清晰地鉴定，消除主观印象、片面认识，促进大学生事务管理的发展。根据大学生事务管理内容的不同，可以采用不同的形式如评语、评定、认定、鉴定等来体现鉴别功能。

（二）导向作用

如何评价管理及其结果，即对管理做出何种价值判断，其标准本身便具有导向的性质。大学生事务管理评价可以帮助大学生事务管理机构及人员对自身的职责和发展目标进行明确，使管理机构、管理人员形成逐渐逼近目标实现的要求和有步骤有意识地进行行动的习惯。同时，可以通过评价对管理机构、管理人员工作的优劣进行区分，促使大学生事务管理机构、管理人员全面客观地认识自己的工作，做出诊断，为今后的工作提供资料和借鉴，从而不断提高工作水平和工作质量，最大限度地提高管理效果。

通过评价可以引导大学生事务管理朝着正确的方向不断发展。通常而言，大学生事务管理评价的导向作用至少表现为以下两个方面。

第一，是指明管理被评对象的机构以及其中的工作人员今后努力的方向。例如，各项大学生事务管理具体工作要注意在评价之后进行检查落实等。

第二，是对评价管理机构、管理人员、管理政策在今后发展中应注意的方面加以引导。例如，注重引导大学生事务管理政策向有利于学生成长的方向发展等。

（三）激励作用

激励既是行为的钥匙，又是行为的键钮，按动什么样的键钮就会产生什么样的行为。大学生事务管理评价是达成激励的一种不可或缺的基本手段，于是，激励也就成为大学生事务管理所取得的阶段性结果。

大学生事务管理评价的指标体系及其标准为大学生事务管理部门、管理人员今后工作的努力方向和奋斗的具体目标进行了指明。良好的大学生事务管理评价能够明确给管理部门、管理人员传递出"何谓有效管理、何谓无效管理"的信息。这样，可以通过大学生事务管理评价对大学生事务管理工作各岗位人员的表现与工作结果做出评定，以此为依据对岗位人员进行客观、公正的评价，奖惩优劣，鼓励先进，从而充分调动大学生事务管理工作者公正的积极性、主动性、创造性。

四、大学生事务管理评价的原则

在西方，评价原则又称后设评价标准，它是指依据评价的基本目的和评价过程的客观规律对评价的组织者和评价人员提出的基本要求。从这个角度来看，大学生事务管理评价的原则是指其评价主体在评价过程中的言论和行动必须遵守的行为准则，这是对个性品质、教育背景、成长经历截然不同的评价主体所做出的"硬性要求"，也是对评价主体的一种"潜在约定"。只有坚持这种"硬性要求""潜在约定"，大学生事务管理评价才能使评价结果真正达到公平、公正和客观。

一般而言，大学生事务管理评价应遵循以下几个基本原则。

（一）方向性原则

方向性原则指在评价过程中，评价主体必须坚持学生事务管理"为学生发展服务"和"为国家、社会服务"的基本立场,这是在大学生事务管理评价中必须明确的一个原则。

坚持方向性原则,在大学生事务管理评价中应做好以下两方面工作。

第一,坚持社会主义办学方向。在进行大学生事务管理评价时,评价主体应对党和国家的各项教育方针、政策、法规以及大学生事务管理理论进行深入学习,树立起正确的大学生事务管理价值观、评价观,评价的指标和标准必须体现社会主义政治方向和教育方向。还应注意调动被评者的积极性,促使社会各界更加理解和支持大学生事务管理,强化正确的办学方向。

第二,坚持促进学生发展的使命,对各项大学生事务管理的内容进行检查,判断组织活动过程是否与大学生的成长规律相违背,是否有利于发挥学生自我管理的作用。

如果在大学生事务管理评价中偏离了方向性原则,就难以确立科学、合理的评价指标体系,影响评价工作的正常开展。

(二)整体性原则

整体性原则是指在大学生事务管理评价的过程中,评价主体必须运用系统的观点和联系的方法,全面评价对大学生事务管理造成影响的内外因素,以及大学生事务管理过程中管理机构、管理人员的行为等。

大学生事务管理与内外环境具有十分紧密的联系,这就有可能会导致较为良好、周全的管理过程并不一定能够取得较为满意、可观的管理绩效。基于此,大学生事务管理评价应将管理过程评价和管理效果评价巧妙地结合成一个完整的评价系统。但是,在现实的大学生事务管理评价中,评价主体往往对学生事务管理的结果给予过多的关注,从而忽视对学生事务管理的过程进行评价,如忽视评价管理人员在管理过程中的态度等要素。这种忽视整体性评价的做法,使大学生事务管理评价在评价过程中带有主观臆断的成分,有失科学、客观、公允,不利于调动和激发管理人员的积极性。

坚持整体性原则,大学生事务管理工作者在评价时应做好以下两方面工作。

第一,在思想上要将大学生事务管理过程评价与绩效评价视为一个整体,注重二者的结合,不能忽视其中任何一部分。

第二,要设计科学、合理的大学生事务管理过程评价方法与指标体系。在大学生事务管理评价过程中,与管理过程相比,管理结果具有更直接、明了的特点,对人们的说服力更强。但是,大学生事务管理过程具有更多的诸如组织文化、组织制度、人员素质等软元素,且在很大程度上影响着管理结果。这就需要科学、合理的大学生事务管理评价方法与指标体系的设置。

(三)客观性原则

客观性原则是指在大学生事务管理评价中,评价主体必须防止和克服评价过程中的主观臆断,排除一切干扰,采取客观的实事求是的态度,对大学生事务管理进行客观、全面、真实的评价。

坚持客观性原则,在大学生事务管理评价中应做好以下三方面工作。

第一,评价主体在大学生事务管理评价中要始终坚持客观的态度。一切从实际出发,以事实为根据,以评价标准为准绳。

第二,评价要有科学的指标和标准,即评价的指标和标准要有科学的依据、结构和内涵界定,为大学生事务管理评价客观性奠定基础。

第三,评价要有科学的技术和方法。对评价方案的设计,评价信息的搜集、整理,评价组织机构的建立,评价结果的合成与处理,所使用的评价技术和方法进行综合处理,从而增添大学生事务管理评价的可靠性和有效性,为评价的客观性提供有力保障。

在大学生事务管理评价中,应尽量避免掺杂个人感情色彩,依据考评标准,客观评价考评资料,实现评价的客观性。如果在评价过程中不遵循或者违背了客观性原则,就有可能导致大学生事务管理评价标准趋于模糊,对大学生事务管理工作的有效性及可信度造成不利影响。

（四）发展性原则

发展性原则是指在大学生事务管理评价中，评价主体必须以促进被评对象积极上进、不断进步为基本出发点进行评价。

评价是按照一定的原则、标准对被评对象做出判断，目的在于通过发挥评价的诊断、督导功能促使被评价者受到一定的启发和教育，并明确今后的发展方向，从而把评价结果作为促进大学生事务管理发展的一种手段。

坚持发展性原则，在大学生事务管理评价中应做好以下两方面工作。

第一，对大学生事务管理评价的目的进行明确，并在评价的过程中牢牢坚守此目的。大学生事务管理评价的出发点和归宿都在于调动管理机构和人员的积极性、主动性，促进其更好地发展。

第二，评价方法应以激励为主，惩处为辅。也就是说，在评价中要充分鼓励产出效率效益高、进步明显的管理人员；通过定性定量分析评价结果，激励被评者发扬优点、克服缺点；对评价的优胜者，要予以表彰和奖励，激发大家的竞争意识，共同发展。

大学生事务管理评价作为一种外在刺激，只有坚守发展性原则，才能真正转化成被评对象赢得好评的内在需要，并进而转化成被评对象达标行动的内在动力。

五、大学生事务管理评价的程序

一般而言，大学生事务管理评价的程序包括以下五个阶段。

（一）评价准备

大学生事务管理评价准备主要包括以下四方面内容。

1. 成立评价组织

大学生事务管理评价组织是评价的权力机构，行使聘请有关专家组成专家组、确定评价方案、选用评价方法、收集与整合评价资料、撰写评价报告等职权。

2. 设计评价方案

设计大学生事务管理评价方案是评价的前提和基础。大学生事务管理涉及学生学习、生活的多个方面，直接关系到大学生自身素质、学生事务管理人员、高校管理体制等。因此，要认真推敲、反复斟酌评价的管理对象、目的、评价指标体系、方法等，使评价方案周密、科学。

3. 制定评价指标体系

制定科学、客观、可行的大学生事务管理评价指标体系是大学生事务管理评价的核心，也是评价过程中相对复杂的工作。评价指标体系包括三大内容，即确立各项评价指标及相对应的权重、评价标准。确立指标权重的方法有专家意见平均法、层次分析法等。从目前来看，一般采用专家意见平均法对大学生事务管理评价指标权重进行确立。

4. 选择评价方法

为了保障大学生事务管理评价的科学性和客观性，大学生事务管理工作者通常采用以下两种方法对评价资料进行分析。

（1）模糊综合评价法。

模糊综合评价法由以下步骤组成：第一，确立评价指标集 U，同时对指标权重进行确立。一级指标的权重分别确立为 A_1，A_2，A_3，A_4，第一个一级指标的二级指标权重分别为 a_1，a_2，a_3，…即 $A_1 = (a_1, a_2, a_3, \cdots)$，其中 $A_1 + A_2 + A_3 + A_4 + \cdots = 1$，依此类推，对其他指标及权重进行确立。第二，确立评价集并赋值。评价者可以将评价等级 G 分为优秀（G_1），良好（G_2），合格（G_3），不合格（G_4），即 $G = (G_1, G_2, G_3, G_4)$ 四个等级，也有一些研究者习惯将其分为不合格、合格、优秀三个等级。第三，建立指标集的模糊矩阵。第四，采用加权平均型综合评判模型。第五，计算。第六，结论。如果评价结果最接近 G_4，则此评价为不合格，结果接近 G_2，则此评价为合格，依此类推。

（2）等级赋值平均法。

等级赋值评定法是先给出被评定指标（A_1，A_2，A_3，A_4，…）的各个等级，并对各等级进行合理赋值，即将定性描述词（如合格、不合格、良好、优秀）转换成相应的分值（如1，2，3，4），然后加权（b_1，b_2，b_3，b_4，…）与综合被评价的各个指标的得分值，通过计算公式 $D = b_1 \times A_1 + b_2 \times A_2 + b_3 \times A_3 + b_4 \times A_4 + \cdots$ 得出综合分数，依据 $0 < D \leq 1$ 为不合格，$1 < D \leq 2$ 为合格，$2 < D \leq 3$ 为良好，$3 < D \leq 4$ 为优秀（依上假定不合格、合格、良好、优秀赋值分别为1，2，3，4），得出综合评价的结论。

（二）评价实施

大学生事务管理评价实施主要包括以下三方面内容。

1. 评价的宣传动员

大学生事务管理评价组织人员要认真地对开展某项评价活动的具体方案进行宣传动员，特别在涉及大学生时，更要取得他们广泛的认同和积极的配合，以使被评价对象和参与人员严肃对待评价，确保评价结果的客观性。

2. 评价信息的搜集、整理

在收集、整理信息时，大学生事务管理评价组织人员必须要注意收集信息的渠道具有广泛性、延展性，搜集的对象具有典型性、代表性，搜集的信息具有客观性、准确性、完整性，整理信息的方法具有科学性、合理性。

3. 运用评价方法进行评价

在进行评价时，大学生事务管理评价组织人员对评价过程必须保持公正、客观的态度。在正式评价之前，为了有效改进和完善评价的细节，大学生事务管理评价组织人员可以进行小范围的试评。在正式评价时，大学生事务管理评价组织人员要向被评价人提供准确明了的评价信息，同时，要运用良好的评价方法，注意加强监督，确保评价结果的真实性。

（三）评价结果分析

对评价的结果进行分析，有助于被评对象快速找出大学生事务管理中存在的问题与不足，从而为发扬优点、巩固优势，克服缺点、改进不足奠定重要的基础。大学生事务管理评价结果分析通常采用评价过程与评价结果统一分析法。

评价过程与评价结果统一分析法是指在分析大学生事务管理评价的结果时，不仅要看被评对象的工作成绩，而且要看这些成绩取得的过程。例如，在对大学生事务管理工作者进行评价时，既要看管理人员是否在重大事情的处理上取得了显著效果，同时又要看其素质是否全面、对待学生的态度是否端正；既要看到被评价对象自身存在的不足，又要考虑是否有其他外在因素的干扰等。

（四）评价结果的反馈

与获得评价结论相比，评价结果反馈具有更加重要的意义。大学生事务管理评价结果的反馈要注意以下两点内容。

1. 时效性

一切大学生事务管理评价活动，都是在一定的时空和范围内进行的。其评价结果有必要及时地反馈给被评作对象，以便被评价对象对自身的工作做出改进。

2. 适宜性

大学生事务管理评价组织人员在反馈评价结果时，要选择合适的反馈方式，注意被评对象的心理反应和行为态度。必要时，评价组织人员还应向被评对象做出一定的说明、解释，使其理解和支持评价活动。评价组织人员应根据不同的评价内容、评价结论和被评对象的特点，选择合适的方式反馈给被评对象。同时，还要做好被评对象的心理调控工作，使被评对象尽可能地接受或认同评价结果。

（五）评价结果总结

大学生事务管理评价结果总结包括以下两方面内容。

第一，根据评价结果奖优惩劣，奖励评价效果优秀的机构和个人，惩罚不合格的机构和个人，此外，还要对不合格者提出合理的建设性意见，以促进其发展。

第二，建立大学生事务管理评价档案。将评价过程中的各项方案、数据、总结等立卷建档。评价组织委员会备份后，另交多份由高校档案中心管理，以备日后查阅和研究。

第六节 大学生事务管理的未来探索

随着社会的不断发展与进步，我国大学生事务管理在理念、体制、方法和内容等方面发生着重要的变革，在新的时代背景下，面临着新的机遇与挑战。本节内容主要对我国大学生事务管理在未来的发展进行探索。

一、我国大学生事务管理面临的时代机遇与挑战

目前，我国大学生事务管理主要面临着来自社会发展、高等教育改革及学生自身特点变化等方面的机遇与挑战，而只有对这些机遇与挑战有清楚的认识，才能有效促进我国大学生事务管理工作的顺利进行。下面对我国大学生事务管理面临的时代机遇与挑战进行具体分析。

（一）网络信息技术的迅猛发展

1. 网络信息技术的发展为我国大学生事务管理带来了新的机遇

现代化信息网络的高速发展将人类带入了信息社会。在信息社会，以互联网为主的信息技术在人类社会活动之外建构了一个虚拟的公共空间，使各种信息进行了广泛传播，极大地拓展了大学生事务管理的时空界限，同时也为大学生事务管理的现代化发展提供了技术保障，并促使大学生事务管理将网络信息技术的应用与促进学生学习和个人发展相结合。

网络信息技术的发展为大学生事务管理提供了更为便捷、有效的手段。通过对学生信息的整理、分析，清楚地了解学生的思想动向和关注热点，并进行相应的干预和调整，有针对性地展开大学生事务管理工作，并使大学生事务管理打破时空界限，改变周期长、效果反馈慢的弊端，向管理自动化、决策科学化、服务网络化方向发展。

2. 网络信息技术的发展使我国大学生事务管理面临着严峻挑战

随着网络信息技术的迅猛发展，我国大学生事务管理面临着严峻的挑战，具体体现在以下两个方面。

第一，网络信息技术的开放性、平等性冲击着我国大学生事务管理的传统体制。

互联网出现以前，教育者通过信息垄断确立自身的权威，其在管理意识上倾向"管人"而并非"管事"，管理职能主要体现在对学生进行封闭式的约束、控制。而在信息高速发展的今天，互联网的出现和扩大打破了管理者对信息的垄断及集权控制。与此同时，教师已无法对知识进行垄断，他们在学生面前不再是知识的权威。当今形势要求大学生事务管理由传统的对知识的单向灌输，转变为双向、多向的直接交流；要求大学生事务管理改变以往单调的指示、命令，转变为开放、平等的思想交流。此外，不受时空限制的网络信息技术打破了高校固定式的教学管理形式，因此学生事务管理模式也应与其相适应、不断进行更新。

第二，大学生的网络成瘾综合征与网络信息的良莠不齐，为我国大学生事务管理增添了富有挑战性的新内容。

网络信息技术是一把"双刃剑"，它在变成全球的力量的同时，正开始染指人类历史的根基，向人类历史注入极不稳定的因素。网络使部分大学生患上"网络成瘾综合征"。一些大学生在网络中得到情感上的认同与满足，产生一种归属感和依赖感，并对现实感到厌恶和不满，非常容易产生自我封闭或双重人格倾向，严重影响其身心的健康发展。

需要注意的是，网络文化是一种开放的超越民族和国界的文化，它在给我们带来大量有益信息的同时，也产生了一些副产品，给高校的学生事务管理工作带来了种种挑战。网络上的信息良莠不齐，有用与无用、正确与错误、先进与落后的思想观念相互混杂，大学生如果不能对这些信息进行合理的取舍，就会受到不良信息的干扰和侵蚀。而且，网络社会的虚拟化环境和不良的网络文化极易使大学生固有的道德观念和法律意识发生扭曲，甚至可能诱使学生走上犯罪的道路。

只有预防和戒除大学生网瘾，不断提升大学生文化选择能力，进而化解网络带来的负面效应，才能更好地迎接网络信息技术发展带来的挑战。

（二）高等教育改革的深入发展

1. 高等教育质量的全面提高

提高质量逐渐成为我国高等教育的主旋律，无疑给我国大学生事务管理带来了新的发展机遇与挑战。

（1）高等教育质量的提高为我国大学生事务管理开创新的局面带来了前所未有的机遇。

良好的学生事务管理有利于高等教育质量的提高，两者是相互影响、相互制约的。20世纪90年代以来，世界高等教育倡导"教会学生学习"与使学生"学会学习"，同时，"促进学生学习"逐步成为大学生事务的重要主题。大学生事务管理逐步回归到高等教育的核心，注重服务学生及促进学生发展，在高校校园中对学生的学习与发展发挥着重要的作用。

在全面提高我国高等教育质量的改革进程中，应不断加强大学生学习指导，最大限度地开发学生潜力，帮助其顺利完成学业，为其日后发展奠定基础；同时也应不断提高高等教育质量，培养更多符合社会发展需求的人才。高校应加强学生事务部门与学术事务部门之间的合作，促进学生学会做人、学会学习、学会创造。

此外，大学生事务管理将围绕全面提高高等教育质量，对原有的工作内容、方式和队伍构成进行调整，使相关工作进入制度化轨道，并注重三个导向功能的发挥。一是学业导向，对学生的学习内容、学习方法进行引导；二是素质导向，加强对学生科学素养、人文素养、专业素养、非专业素养等方面的引导；三是生涯导向，加强学生对人才认知、优势积累认知及职业生涯设计的引导。这同时也赋予了大学生事务管理新的内涵，使大学生事务管理职能不断扩展、融合。

（2）高等教育质量的提高必将引起大学生事务管理的改革，给大学生事务管理带来新的挑战。

首先，全面提高我国高等教育质量，应树立科学全面的高等教育质量管理观，它对大学生事务管理目标提出了新的要求。正如相关文件所指出的，高等教育的质量是一个多层面的概念，应包括高等教育的所有功能和活动：各种教学与学术计划、研究与学术成就、教学人员、学生、楼房、设施、设备、社会服务和学术环境等。高等教育的质量还应包括国际交往方面的工作：知识的交流、教师和学生的流动以及国际研究项目等，当然也要注意本民族的文化价值和本国的情况，应考虑多样性和避免用统一的尺度来衡量高等教育质量。简言之，高等教育质量是一个多层次、多维度、不断发展的概念，具有满足个人、群体和社会显性或潜在需求能力的特性，往往通过受教育者、教育者和社会发展所要求的目标、标准、水平等指标体系表现出来。它主要以人才培养质量为核心，此外，还包括科学研究水平、社会服务贡献等。

其次，全面提高我国高等教育质量的改革需要对大学生事务管理改革提出了许多新的要求。立足于科学、全面的高等教育质量管理观，我国大学生事务管理为实现促进学生全面发展与学生学习的目标，在新的发展背景下面临着新的任务，例如，如何提供以促进学生学习为目的的辅导项目和服务，如何实现学生的自主学习，如何构建科学合理的学生评价体系，如何营造良好的学习环境促进学生学习等。高校原有的学生事务管理内容、方式、制度已无法适应人才培养多样化、个性化的要求与建立科学全面高等教育质量管理观的需要，因此，必须对学生事务管理相关内容进行变革而趋向更加灵活和务实。

2. 高等教育国际化

高等教育国际化通常是指跨国界、跨民族、跨文化的高等教育交流与合作，即一国高等教育面向国际发展的趋势和过程，是把国际的、跨文化的观念和氛围与高校教学、科研和社会服务等诸项功能相融合的过程。具体表现为在培养目标上考虑国际需求；在培养方式上与国外高校进行合作；高校中越来越重视聘用具有国外学位或国外工作经历的教师；对国外高校管理理念和经验的借鉴。

我国高等教育逐步走向国际化，办学水平、人才培养模式等都受到国际化标准的影响。大学生事务管理也随之发生了重要的变化。

（1）高等教育国际化为我国大学生事务管理理念和管理方式的变革提供了机遇。

为适应高等教育国际化发展趋势，我国高校积极与发达国家高校之间进行交流，学生事务管理逐步实现国际化，人才培养的规格、管理理念、管理体制、管理方式等普遍受到国际化标准的影响。同时，大学校园文化日益变得多元化，这在很大程度上提高了大学生事务管理的开放性，并提高了学生个体对多元文化环境的适应能力。此外，高等教育国际化为我国高校实现中外合作办学提供了契机。

（2）高等教育国际化给大学生事务管理带来了更多的挑战。

首先，高等教育的国际化和开放性使我国大学生事务管理面临着许多新问题。例如，面临着被西方意识形态同化的挑战；面临着如何在中外合作办学中维护教育主权，保持中国特色等问题。

其次，在高等教育国际化背景下，各种意识形态、政治倾向和价值观念相互融合，形成了多元的文化形态，这些文化有精华，也有糟粕，共存于校园文化中，为我国大学生事务管理带来了巨大的挑战。我国大学生事务管理工作应注重解放思想，打破阻碍文化融合发展的壁垒，促进文化发展，并根据新的文化需要推进学生事务管理制度改革，建立跨文化的学生事务管理模式，进而使各种文化形态和谐共存于高校校园中。

最后，在高等教育国际化背景下，提高学生在不同文化背景下相互交流与合作的能力是我国大学生事务管理面临的新挑战。随着经济全球化的发展，高校人才培养目标的国际化、人才衡量标准的国际化成为必然趋势。目前，我国大学生的主体意识不断增强,但由于他们自我意识过于强烈,缺乏沟通与团结合作精神,这在很大程度上影响了学生的文化立场以及跨文化的交流。同时,高校应积极引导和培养学生的多元文化交流意识。

(三)学生自身特点的新变化

社会经济的高速发展、互联网等高科技媒体的广泛应用、社会转型期各种文化思潮的冲击以及高等教育改革的不断深入,在很大程度上影响着大学生的思想和心理,学生自身出现了一些新变化,这些变化对大学生事务管理产生的影响既有利又有弊。

1. 大学生的新变化为大学生事务管理的发展提供了机遇

我国经济快速发展、综合国力和国际地位不断提升,极大地增强了大学生的民族自豪感。他们对祖国的发展与建设充满了信心,具有较强的社会责任感、竞争意识和自强精神。随着社会竞争的不断加剧,大学生更加注重自身素质的提升和个性发展,他们积极参与社会活动,以提高自己的能力,为毕业后自主择业打下坚实的基础。当代大学生思想积极、健康,胸怀远大抱负,勇于自立自强,乐于接受新生事物,越来越注重自身价值的实现。大学生这些新的变化无疑为大学生事务管理工作的开展提供了新的机遇。

2. 大学生受各种因素的影响,出现了一些新问题

当代大学生由于受到各方面因素的影响,出现了一些值得大学生事务管理重视的新问题,具体体现为以下两点。

(1)学生价值观的变化。

随着市场经济的深入发展,当代大学生的价值观也发生了重要的转变,并出现了多种价值观并存的局面。大学生的价值追求越来越务实,越来越看重个人利益的实现。

(2)学生压力增多。

大学生承载着社会、家长很高的期望,他们往往具有较高的自我定位和成才欲望，但心理承受能力又较弱。在新的时代背景下，大学生面临着学习、经济、就业等多重压力，有的学生由于思想负担过重，出现了严重的心理问题。

总而言之，随着社会环境的不断变化，高校内部管理体制也应进行相应的改革，时代赋予了大学生事务管理新的功能，也对其提出了更高的要求。

二、我国大学生事务管理的变革与创新

面对时代带来的新的机遇和挑战，我国大学生事务管理工作如果没有质的飞跃，就无法适应社会发展的需求。因此，我国大学生事务管理应不断进行变革与创新。下面对我国大学生事务管理在未来发展过程中变革与创新的趋势进行探索。

（一）人本化发展

大学生事务管理应相信学生、尊重学生、依靠学生、发展学生，实现人本化发展。大学生事务管理人本化是指学生事务管理应以学生为本，在一切教育、管理和服务活动中围绕帮助和促进学生成长成才而展开，尊重学生个性发展的愿望和要求，为学生提供成长成才的良好环境，最大限度地挖掘每一位学生的发展潜能，实现每个学生的全面和谐发展。

大学生事务管理人本化发展体现了新时期大学生管理改革的时代要求，是教育观念和教育模式不断进步的表现，符合大学生管理自身发展演变的内在规律。它是一种以学生为中心的管理理念，在大学生事务管理中应充分发挥学生的能动性、创造性，为学生提供一个良好的学习生活环境。同时，确立学生的权利主体地位，将有利于促进高校转变学生事务管理观念。树立"以学生为中心"的新理念，具体体现在以下四点。

1. 思想观念人本化

学生是人格独立、地位平等的个体，他们有着自己的喜好和习惯，有着自己的个性特点。大学生事务管理应树立以人为本的观念，做到尊重学生、关心学

生，对学生的思想和行为予以理解，注重发展学生的个性和特长，培养学生坚强的意志以及创新能力。树立人本化的思想观念，关注学生身心全面发展，激发学生的创新意识，充分发展其个性，将有利于大学生事务管理工作的开展。

2. 方法手段人本化

说教式、灌输式的传统教育方法注重用严格的制度对学生进行限制约束，强调的是分数取胜，看重表面的言行，主要考虑外在的强制性，而忽视了学生的身心发展、内心情感。在人本化理念的要求下，大学生事务管理工作的方法手段要更多地体现人本化，尊重学生的个性，对其行为进行积极的引导。要关注学生的内心世界，平等地与他们进行交流。只有这样，才能了解到学生内心的真实想法，才能做到有的放矢，有针对性地做好学生事务管理工作。

3. 途径渠道人本化

除了充分发挥课堂的主渠道作用，还要对其他教育资源进行挖掘。重视家庭、学校、社会、网络"四位一体"之间的联系，形成全方位的管理格局。尤其应注意网络对学生的影响，网络的虚拟性、开放性、共享性、跨文化性等特征，引起了学生的重视，并对学生的世界观、人生观、价值观以及行为方式有着深刻的影响。高校应充分利用网络这个新阵地，充分发挥网络自身的优势，克服网络具有的弊端，灵活运用网络渠道，对学生进行引导。因此，在途径渠道上实现人本化，让学生在实际的情境中明确方向、发展个性，有利于实现学生的自我约束、自我教育、自我管理。

4. 管理模式人本化

大学生事务管理人本化要求对学生事务管理模式进行重新建构。传统的管理模式"以教师为中心、以管理为本位"，具有典型的"支配与从属"特征，学生作为教育管理的对象，很难取得教育活动的主动权。

新的大学生事务管理人本化模式具体包括以下三个方面。

第一，大学生事务管理在活动内容设计和目标实现方面都要以学生为中心，充分调动学生参与的积极性、主动性和创造性。

第二，发挥学生在自我发展过程中的主体性作用，引导学生进行自我教育、自主管理、自我服务。

第三，应鼓励学生广泛参与学生事务管理，让其成为学生事务管理绩效评价的主体，并成为学生事务管理成效的检验者和最终裁判者。

总之，学校必须为学生服务，给学生更多的权利，另外，还应不断完善自身的培养方式，对学生进行积极的引导，促进学生更好地发展。

（二）专业化发展

大学生事务管理专业化的目标主要有两个：一是争取学生事务管理工作的专业地位和权力，并力求集体向上流动（职业的专业化）；二是发展学生事务管理人员的专业知识和技能，提高教育和工作水平（个体的专业化）。职业专业化是个体专业化的保障和必然发展趋势，个体专业化是职业专业化实现的基础和源泉。

在新的时代背景下，实现大学生事务管理专业化有利于促进高等教育的发展，促进学生事务管理工作的职业发展，并有利于实现学生、教师双重发展目标。正如相关学者所说，社会任何一种职业，越具有很强的不可替代的专业性，其社会地位才会越高。一个人人都可以干的职业，是不会得到社会的重视和尊重的。可以说，大学生事务管理专业化的过程也是提升大学生事务管理工作者社会地位的过程。它是使我国大学生事务管理获得新发展的重要途径。促进大学生事务管理专业化发展主要可从以下五方面入手。

1. 树立正确的专业化理念

学生事务管理专业化发展具有客观必然性，因此，要正确把握学生事务管理的动态和专业化发展趋势。要想实现大学生事务管理的专业化发展，首先应转变观念，对学生事务管理工作有一个正确的认识和科学定位。

2. 实现学生事务管理的学科化

在高校设立学生事务管理学科，既可以为这一职业领域的研究者和实践者提供学术研究的平台,推动学生事务管理的理论发展,又可以通过学科培养提升从业人员的专业知识与技能,为学生事务管理水平的提高创造条件。目前,我国高校设置有高等教育学、教育管理学及教育心理学等相关专业,但学生事务管理方面的学科建设仍十分匮乏。我国大学生事务管理应作为一门具体的学科纳入高校的学科建设中,在高校开设相关课程,逐步实现学生事务管理的学科化。另外,应广泛开展大学生事务管理的科研活动,建立专门的学术研究机构,积极与国外高校进行交流合作,为大学生事务管理的专业化发展提供保障。

3. 实现管理工作岗位的职业化

管理工作岗位的职业化是实现学生事务管理专业化的重要前提,大学生事务管理的专业化主要包括职业化和专门化两方面内容。学生事务管理职业化是学生事务管理人员职业训练、职业能力和职业行为的专门化、熟练化、程式化和业务化。在功能上,既使从业者摆脱了活动的随意性、尝试性和经验性,又使活动得以高质量、高效率地顺利进行。高校应根据学生事务管理的具体情况,落实学生事务管理工作的服务宗旨,明确学生事务管理工作的权利与义务,制定相应的学生事务管理职业标准,建立规范化的学生事务管理人员考评制度,逐步提高大学生事务管理水平,推进大学生事务管理专业化发展目标的实现。

4. 实现学生事务管理队伍的专业化

要实现大学生事务管理专业化,必须要有一支专业化的学生事务管理队伍,这是大学生事务管理专业化的必要保障。具体来说,大学生事务管理队伍建设工作应该综合考虑从业者的知识结构、能力结构、角色结构等,处理好学生事务管理队伍的数量与质量、专职与兼职的关系,建立与完善可持续发展的用人机制。同时,要建立完善的制度与措施,解决从业人员的绩效评价、职称评定、岗位待遇及住房等问题,为其创造良好的内外部环境。

5. 实现工作内容、制度体系的科学化

工作内容、制度体系的科学化是实现学生事务管理专业化的根本。大学生

事务管理主要围绕学生展开,涉及学生课堂之外的方方面面,肩负着促进学生全面发展的重任。我国大学生事务管理的内容应紧密结合社会现实,积极借鉴国外先进经验,对原有的工作内容进行细化,并拓展新的职能领域,逐步建立完整的工作体系,丰富学生校园生活,促进学生成长成才。同时,应建立并完善学生事务管理专业化的各项制度,如资格认证制度、聘任制度、考核评价制度等,逐步实现大学生事务管理的制度化。

综上所述,我们可以看出,大学生事务管理模式的建立必须以专业化发展作为其根基,通过树立科学认识、推动学科建设、拓展职业领域、强化制度建设、加强队伍建设等方式,推动我国大学生事务管理的专业化进程。

(三)多元化发展

大学生事务管理多元化,是指高校立足于多元化的办学类型、层次、形式、主体,满足学生不同需求和人的个体差异所带来的学生事务管理理念、管理模式等的多元化发展。它注重大学生事务管理服务理念和意识的不断更新,并对管理模式进行调整,进而使学生事务管理实现个性化、特色化的发展。

随着高校扩招政策的持续实施以及高等教育事业的迅速发展,我国大学生事务管理内容不断增多,学生事务管理的要求也越来越高。在当前阶段下,实现大学生事务管理多元化,可从以下两方面入手。

1. 建立"尊重差异、彰显特色"的新型发展观

在我国高等教育多样化发展的新形势下,高校因办学类型、地域、办学模式等多方面的差异,在学生事务管理方面体现出多元化的特点。各大学生事务管理应根据社会需要、学校条件、学校类型等方面的不同,确立相应的目标定位,建立一种全新的包含各个类型、各个层次的大学生事务管理水平的评估指标体系,使各个大学生事务管理立足自身特点、办出自身特色。

2. 提倡多样化的管理模式

在我国高等教育多样化发展的今天,大学生事务管理应处理好社会和个人之间的关系。同时，在大学生评价上，应建立多元化的评价标准，在保证学生评价标准的全面性、综合性、一般性的前提下，尊重学生的差异性和独特性，确定不同层面的评价指标，激发学生内在发展的动力，帮助学生对自我有一个准确的定位，为其进一步发展奠定基础，进而实现个体的自我价值。

（四）信息化发展

大学生事务管理信息化是指，在高等学校学生事务管理的过程中，充分利用信息技术手段和信息资源，建立学生事务管理工作数据库，编制和引进有关应用软件，对学生事务管理规范化、标准化信息进行及时处理和共享，以加速管理过程中的信息传递和反馈，提高调控能力，改进管理组织结构，改善管理运行机制，促进管理工作更加便利、快捷、高效和科学，实现大学生事务管理目标的系统建设工程。实现大学生事务管理的信息化是提高高校办事效率的重要途径。

在信息化的时代背景下，教育信息化已成为世界各国教育改革的重点，高校可以通过建立校园网站，以及在校园网站发布优质的信息，不断提升自身的信息化程度和社会声誉。大学生事务管理信息化逐渐成为我国大学生事务管理体系的重要组成部分。

在当前的高等教育改革工作中，我国各大高校必须通过信息化建设，建立起学生管理信息平台，为实现对学生事务管理工作的整体监督和管理提供信息支持，开展具有时代特色的学生事务管理。

（五）法治化发展

大学生事务管理法治化，一方面需要严格依据法律的规定，建立健全大学生管理制度，做到有法可依，另一方面需要严格遵循程序正义原则，严格按照既定程序实施管理，确保学生的合法权益不受权力滥用的侵害。高校应在学生事务管理中依照教育法律、法规，规范学生事务管理权力的行使程序，建立并完善大学生事务管理的制度体系，形成科学合理的大学生事务管理权力执行机制和监督机制，充分体现法律的公平与正义，使大学生事务管理处于依法管理的状态。

我国大学生事务管理法治化，即将大学生事务管理纳入法治化轨道，消除过去大学生管理过程中的随意化倾向，做到依法"治理"大学生事务，并对学生权益进行尊重和保护，进而为学生发展营造良好的环境。实现大学生事务管理的法治化是符合我国依法治国、建设社会主义政治文明的客观要求，同时也是大学生事务管理与时俱进的具体体现。

近年来，我国大学生事务管理虽然在具体的法治实施中仍存在许多问题，但法治精神体现得越来越明显，相关制度也不断健全，大学生的权利得到了认同和保障。这为大学生事务管理法治化奠定了良好的基础。当然，我国在学生事务管理立法上仍然存在一些问题，有些高校内部管理规定与国家高等教育法不符。因此，大学生事务管理实现法治化还应做到以下三点。

第一，进一步建立和完善学生事务管理法规，并根据实际情况进行调整，做到与时俱进。

第二，不断完善符合法治精神的大学生事务管理程序。我国大学生事务管理工作目前急需对"程序瑕疵"进行改进。

第三，高校应根据我国具体国情，在学生管理机构下增设专门的法律咨询机构。

大学生事务管理法治化的实现过程是一个系统的结构体系，同时也是一个循序渐进的过程。由于社会经济发展不平衡，高等教育水平不平衡以及人们法治观念不平衡等问题的存在，我国大学生事务管理法治化建设过程中不可避免地会出现一些新问题。可以说，要达到大学生事务管理法治化，还需要一个长期的过程。

（六）民主化发展

民主是现代社会进步的重要标志，而民主化是现代教育发展的必然趋势。大学生事务管理民主化是指，大学生事务管理遵循民主化原则，实现管理程序、管理手段、管理方式等的民主化的过程。

长期以来，受到历史与体制等方面原因的影响，我国传统的大学生事务管理模式具有明显的行政性倾向，管理者和学生是上下级的关系，学生作为被管理者，参与的积极性常常受到压抑。如今，随着教育思想的系统变革，大学生事务管理的学生观发生了重要的变化，学生逐渐成为学生事务管理的主体之一。学生积极参与学生事务管理才能保证大学生事务管理工作的质与量。推进大学生参与管理不仅是高校民主管理的要求，同时也是大学生事务管理实现善治的现实基础。

大学生事务管理民主化主要体现在如下方面。

首先，应明确学生是大学生事务管理的出发点和归宿，确立学生的权利与学生参与的具体原则。正如相关文件所指出，在当今这个日新月异的世界，高等教育显然需要有以学生为中心的新的视角和新的模式，要求国家和高等院校的决策者应将学生视为高等教育改革的主要的和负责的参与者。这应包括学生参与有关高等教育问题的讨论，参与评估，参与课程和教学方法的改革，并在现行体制范围内，参与制定政策和院校的管理工作。

其次，应增强高校管理层与学生双方之间的交流与沟通，促进双方相互了解与尊重，建立平等的关系，通过协商解决冲突与矛盾。

最后，进一步完善大学生申诉制度。我国高校设有学生申诉处理委员会，主要处理学生申诉事件等，但还需建立完整的学生申诉体系，建立与申诉制度有关的其他制度，进一步实现大学生申诉制度的程序公正等。

大学生事务管理民主化已经成为世界高等教育管理发展的一大趋势，并很可能会成为全球大学的一个共同特征。

第七章　大学新生招生入学与毕业生就业创业管理

第一节　大学招生与新生入学管理

　　大学招生，是高等教育制度的重要组成部分，是中等教育和高等教育相互衔接的重要环节，是高等学校选拔合格的优秀新生的过程。它直接关系到高等教育的发展和高等教育的质量，关系到经济建设、社会发展和科学技术进步，也直接影响中等教育发展方向。而当新生入校后，若不能对其进行科学合理的管理，高校正常的教育教学秩序将会受到严重影响，因此，对于各高校而言，抓好招生与新生入学管理都是非常必要的。

一、大学招生管理

　　大学招生是一项系统工程，不仅包括纵向上的招生宣传、招生录取等，而且包括横向上的与各个地区、学校及其他相关部门的合作，因而是一个非常大的系统。在具体的操作过程中，大学招生又存在着高考与录取、监督与服务等多个环节，其中，教育部、各级招生部门、高校和考生均在其中扮演着十分重要的角色，大学招生工作的繁杂性由此可见一斑。因此，在招生环节中，必须做好招生管理工作，这不仅是完善大学生新生入学体系的基本要求，也是高校管理的要求。那么，究竟如何才能加强大学生招生管理呢，应从以下四方面入手分析。

1. 严格落实"十公开"与"六不准"政策

严格遵守教育部所提倡和引导的招生章程，遵循招生政策公开、高校招生资格公开、高校招生章程公开、高校招生计划公开、考生资格公开、录取程序公开、录取结果公开、咨询及申诉渠道公开、重大违规事件及处理结果公开、录取新生复查结果公开的"十公开"策略和招生人员不准违反招生规定、不准徇私作假、不准影响干扰正常录取秩序、不准协助他人或其他组织进行非法招生、不准向考生家长索取或收取与招生录取挂钩的费用、不准索取或接受家长的现金等"六不准"规定。通过对这两方面的措施，可以在一定程度上促进大学生招生制度的透明化，有利于推动大学生招生制度的完善。

2. 严格按照招生计划行事

在进行大学招生前，高校应按照国家政策、学校的实际情况制订合理的招生计划，并在招生过程中严格执行计划。严禁任何不按照招生计划行事的行为，如乱招生、超计划招生等。其中自主招生是大学生招生管理的重点，必须在这类招生的考生录取、自主选拔等过程中，坚决按照招生计划行事，若出现特殊类考生，必须将其招生工作的各个环节纳入招生简章，面向社会公平、公正、公开地进行考生录取。

3. 加强对大学招生工作的领导

对各级高校而言，要做好大学招生工作，首先必须做好招生的领导工作，将招生工作提到高校日常工作的重要议事日程。具体来说，加强对大学招生工作的领导必须做好以下两方面的工作。

第一，进一步强化和细化对大学招生的目标管理。市教育考试中心应在对高校进行综合评价时，将其招生工作的目标管理情况考虑在内，以推动高校不断细化和强化自身对招生目标工作的管理。

第二，进一步加强对招生专员的管理。从目前暴露出的大学招生腐败问题来看，许多都与招生专员肆意滥用职权或者违法使用职权密切相关，针对于此，我们必须加强对这些招生专员的管理，从聘用到监督都要做好防腐管理工作。此外，还必须落实招生管理责任追究制度，通过开通信访渠道、公布举报方式等方式将招生专员放置在群众的监督之下，一旦发生了招生腐败问题，便按照教育部所规定的《关于实行高等学校招生工作责任制及责任追究暂行办法》予以严格处理。

4. 改革完善大学招生制度，促进招生公平

从大学招生工作所存在的诸多问题来看，现行的大学招生的不公平与地域经济、政策扶持度等因素密切相关，因此要想进一步完善大学招生管理，就需要改革并完善大学招生制度。具体而言，可从以下两方面入手。

第一，推动欠发达地区的经济发展，努力缩小我国地域经济差异。

第二，在政策上向欠发达地区予以倾斜，调整高等教育资源的分布，支持这些地区的高等教育发展。

二、大学新生入学管理

大学是人生的一个新起点，对踏入大学的新生而言，大学生活与中学生活有了很大的变化，需要大学新生予以良好适应。因此，帮助大学生适应大学生活并做好新生辅导工作是新时期大学新生入学管理的重要任务。

（一）大学新生入学管理的内容

一般情况下，大学新生入学管理在工作内容上最主要的是进行新生的学习管理和入学辅导。

1. 学籍管理

学籍是学生合法身份的约定，是对学生权利保护和行为约束的前提。有了学籍，学生才能获得在学校中学习、生活及学业期满按条件申请该校毕业生证书、学位证书的资格。因此，学籍管理关系到学生学习资格和学习状态及效果的认定。对新生而言，在学籍管理上主要需要做好大学新生学籍注册、学生档案信息管理等工作。

2. 新生入学辅导

在高校中，大学新生的入学辅导是指高校组织与大学生事务管理工作者协助大学新生成功地熟悉大学校园、了解大学文化、融入大学氛围、体会高校学生生活的指导性教育活动。

高校新生辅导主要包括以下十方面内容。

第一，帮助新生熟悉校园的方方面面。尤其是熟悉学校的设备、服务以及各项活动等。

第二，帮助新生了解学校的各项规章制度。

第三，帮助新生了解新入学可能会发生的各类事件，并学会一般的应对策略。

第四，帮助学生了解学习、课程等方面的规定。

第五，帮助新生规划自己的生涯。

第六，帮助新生根据自己的实际情况制订适合自己、科学合理的选课计划。

第七，帮助新生学习读书、研究、写作的技巧。

第八，帮助新生扩展人际关系。

第九，帮助新生增加与他人分享个人经验的机会。

第十，帮助新生明确自己接受大学教育的目的，建立自我教育的目标。

（二）大学新生入学管理中存在的问题

1. 大学新生学籍管理中存在的问题

大学新生的学籍档案是高校档案系统的重要组成部分，是一份全面反映新生各方面状况的基础性材料，做好大学新生学籍管理至关重要。然而从现实情况来看，各高校在新生的学籍管理上仍然存在诸多问题，这些问题主要表现在以下三方面。

（1）管理手段落后。

随着高等教育的普及，高校每年招收的新生人数越来越多，而新生的学籍登记、管理又是一项十分繁杂的工作，给工作人员的工作量带来极大挑战。因此，近年来，随着信息技术与教育的日益融合，一些高校在对大学新生进行学籍管理时纳入了科技手段，但一部分高校仍因经济、思想等原因，在进行大学新生学籍管理时采用的是较为落后的手段，因而大幅降低了工作人员的工作效率。

（2）重视程度不够。

我们知道，大学新生的学籍信息在其日后的学习、就业等过程中占据着十分重要的地位，但一些管理人员在对新生进行学籍管理时，却没有充分认识到大学新生学籍管理的重要性，导致其在工作过程中常常漫不经心，或者不能及时搜集信息予以归档和整理，或者因为工作程序杂乱无章而登记了这个，忘记了那个，导致大学新生的学籍信息不完整或出现错误。此外，学生的学籍档案的作用实现又具有一定的滞后性和隐蔽性，这也在很大程度上阻碍了工作人员对大学新生学籍管理重要性的认识。

（3）管理人员的流动性大。

一般情况下，高校将学生的学籍管理都定位在"后勤"上，认为其在高校的正常教育教学活动中处于从属的地位，因此在重视程度上明显较为欠缺。而学生的学籍管理又涉及诸多工作，需要工作人员进行多种类型的、多个层次的整理，因而工作量较大，工作任务十分繁重。再加上他们的工作又没有受到足够的重视，因此从业者的流动性较大，工作交接十分频繁，这也为学生学籍管理的工作埋下了隐患。

2. 新生入学辅导中存在的问题

从当前各高校进行大学新生入学辅导的实际情况来看，各高校均认为应对新生进行入学辅导，并且也都将入学辅导切实纳入大学新生入学教育的体系之中。然而在实际的运行过程中，仍然存在诸多问题，这些问题主要表现在以下三方面。

（1）教育形式单调。

在大学新生入学后，高校一般会通过集中辅导的形式来对他们予以辅导，在近一个月的时间里，高校会对新生进行军训，通过对他们进行军事生活的锻炼，磨炼大学生的意志，提高他们的思想觉悟。此外，其他理论性课程大多采取大课堂的形式予以讲授，每次大课堂有500～600个学生一起听课，上课时间持续2～3小时。由于授课时间长，授课方式单调枯燥，因此学生大都对教师的讲授缺乏兴趣，常常出现教师在上面讲，学生在下面玩的现象。而高校为了防止学生逃课，常常要求各系派辅导员到场监督，使很多大学新生都将入学辅导课当成了一份煎熬，对教师所讲授的内容毫无兴趣，这样一来，入学辅导的成效自然不佳。

（2）部分教学内容陈旧。

入学辅导的作用就是帮助大学生尽快适应大学生活，而近年来，随着高校与社会联系的日渐紧密，大学生活也在不断变化，因此入学辅导的内容必须能紧跟时代潮流，这样才能使大学生更好地适应大学生活。然而在实践过程中，入学辅导的部分内容依然十分陈旧，有的甚至延续着几年前的内容，这显然是不合理的。

（3）部分教育形式化严重。

入学辅导目前已经成为各高校新生入学必须要做的一件事，这在很大程度上显示了各高校对入学辅导的认可，但部分高校在实施的过程中却出现了明显的形式化问题。例如，在对学校的一些重要场地及设施予以介绍时，常常一笔带过。其中，这一问题最明显地表现在对图书馆的介绍上，大多数高校在对新生介绍图书馆时，一般会先介绍一下图书馆的大体情况，但对如何使用图书馆等具体操作性的知识却一笔带过，而这必然会影响大学生日后的学习效果。

（三）大学完善新生入学管理的措施

1. 完善新生学籍管理的措施

高校新生学籍管理若出现问题，不仅不利于大学生的日常学习与生活，而且不利于高校的发展，因此必须不断完善新生学籍管理。针对以上提出的问题，完善新生学籍管理可从以下两方面入手。

（1）不断提高管理人员的业务素质和业务能力。

作为直接参与新生学籍管理的工作人员，他们承担的不仅是一份服务性的工作，更是一项要求从业者必须具备很强业务素质与业务能力的工作。因此，要想完善新生学籍管理，必须不断提高管理人员的业务素质和业务能力，从而使他们能够充分认识到新生学籍管理的重要性，并学会运用现代化信息手段来管理新生的学籍，这样才有助于新生学籍管理的不断完善。

（2）不断提高高校对新生学籍管理工作的重视度。

新生学籍管理之所以出现诸多问题，与高校没有完全认识到这项工作的重要性密切相关，因此必须加强宣传，不断提高学校各界对新生学籍管理工作的认识程度，加强学籍管理部分同学校其他部门之间的交流，这样才能从思想上不断强化新生学籍管理工作的重要性，从而在具体工作中能切实将新生学籍管理工作重视起来情况。

2. 完善新生入学辅导的措施

好的入学辅导可以为大学新生设计先入为主的大学奋斗蓝图，为其以后的学习、生活打下良好的基础。因此，完善新生入学辅导是十分必要的，在操作过程中可以从以下两方面入手，完善新生的入学辅导。

（1）丰富新生入学辅导的内容。

若新生入学辅导的内容过于单一，不仅难以满足大学新生的实际需求，而且不利于入学辅导成效的显现，因此，丰富新生入学辅导的内容是十分必要的。具体而言，进行高校新生辅导，主要从生活与行为、心理适应、学习与生涯、活动与交往、成长与发展这五个方面入手。

就生活与行为而言，可从以下三方面入手：

第一，高校教师应通过查阅学生档案、与学生交流等方法，及时了解入校新生的情况。

第二，组织新生参观、学习，帮助新生尽快了解和熟悉校园地理环境、教师、实验室、图书馆、食堂、开水间、体育馆、医院等校园硬环境；学习校史等校园软环境。

第三，全面开展教育活动，促进新生了解学校的各种规章制度，强化新生的自律意识。

就心理适应而言，可从以下两方面入手。

第一，高校教师应普查全体新生的心理状况，建立新生心理健康档案，对于有心理问题的新生给予更多的关注与关心。

第二，教师要向新生传授心理调适的相关技巧和方法，加强大学新生的自我调整与自我保护。

就学习与生涯而言，可从以下三方面入手：

第一，高校教师要加强新生的专业思想教育，主要包括专业及学科背景、专业教学条件、专业培养模式、专业学习经验介绍等方面的教育。

第二，开展大学生涯规划教育，引导新生按照自己的兴趣、特长以及学校的人才培养方案来规划自己的学习生涯。

第三，通过开设学习指导课、开展咨询、交流等方式，帮助新生尽快适应大学的教学管理与学习要求。

就活动与交往而言，可从以下三方面入手：

第一，引导新生民主竞聘班委会、学生干部、舍长、团支书等职位，组建自我管理组织，培养新生的团结协作、服务、责任意识。

第二，充分发挥大学生社团的作用，但要正确引导、帮助新生认识社团活动与学习、个人发展的关系，不要过于专注社团活动而影响学习。

第三，帮助新生建立良好的人际交往网络，避免其产生人际交往障碍。

就成长与发展而言，可从以下两方面入手：

第一，对高校新生进行理想和信念教育，使其树立正确的世界观、人生观和价值观，了解自己的责任与学习目的，坚定远大的理想和信念。

第二，高校应通过丰富的校园文化生活、人文讲座、研讨等活动来加强对高校新生的人文素质教育，引导新生重视人文知识的学习，养成个体文化内涵，实现个性发展与文化素质修养的有机统一。

（2）创新教育形式。

针对目前一些高校在大学新生入学辅导上存在的形式化问题，我们认为，必须不断创新教育形式，让入学辅导不仅不拘泥于形式，而且能通过辅导方式的多样性、趣味性、科学性、有效性等，让新生能够借此找准自己的位置，明确大学教育的起点和自己的发展目标，这样才能切实发挥大学新生入学辅导的积极作用。而要做到这一点，就需要不断丰富新生入学辅导的形式，如可通过引导学生观看校史展览，倾听学校远景规划，加深对学校的了解；可通过召开新老学生座谈会，给新生一些指导和帮助；可通过心理讲座，指导新生尽快适应大学生活；可通过召开班级团体活动，让新生尽快融入新集体，找到归属感等。这些入学辅导的形式越多样、越活泼，其教育效果就越明显。

第二节 大学毕业生就业创业管理与服务

近年来，社会经济的高速发展要求高校向社会输入更多的高素质、多样化人才，这使高等教育日益大众化，高校的招生规模不断扩大，毕业生人数逐年递增。到2023年，我国高校毕业生人数达1158万人，再创历史新高。这一现状固然为社会经济发展的需求提供了保证，但也导致大学生就业越发艰难。因此，高校应积极做好大学毕业生的就业创业管理与服务，以加强对大学生就业创业的辅导，帮助他们掌握就业创业的相关能力与技巧，顺利步入社会。

一、大学毕业生就业创业管理与服务的内容

一般情况下，高校对大学毕业生的就业创业进行管理与服务都是通过就业与创业指导来实现的，因此我们也可以将大学毕业生的就业创业管理与服务的内容归结为就业创业指导。

（一）大学毕业生的就业指导

从总体上来看，对大学毕业生进行就业指导就是通过各种方法帮助大学生做好自身的职业生涯规划和就业准备，帮助其顺利就业。具体来说，可将其归纳为以下三方面。

1. 进行职业生涯辅导

大学时期正处于人的职业探索期阶段，因此大学生事务管理工作者一定要承担起对大学生进行职业生涯辅导的任务，从以下五方面对其进行辅导。

（1）帮助学生确立职业生涯志向。

志向是人事业成功的基本前提，立志是大学生人生的起跑点。大学生事务管理工作者要帮助学生判断其理想的职业类型，帮助大学生明确自己想要什么，从而确定自己的职业生涯志向。

（2）指导大学生科学自我评估。

大学生事务管理工作者指导学生进行合理的自我评估，主要包括对自己个性、兴趣、能力、情商、价值观、思维方式以及学识水平等的评估。

（3）引导大学生分析职业环境。

大学生事务管理工作者要引导学生分析当前社会发展的状况、人力资源的需求、晋升发展的机会以及行业发展趋势对职业发展的影响等问题，让大学生了解职业环境之后，结合自身优势和职业性格类型明确自己的发展定位。

（4）引导大学生设定正确的目标。

大学生事务管理工作者要引导大学生设定正确的职业生涯目标，要保证目标符合主客观条件，不保守迁就，也不好高骛远，并注意短期、中期、长期目标的结合。

（5）帮助大学生制订计划。

大学生事务管理工作者要帮助大学生制订职业生涯实施计划，并指导他们根据实际情况完善和调整职业生涯实施计划。

2. 进行就业教育与辅导

理论上来说，对大学生进行就业教育应贯穿整个大学教育的始终，然而对一些学校来说，对学生进行就业教育只放在学生即将毕业的大三或大四时期。这一时期，他们的就业教育主要是通过进行一系列的培训，引导大学生转变角色，适应社会，实现就业理想。这些就业教育多以课程教育为主，采用社会实践和体验式教学的形式向课堂外延伸，注重学生职业技能、团队合作能力、沟通能力等的训练。

而就业辅导则主要渗透在大学日常思想教育、"第三课堂"活动、社团活动和校园文化活动中，主要是在这些活动中有意识地向大学毕业生渗透一些就业意识、传递一些社会的发展状况和人才需求情况等。

3. 提供就业服务

为了进一步推进大学生就业，不少高校都会向大学毕业生提供就业服务，这些服务内容主要包括搭建就业平台、建立就业网站、开展咨询测试、提供信息服务、做好跟踪评估等。

（二）大学毕业生的创业指导

对大学毕业生进行创业指导主要从两方面入手，一是对大学生进行创业教育，二是为大学生创业提供相关服务。

1. 对大学生进行创业教育

创业教育是一个非常复杂的系统，它的内容十分丰富，涵盖了大学生在创业全过程即从发现机会到决策、规划、实施、评估和反馈等一系列生产经营活动所必须具备的知识、技术、能力和心理品质等素养。具体来说，通过创业教育，要帮助大学生形成以下的创业素质和能力。

（1）掌握创业知识。

创业活动的开展需要创业者具有商业经营，尤其是经济管理等方面的相关知识，因此，创业教育需要传授给大学生的知识主要包括创业专业知识、创业基础知识、经营管理知识、政策法规知识、金融财会知识、公关交际学知识等。通过对这些知识的传授,帮助大学生根据自身的个性特征和本专业的特点,科学选择自己的职业意向,并针对这些意向对自己进行具体的、有层次的指导和训练。此外,将创业知识传递给受教育也应注意将终身学习的观念和思想传递给大学生,以引导他们紧跟时代潮流,学习各种新出现的创业知识,从而拓宽知识面,开阔视野,不断提升自己的创业素养。

(2)培育创业能力。

从实践情况来看,创业者创业成功与否与其创新能力密切相关,一般创业能力越高的创业者越容易创业成功。因此,进行创业教育就必须进行创业能力的教育,以帮助大学生培育自己的创业能力,这些能力主要包括两类,一类是基本知识技能和人际交往沟通的能力,另一类是创新能力和自我发展能力。

(3)形成创业精神。

创业精神对创业实践具有重要的意义,它是促成创业者新事业发展和形成的原动力,是创业者能否进行创业的精神支柱,也是创业者敢不敢创业的关键,没有创业精神就没有创业行动。因此,创业教育的一个重要内容就是弘扬创业精神。

就创业教育而言,需要形成的创业精神主要包括:第一,创新精神,即综合运用已有的知识、信息、技能和方法,提出有别于常规或常人见解的意识和精神。第二,承担风险和挑战不确定性的冒险精神,即敢于冒着失败的风险而去从事自己所认定的事业的精神。第三,敬业精神,即热爱自己的本职职业的精神。第四,合作精神,即乐于与人合作的精神。

(4)培养创业意识。

创业意识是一种自我意识,它支配、引导着创业者对创业活动的态度和行为。强烈的创业意识可以使创业者内心形成创业动机,并转化为一种强大的内在动力,促使其为成功创业而无所畏惧,努力奋斗。作为创业者从事创业活动的强大内驱动力,创业意识的存在与否直接关系到创业者是否会开始创业,因此开展创业教育,必须唤醒大学生的创业意识,激发他们的自我发展内在动力,这也是他们日后开展创业活动、识别创业机遇、抓住创业机遇的前提。从内容上来看，大学生需要培养的创业意识主要包括风险意识、诚信意识、市场意识、团队意识。

（5）健全创业心理。

创业不仅是一个创新的实践过程，又是一个考验心理的过程。如果创业者没有一个强大的内心是很难走向创业的成功之路的。因此，健全大学生的创业心理也是创业教育的一个重要内容。

通过创业教育，可以帮助大学生学会如何做人和处事，学会沟通和协调，并在以下三个方面健全自己的创业心理：一是培育大学生的自信心。对一个创业者来说，自信是其成就事业的重要心理基础，没有自信心，将很难进入创业之路，因此自信对于创业者是十分重要的。创业者在创业之前，首先就应当抱有"人定胜天""天生我材必有用"这样的信条，要坚信自己的选择是正确的，坚信自己所追求的事业定能获得成功。这种毫无疑问的自信心不仅会给自己无限的力量，也会感染和说服他人，取得他人的信任和支持。二是帮助大学生养成积极的处世态度和正确的行为方式，要学会做人、做事。三是培育百折不挠、坚持不懈的恒心和毅力。与普通的上班不同，自主创业不仅意味着创业者必须舍弃那种在固定时间休息、固定时间上班的状态，而且意味着创业者时刻要惦记自己正在进行的事业，必须身兼数职，还意味着创业者没有太多的时间陪伴家人，因此必须要有百折不挠、坚持不懈的恒心和毅力。此外，创业的过程一般都不是一帆风顺的，会遇到各种问题，这些问题都会对创业者产生巨大的心理压力。面对这些，如果创业者没有足够的激情，缺乏百折不挠、坚持不懈的恒心和毅力，是很难坚持下去的，因此更需要有坚持不懈的恒心和毅力。

2. 为大学生创业提供相关服务

大学生大都没有创业经验，一部分学生对国家对大学生创业的政策扶持并不清楚，因此高校在进行大学生创业指导时，应注意为大学生提供必要的创业服务，这些服务包括提供政策咨询、进行跟踪辅导、进行开业指导和创业培训等。

二、大学生在就业和创业中存在的问题

（一）大学生在就业中存在的问题

1. 大学毕业生就业能力较弱

目前，我国大学毕业生的就业能力相对薄弱。有的大学生可能专业能力较强，但缺乏自信，在求职过程中不能表现出自己的水平；有的大学生过于自信、骄傲，不懂必要的社交礼仪；有的大学生缺乏合理的职业生涯规划，导致在求职过程中屡失良机。这些都是大学生就业能力较弱的表现。

对大学毕业生来说，社会实践是提高就业能力必不可少的部分，而许多大学生忽视了这一方面。用人单位更倾向于选择有工作经验的人员，其中就包括有社会实践经验的大学毕业生，这就使那些缺乏社会实践经验的大学毕业生就业更加艰难。

2. 大学毕业生综合素质不高

现在，用人单位对大学毕业生的综合素质要求越来越高，不仅要有过硬的专业能力，还必须要有良好的职业道德、思想道德修养等，而许多大学生在校期间过于偏重书本知识的学习，而忽视了对自身社交能力、社会适应能力、自我调节能力、团队合作精神和吃苦耐劳精神的培养。许多大学毕业生一走出校园后，往往难以适应社会，也不能很好地融入工作环境中。

（二）大学生在创业中存在的问题

1. 参与者少，旁观者多

近年来，虽然国家出台了一系列措施支持、鼓励大学生创业，大学生自主创业也成为社会各界关注的焦点之一。然而从近年来的实际情况来看，真正加入大学生创业大潮中的学生数量却是逐渐减少。目前，大部分大学生仍处于观望状态。

2. 创业行业或项目技术含量大多较低

在学校期间，大学生参加自主创业大赛时都会选择具有一定科技含量的项目，然而待其步入社会，真正开始进行自主创业后，却往往会选择一些技术含量较低的行业或项目。因为当大学生要凭个人力量创办企业时，或者因为启动资金较少，或者因为担心风险过大，而会选择一些技术含量较低的行业或项目，如餐厅、零售等。

3. 创业成功率较低

创业过程十分复杂，整个过程中又有许多不可控的因素，因而需要创业者与周围环境进行高度的互动和博弈。而大学生虽然理论水平较高，但真正在商场与他人进行博弈的经验较少，又因为缺乏某些创业素质和创业能力不过关，因此自主创业的成功率较低。

三、完善大学毕业生就业创业管理与服务的措施

（一）完善大学毕业生就业管理与服务的措施

高校事务管理者要完善大学毕业生就业管理与服务，可以从以下五方面入手。

1. 转变就业指导观念

高校管理者要转变自身的就业指导观念，不要再只图将毕业生安置就业即可，而应该从各方面努力培养大学生开拓进取的精神，强化竞争意识，克服自卑、优柔寡断、焦虑、怯懦等不良心理，提高大学毕业生的就业竞争力，让他们在竞争中脱颖而出。

2. 加强就业诚信辅导

高校管理者要加强对大学毕业生的就业诚信辅导，不仅要教他们如何求职择业，更要教他们做事做人，不要盲目签约、随便毁约，要严守就业的道德基础，以免被拉入各求职单位的黑名单。

3. 拓展互动能力

高校管理者要加强大学生的实习与项目训练活动,培养大学生的团队精神、领导能力、沟通合作能力、决策执行能力、平衡能力以及亲和力等。

4. 帮助学生树立正确的就业观

大学生在大学期间会受到市场经济、不良社会风气以及西方文化的影响,从而对职业的看法与认知可能会产生偏差,这就需要高校管理者通过就业指导来引导大学生全面正确地了解社会需求和自身的实际情况,帮助大学生尽早建立起正确的就业观。对此,高校可以根据自身的专业设置、办学特色、培养目标、办学能力等来帮助大学毕业生确定他们的就业范围和区域,帮助他们进行市场定位,确定就业目标市场。

5. 建立系统科学的全程就业指导体系

从我国目前的大学生就业指导体系来看,高校并未将就业指导融入大学生的整个大学生涯中,而仅仅在大学生即将毕业之时才开始对其匆匆进行就业指导。而此时,大学生们大都忙着找工作等,并不能好好静下心来接受就业指导老师的指导,从而使不少高校的就业指导课程并未取得良好的成效。针对这一现象,必须建立系统的、科学的全程就业指导体系,将就业指导课程按照大学生年级的不同、需要的不同、专业的不同融入大学生的整个大学生涯中。例如,在大一时,从适应大学生活的需要入手,帮助大学生认识自己的专业,了解本专业将来会从事哪些行业,培养他们的职业意识和职业生涯规划意识;大二、大三时,根据大学生的身心特点和能力需要,引导他们不断完善实施并完善自己的职业规划,从而能够一步一步地培养自己的职业素质,锻炼自己的职业能力。大四时,则应引导大学生学会收集、整理、分辨、运用就业信息,并掌握一些求职择业的技能技巧,以帮助其更好地就业。

(二)完善大学毕业生创业管理与服务的措施

大学生事务管理工作者要想完善大学毕业生创业管理与服务,可以从以下两方面入手。

1. 不断优化大学毕业生创业管理与服务的外部环境

创业管理与服务的顺利进行离不开良好的外部环境的支持与配合。而从我国当前的社会现实来看,创业教育的外部环境支撑力度则明显欠缺。为了解决这一问题,必须不断优化外部环境,为高校创业教育的开展提供支持。而优化外部环境可从以下两方面入手。

第一,加强政府和社会对高校创业教育在资金、设施、知识产权保护等方面的支持。

第二,不断加强创业教育与企业、政府、教育部门、工商行政管理部门的联系,争取这些部门的支持。

2. 加强对大学生创业实践的训练

实践是检验真理的唯一标准。大学生大多具有较高的文化素质,但在创业实践上却明显较为欠缺,因此,要想不断完善大学毕业生创业管理与服务,就必须加强对大学生创业实践的训练。具体来说,加强大学生创业教育的实践训练可从以下九方面入手。

第一,成立专门的大学生自主创业管理机构,对大学生的创业实践与训练工作进行指导与协调,帮助大学生通过这些实践训练体会自主创业的感觉、形成自主创业体验。

第二,采取"引进来、走出去"的方式,将企业的高级技术人才和管理人才请到高校对大学生进行技术指导和管理培训。

第三,鼓励、支持高校教师利用实训期、寒暑假等机会到企业进行学习、交流和理论知识讲授。

第四,充分发挥高校的办学优势,将企业发展与高校创业教育相联系,走校企合作甚至联合办学的道路。

第五,加强与企业的联系,在一些企业建立本校相关专业的实习实训基地和创业基地。

第六，在条件成熟的情况下，高校可以自办企业，为本校大学生提供实习实训和创业机会。

第七，组织创业大赛，将比赛中脱颖而出的大学生推荐到相关企业进行实习。

第八，鼓励大学生利用课余时间、周末、寒暑假创立一些小型的实体。

第九，在校园内成立创业园，为大学生创业提供一个广阔的平台。

第八章 大学生学习与生活管理

第一节 大学生学习指导与管理

大学生活主要仍是围绕学习而展开的,学习是一种复杂的心理过程,其需要各种智力因素和非智力因素的积极参与。高校的各方面都会对大学生的学习过程和学习效果产生影响。这就要求高校要做好大学生学习指导与管理,努力提高大学生的学习质量和学习效率。本节主要对大学生学习指导与管理的相关内容进行分析与探讨。

一、大学生学习指导概述

大学生学习是一个全面、系统的过程,会受到社会环境、家庭环境、学校教育以及智力因素、非智力因素等许多方面的影响,任何一方面的不足都可能会导致大学生产生学习心理问题。因此,高校在对大学生学习进行指导与管理时,一定要把握好大学生学习的基本特点,了解大学生学习中的常见问题,采取科学的指导、管理方法,对症下药,有的放矢。

（一）大学生学习的特点

一般来说，大学生学习主要有如下五大特点。

1. 专业化程度高，职业定向性强

大学生进入高校后在相应的院系学习某个专业，这就与中学生不分专业的学习有明显的不同。大学生在高校里，不仅要学习政治理论、外语、计算机技能以及其他公共基础课程，还要学习相应专业的学科基础课程和专业课程。另外，大学生还要在自己专业范围内选修一定学分的任意选修课程，这样他们才能在深入了解和掌握本专业知识的同时，广泛涉猎各学科的知识领域，增长自己的见识，实现"一专多能"，以更好地适应社会对人才的需求。

2. 学习的独立性、自主性不断提高

大学生的学习具有很强的独立性。相较于中学阶段，大学生的课程安排相对较松，课余时间也比较多，而且大学学习不像中学那样完全依赖教师的计划和安排，学生不只是单纯地接受课堂上老师所教的内容，还需要根据自己的学习目标和专业要求，自主学习一些自己感兴趣的和对自己有价值的知识。因此，自学在大学生学习中占有重要地位。另外，像课题研究、专业调查研究、毕业论文写作等环节虽然也需要教师的指导以及同学之间的讨论，但主要工作是靠自己的力量独立完成的。这就需要大学生具有高度的学习自觉性，否则大量的时间就会白白浪费。

3. 学习内容具有高层次性和争议性

大学生的学习内容起点较高，很多内容已经处于学科领域的前沿，还有些在学术界并没有定论的内容也介绍给大学生，以启发他们的思维。这与中小学时代向学生传输的、已成定论的知识不同，要求大学生的学习方式和思维方式逐渐从中小学时代的死记硬背，向集众家之长、确立个人见解的方向转变。

4. 学习的研究探索与创新性

大学生学习不仅在于掌握知识，更在于探索知识的形成过程与科学的研究方法，了解学科发展前沿、存在的问题及解决的思路。目前，高校普遍在课程设置、课程安排、课程衔接上突出大学生的主体地位，注重对大学生实践能力的培养，旨在提高大学生的创新能力。

5. 学习途径的多样性

大学生的学习途径是多种多样的，虽然课堂教学仍是主要的学习途径，但并不是唯一的途径。大学生还可以通过参加学校举办的各种学术报告会、教师的各种科研课题、学生科技社团和科技小组等进行课外学习。同时，参观工厂企业、深入街道社区、进行社会调查和开展咨询服务也是大学生进行校外学习的良好途径。大学生可以从中学到很多在学校里学不到的知识。

（二）大学生学习中的常见问题

一般来说，大学生在学习中常常会面临如下五个问题。

1. 学习动力不足

学习动力不足是指学生学习没有内在的驱动力，没有明确的学习方向。大学生学习动力不足主要表现在以下五方面。

（1）逃避学习。不愿上课，上课无精打采，不能积极思维；课后常把主要精力放在打扑克、下棋等与学习无关的活动上；无成就感、无抱负，无求知上进的愿望。

（2）注意力分散。学习动力不足会使学生注意涣散、兴趣转移，易受各种内外因素的干扰，因而上课不专心，不能集中精神思考问题，课后不肯下功夫复习巩固所学的知识。作业不认真、满足于一知半解，对学习基本采取的是"应付"的态度。

（3）缺乏适宜的学习方法。学习动力不足的大学生本身对学习就持有消极的态度，所以也不会去探索科学合理的学习方法，这样一来，他们就会陷入一个恶性循环中，即：学习动力不足→学习方法不科学→适应不了大学学习→学习效果差→更加没有学习动力。

（4）缺乏自尊心、自信心。学习不好不觉得丢面子，考试成绩不及格也不在乎。这些学生缺少必要的压力、必要的唤起水平和认知反应，因而懒于学习。

（5）厌倦、冷漠的情绪。学习动力不足常会使学生产生冷漠厌倦情绪，想到学习就头痛，硬着头皮上课，无心写作业；有的学生为了一纸文凭不得不天天应付，有的学生甚至干脆辍学回家。

2. 产生学习焦虑

学习是一个艰苦探索的过程，因此经常会伴随着错误和失败。不论是学习优秀还是困难的学生，都会感受到学习带来的各种压力从而产生不同程度的焦虑。一般来说，适度焦虑对于学习是有益的，可以使学生精神高度集中、思维活跃敏捷、行动积极努力、学习效率提高。但过度的焦虑会影响学习效率，影响正常水平的发挥。

大学生学习焦虑在生理上表现为肌肉紧张、心率加快、呼吸急促、头晕、多汗、恶心、睡眠不良、食欲缺乏、胃肠不适等；在心理上多表现为忧虑、紧张、恐惧、坐立不安、慌乱，面对繁杂的学习内容心乱如麻、茫然无绪，思维紊乱、不知所措，记忆力减退，思维迟钝，学习效率下降，情绪抑郁、易怒、烦躁，缺乏自信心等。

3. 出现记忆障碍

记忆是大脑对经历的事件的反映。它是一切智慧的基础，是人们积累知识和经验，达到预定目标与成就的必要条件。大学生记忆障碍主要表现在以下三方面。

（1）记忆能力减退。遗忘的速度、范围、程度超过了正常人，发展到严重时表现为对经历过后的事物无法再认或回忆。

（2）记忆"增强"。过去已经遗忘的经验能清晰回忆起来，而这些经验在心理正常的情况下一般是难以回忆起来的。

（3）记忆错误。记忆错误表现在以下三方面。首先，错构，即在回忆时添加一些原来没有的、错误的细节，或者忘掉了一些细节而选择和保持了一些较主要的特征；其次，虚构，即以想象的、没有真实根据的内容填补记忆缺陷；最后，遗忘—虚构综合征，即近事遗忘、虚构和定向障碍。

4. 考试焦虑

考试焦虑是一种由于面临考试而引起的紧张、不安、恐惧等情绪体验。适度的考试焦虑可以使大学生在考试时保持适度紧张，有利于集中注意力，但过度的考试焦虑则会对考试产生不良影响，影响到大学生的学习。

大学生考试焦虑主要表现为情绪紧张、烦躁。在考前几天有时会出现失眠、头痛、厌食等现象；在临考时有时会出现手足出汗、发抖、大脑空白、心慌气短、频频上厕所等生理或心理反应；在考场上有时会出现头昏、注意力难以集中、呼吸急促、坐立不安、心跳加快、出汗等现象，严重者甚至可能会全身发抖、晕倒。

5. 产生学习倦怠

有的大学生在长期高强度的学习压力之下会产生一种心理疲惫、身心交瘁的感受，从而出现厌学、逃学等行为。

大学生学习倦怠。一般来说，学习倦怠主要出现在大二之后，因为刚入学的大一新生在新鲜的大学校园中普遍会产生较大的学习热情，少有学习倦怠感。而进入大二之后，课程增多，专业课大量开设，学习难度加大，知识点也越来越多，一些大学生受不了这种高强度的专业学习，很容易产生学习倦怠，对学习提不起兴趣，厌倦、害怕学习，经常迟到早退甚至旷课。

二、大学生学习指导与管理概述

（一）大学生学习指导与管理的含义

学习是社会意识向个体意识转化的过程。而学习指导与管理，就是指教师通过创造学习环境、采用教学手段、有计划地指导与管理学生学习。从大学生管理的角度来看，大学生学习指导与管理主要是大学生管理者对学生进行学习观念和学习策略教育，并为学生提供具体的学习咨询与指导，其目的是指导学生学会学习，提高自己的学习效率和质量。

（二）大学生学习指导与管理的内容

大学生学习指导与管理的内容是在不断变化发展的。目前，大学生学习指导与管理的内容主要包括学习观念、学习动机、学习方法指导、学习素质培养、学习策略学习、元认知学习等。

三、大学生学习指导与管理的措施

（一）建立健全的规章制度

（1）高校要建立并完善教育管理制度，如学习纪律规定、学籍注册及异动规定、专业课和选修课修读规定、学业成绩管理规定等，并严格遵守日常学习纪律。

（2）建立有效的学习激励机制，建立公正、公平、公开的学生综合评价和考核体系。

（3）严格惩罚制度，对于不能按时完成规定学习任务的学生给予必要的、合理的惩罚。

（二）进行大学生学习困难咨询

（1）高校应建立学业成绩的预警和过程干预机制，监察学生的学分总量，及时发现不良状况并积极补救。

（2）高校应积极开展学习心理咨询，帮助学生从根源上解决学习心理问题，调整学习状态。

（3）高校要帮助学生明确学习目的、掌握记忆技巧、培养良好的学习习惯，从而提高学生的学习能力。

（三）提高大学生学习能力

学习能力是大学生顺利完成学业的保证。因此，高校管理者要帮助大学生提高他们的学习能力，这可以从以下两方面入手。

1. 帮助大学生明确自己的学习目的

人们做任何事情都有一定目的，且这个目的是否明确会直接影响到事情的进展，学习也不例外。学习目的决定了大学生学习什么，怎样学习以及是否能够坚持学习。它与大学生的主观因素有关，在一定程度上反映了其价值倾向和精神面貌，同时也反映了社会对个人的要求。管理者要帮助大学生明确他们的学习目的，可以从两个方面进行。

首先，引导大学生树立正确的人生价值观。在全球化、现代化的当代社会中，21世纪的大学生面临着多元价值观的冲突，光怪陆离的社会现象的交错，形形色色诱惑的干扰，激烈竞争的刺激……社会的大潮时刻冲击着大学生的心灵，过去"两耳不闻窗外事，一心只读圣贤书"的学子们已不再安心于待在"象牙塔"中了。于是，很多大学生积极投身于各种社团活动，尝试各种实践工作等。然而，许多大学生也在这忙碌的奔波中产生了困惑，比如"我学习这些东西真的有用吗""学业与能力锻炼孰轻孰重"等问题，其实这些问题的根源就是没有正确认识学习的价值，而对学习价值的认识是个人人生价值观的一部分。换言之，对人生的态度影响着对学习的态度。这就要求高校管理者要积极引导大学生树立正确的人生价值观。正确的人生价值观有助于大学生自觉将个人需要和社会需要结合起来以树立正确、稳定的学习目的。而明确的学习目的也就意味着肯定学习价值，将学习作为个人重要的需要，并通过学习活动实现个人价值。所以说，与个人人生价值观相一致的学习目的才是最有实现可能的目标。只有这样，才能面对学习过程中的困难，不轻言放弃，面对诱惑不迷失方向，面对暂时的成绩而不自满骄傲。

其次，激发大学生的学习动机，提高其学习自觉性。许多大学生在考上大学之后，失去了过去"为了高考成功"而刻苦学习的动机，暂时脱离了枯燥单调的"苦学"生活,很多人都认为可以松口气了,于是放任自己吃喝玩乐,混日子、混文凭。大学生厌学固然受许多客观因素的影响,但不可否认的是,他们中的大多数人是由于缺乏内在的学习动机和积极的学习态度,不少人心态浮躁、不思进取,缺乏应有的自我约束力。当他们受到外界浮躁的思想的影响时,就会进一步失去对学习的兴趣。因此,高校管理者要努力激发大学生的学习动机,使大学生能够转变思想,树立学习是内在需要的观念,不断发展自己的学习需要和兴趣,真正做到愿学、勤学、乐学。

2. 帮助大学生掌握记忆技巧

任何知识的学习都离不开记忆,一个人如果拥有良好的记忆能力,无异于拥有了一个强大的秘密武器。高校教师可以向大学生传授以下四种记忆方法,帮助他们掌握记忆技巧。

第一,科学识记。识记是记忆过程中的第一步,是保持、再认和回忆的前提。良好的记忆往往开始于科学的识记。识记的目的是影响识记效果的重要因素。识记目的越明确、越具体,识记效果就越好。因此,教师要教会学生根据识记材料的性质和数量,结合识记目的,对简短的材料计划一次全部识记,对冗长的材料采取综合识记等办法;并让大学生根据自己的兴趣和爱好,在比较轻松愉快的环境下去获取有关的学科知识,在不知不觉中完成识记任务;还可以让学生掌握口诀法、推算法、比较法、谐音法、定位法、归类法等记忆技术,提高记忆效果。此外,大学学习的特点之一是既博又精,所以,要想提高大学生的学习效率,就必须引导大学生学会在理解的基础上识记,只有这样才可以全面、准确、迅速地掌握识记的内容。高校教师应该引导大学生在学习时学着尝试给要识记的材料编写提纲,将需要记忆的东西分门别类,比如把识记材料按意义分组,给每个部分列出便于相互连接的小标题等。

第二,有效地组织复习。正所谓"温故而知新",识记后的复习可以有效减少遗忘。因此,高校教师应引导学生及时复习、正确分配复习时间,有效地组织复习。同时,复习效果的好坏并不机械地取决于复习的次数,而主要在于复习方法的正确性与有效性。

第三，追忆。所谓追忆，就是让大学生随时、自觉采用回忆的方法来记忆。追忆方法一般包括联想追忆、双重提取追忆（即借助表象与语言的双重线索）以及再认追忆等。此外，在追忆的过程中，因为思想高度集中，情绪容易紧张，使原本知道的东西一下子想不起来，一旦大学生遇到这种情况时，高校教师要懂得安抚他们的情绪，引导他们利用自己的意志力来克服紧张情绪，排除其对追忆的干扰。这也要求大学生加强对自身意志力的锻炼。

第四，做笔记。所谓"眼过千遍不如手过一遍"，做笔记能够更好地保持记忆内容，提高学习效率。因此，高校教师要倡导学生做笔记。

第二节 大学生心理咨询与心理危机干预

大学生迈入大学之后，会发现理想与现实的冲突更加明显，优越感不再，心理问题渐生。这就要求高校管理者要及时了解大学生的心理问题，做好大学生心理咨询和心理危机干预。

一、大学生心理咨询

作为近代兴起的学科技术，心理咨询具有很强的应用性和操作性，其对了解、解决大学生心理健康问题具有极为明显的效果，在当代大学生心理健康教育中占有极为重要的地位。

（一）心理咨询的内涵

对心理咨询内涵的理解可以从心理咨询的概念、要素、特点等方面入手。

1. 心理咨询的概念

"咨询"一词本意为"商讨、征求意见、寻求帮助、劝告、指导"等。心理咨询最早用于职业指导,以后逐渐发展到教育、医学、管理、健康等方面。但对于心理咨询的概念,众说纷纭,尚未统一。例如,20世纪60～80年代的人本心理学运动的创始人和领袖卡尔·罗杰斯认为,心理咨询是通过与个体持续的、直接的接触,向其提供心理帮助并力图促使其行为、态度发生变化的过程,并提出心理咨询与治疗的步骤:①个体是为了寻求帮助。②帮助情境通常是明确的。③咨询师鼓励当事人自由地表达出与问题有关的情感。④咨询师接纳、承认和澄清这些消极情感。⑤当个体的消极情感已经完全表达出来后,随之就会微弱地、尝试性地表达出促进成长的积极冲动。⑥咨询师接纳和认识表达出来的积极情感,并且也以同样的方式来接纳和认识消极情感。⑦这种对自我的观察、理解和接纳是整个过程的下一个重要方面。它为个体发展乃至新的整合水平提供了基础。⑧与洞察过程相融合的另一个过程就是对可能的决定和行动进行澄清。⑨开始出现一些很细小但有意义的积极行动。《中国大百科全书·心理学》认为"心理咨询"是一种以语言、文字或其他信息为沟通形式,对来访者予以启发、支持和再教育的心理治疗方式。其对象不是典型的精神病患者,而是有教育、婚姻、职业等心理或行为问题的人。不能合作和无法交流的患者不能作为心理咨询的对象,但可以通过对其亲友提供咨询知道而间接给患者以帮助。我国学者朱智贤则认为,"心理咨询"是对心理失常的人,通过心理商谈的程序和方法,使其对自己与环境有一个正确的认识,以改变其态度与行为,并对社会生活有良好的适应。心理失常,有轻度的,有重度的,有属于机能性的,有属于机体性的。心理咨询以轻度的、属于机能性的心理失常为范围。心理咨询的目的就是要纠正心理上的不平衡,使个人对自己与环境重新有一个清楚的认识,改变态度和行为,以达到对社会生活有良好的适应。这些观点有相同之处,即心理咨询就是一些有教育、婚姻、职业等心理或行为问题的或有轻度的、属于机能性的心理失常的人向受过专业训练的心理咨询主体以语言、文字或其他信息沟通形式求助,从而克服成长危机、重新认识自我和社会、获得健康发展的过程。

2. 心理咨询的要素

心理咨询有四大基本要素，即咨询主体、咨询客体、咨询手段、咨询目的。

（1）咨询主体。

所谓咨询主体，就是经过心理学、医学等方面专业训练的从事心理咨询的咨询师、心理医生，如心理咨询师、心理咨询者等。

（2）咨询客体。

咨询客体是指接受心理咨询的人，也就是通常所说的来访者。咨询客体的范围很广，既包括有心理障碍和心理疾病的人，也包括正常人。

（3）咨询手段。

心理咨询的手段主要有语言、文字、表情、姿势以及一些仪器设备等。在具体的应用过程中，通常是多种手段的综合运用，而不是单一的。

（4）咨询目的。

心理咨询以提高咨询客体的心理素质，减少或避免其消极情绪、消极行为的发生，增进他们的身心健康为目的。

3. 心理咨询的特点

心理咨询主要包括专业性和过程性两大特点。

（1）专业性。

心理咨询一系列心理学的活动过程，需要咨询主体向咨询客体提供心理学帮助，这就要求咨询主体必须经过专业训练，要在心理学有关理论指导下运用各种心理咨询的理论分析、评估来访者的问题，使用行为矫正、以人为中心等技术帮助来访者。

（2）过程性。

心理咨询是一个完整的过程，它不仅要解决现有问题，更要促进人的成长。这就要求咨询主体与咨询客体之间要建立人际关系，进行思想交流，产生同感，这不是一两次见面或一两次通信可以实现的。

（二）大学生心理咨询的内涵

对大学生心理咨询内涵的理解可以从其概念、过程、原则和意义等方面入手。

1. 大学生心理咨询的概念

依据心理咨询的概念，我们可以将大学生心理咨询定义为：受过专业训练的心理咨询人员对有心理问题的大学生进行指导和教育，帮助其克服心理障碍和成长中的心理危机，重新认识自我，形成健康的心理的过程。

2. 大学生心理咨询的过程

大学生心理咨询的一般过程主要包括建立人际关系、收集信息、心理诊断、实施指导和咨询结束五个步骤，具体如下。

（1）建立人际关系。

咨询双方建立平等、相互信赖的关系，这是心理咨询取得成功的先决条件，也贯穿于整个咨询过程的始终。咨询人员不能将自己视为高人一等的专家，而应该以平等的身份热情、友善、诚恳地对待来访者；来访者要将咨询者看作可以信赖的、对自己有帮助而又无威胁的人，这样才能尽情地向咨询者倾诉自己的心理问题。

（2）收集信息。

咨询主体与咨询客体建立好人际关系之后，咨询主体就要开始收集信息了，这是为心理诊断和心理治疗提供重要依据的一步。咨询主体可以通过了解咨询客体的姓名、性别、年龄、民族、兴趣爱好、性格特征、文化程度、睡眠状况、健康状况、社会文化背景、偶像人物等基本情况，以及学习工作生活适应问题、认知发展问题、个性发展问题、行为品德问题、情绪困扰问题、人际交往和冲突问题、升学或职业选择问题、心理障碍、心理疾病等心理问题，咨询客体希望得到何种帮助的需求等内容来收集信息。

（3）心理诊断。

大学生心理咨询的第三步是心理诊断。通过诊断，咨询者才能确定来访者存在的心理问题的类型、性质、程度及产生原因，为下一步解决问题提供条件。

(4) 实施指导。

大学生心理咨询的第四步是实施指导，这是心理咨询最重要的阶段。大学生心理咨询在实施指导时，应根据来访者的症状程度采取最佳的治疗方法进行相应的指导，使来访者形成健康心理。如果心理咨询师对于治疗咨询客体自身没有很大把握，就应该将来访者及时转诊，以免错过了最佳的治疗时机。

(5) 咨询结束。

一旦心理咨询师的指导措施产生了效果，来访者的咨询见效时，心理咨询就结束了。在来访者离开之前，咨询师应嘱咐来访者以后要注意的问题，如果来访者主动谈收获、领悟和以后的打算，咨询师应积极鼓励，增强来访者的信心。此外，咨询师还应对来访者进行追踪调查，获取进展信息，并适当调整咨询目标和解决问题的策略，确保之后咨询工作的成果。

值得注意的是，大学生心理咨询的各个步骤不是截然分开的，它们彼此联系，相互交叉衔接，循环交替进行。

3. 大学生心理咨询的原则

大学生心理咨询遵循的原则主要有保密、预防与治疗相结合、客观性、系统性、发展性、教育性原则。

(1) 保密性原则。

大学生心理咨询保密性原则是指心理咨询人员对来访者的心理问题、彼此谈话不能随便公开，来访者的名誉和隐私应受到道义上的维护和法律上的保证。严格遵守保密性原则是大学生心理咨询的一条基本原则。

(2) 预防与治疗相结合原则。

大学生心理咨询要遵循预防与治疗相结合的原则，以预防为主，防重于治，一方面要对来访者进行心理疏导和教育，一方面又要对其进行心理治疗，提高其心理健康水平。

(3) 客观性原则。

大学生心理咨询要遵循客观性原则，即咨询人员要客观、实事求是地对待来访者的心理现象，咨询对象要以认真、诚实的态度配合咨询工作。

（4）系统性原则。

心理问题不是单一的、片面的，与大学生的各种心理现象都有着密切的联系，这就要求咨询主体要坚持系统、整体的观点，对客体的心理进行系统分析，整合研究各种心理现象及其原因之间的关系，这样得出的结果才是客观真实的。

（5）发展性原则。

世界上的一切事物都处在运动变化发展中，这就要求大学生心理咨询要遵循发展性原则，咨询人员要以发展的眼光来看待来访者的心理问题和心理疾病，为来访者指明心理发展的方向。

（6）教育性原则。

心理咨询以教育为最高目标，把心理教育作为教书育人的整个系统的一个重要环节，这就要求大学生心理咨询要遵守教育性原则，要将心理教育、心理咨询、心理治疗相结合，帮助大学生克服心理障碍，提高大学生的心理健康水平。

4. 大学生心理咨询的意义

作为一门新兴学科，心理咨询与大学教育活动结合得越来越紧密，逐渐成为高等教育中不可忽略的组成部分，对大学生个体的健康成长有着重要的意义，主要体现在以下四方面。

（1）能帮助大学生积极有效地面对现实。

心理咨询能够让大学生更全面、客观地认识自己和现实，对于面临的问题会积极通过改善自己的方式去应对，从而更加有效地、积极地面对现实。

（2）能提高大学生的心理健康水平。

心理咨询是一项直接服务于每个大学生的经常性活动，有助于及时了解大学生身心发展存在的各种问题，了解大学生身心发展的影响因素，帮助大学生客观认识自己的身心健康现状和发展水平，从而提高大学生的心理健康水平，帮助大学生顺利完成身心发展。

（3）能促使大学生认识自身问题的根源。

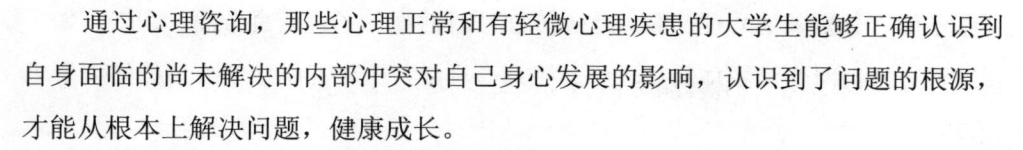

通过心理咨询，那些心理正常和有轻微心理疾患的大学生能够正确认识到自身面临的尚未解决的内部冲突对自己身心发展的影响，认识到了问题的根源，才能从根本上解决问题，健康成长。

（4）能帮助大学生深化自我认识。

心理咨询能够为大学生提供改变、完善、发展自我的机会，帮助大学生深化对自我的认识，促使他们改变自己的不适应行为，从而健康成长。

（三）大学生心理咨询的方法

大学生心理咨询主要包括以下五种。

1. 信件咨询

所谓信件咨询，就是心理咨询主体以通信的方式解答大学生提出的心理问题，为其提供指导。这一方法简便易行，私密性强，涉及面广，不受时空限制；但咨询人员与大学生没有面对面交流，不能深入了解大学生的心理状况，只能给出原则性的指导意见，咨询效果得不到保证。

2. 电话咨询

所谓电话咨询，就是指心理咨询主体通过电话对有心理问题的大学生进行劝告、安慰和指导。这一方法迅速及时，但通话时间有限，传递信息也有限，咨询人员如果不能取得有心理问题的大学生的信任，就难以控制局面，咨询效果得不到保证。

3. 现场咨询

所谓现场咨询，就是指心理咨询主体到有心理问题的大学生宿舍或家里为其提供服务。这一方法能及时搜集到第一手的客观资料，而且有利于咨询主体对咨询客体的心理状况进行评估，但目前实行还有一定的难度，尚待大力倡导。

4. 门诊咨询

所谓门诊咨询，就是指心理咨询主体与有心理问题的大学生面对面交谈，详细了解、分析其的心理问题。这一方法针对性强，了解信息全面、亲切自如、保密性好，但对咨询主体的心理学、咨询心理学、医学和临床学方面的知识要求很高。

5. 网络咨询

所谓网络咨询，就是指心理咨询主体通过网络对有心理问题的大学生给予安慰、解答和指导。这一方法便于大学生真正毫无顾忌地倾诉自己的隐私、暴露自己的问题，也便于心理咨询主体全程记录咨询过程，从而反复思考、温习，具有极强的快捷性、隐蔽性、保密性及实时性。但存在双方真实身份不能确定、信息交流不充分等问题，影响了咨询主体对于大学生心理问题的判断。

二、大学生心理危机干预

大学生心理危机是其心理健康出现问题的一个信号，要探究大学生的心理健康问题，就必须要对心理危机进行深入的了解，采取正确的干预对策。

（一）大学生心理危机的内涵

对大学生心理危机内涵的理解可以从其概念、阶段、特点、类型等方面入手。

1. 大学生心理危机的概念

最早提出了心理危机这一概念的是美国著名心理学家卡普兰，他认为当一个人面对困难情境，而他先前处理问题的方式及其惯常的支持系统不足以应对眼前的处境，即他必须面对的困难情境超过了他的能力时，这个人就会产生暂时的心理困扰，这种暂时性的心理失衡状态就是心理危机。随后，许多学者又对其进行了研究，并且提出了相应的研究结论，如格拉斯认为，心理危机的产生不但与应急事件有关，还与个体解决应激的有效资源有关。可见，心理危机是个体心理失衡的表现，这种表现主要集中在人的精神领域，表现出来的就是精神的困扰、忧虑、失常。长此以往，便会形成心理障碍。

所谓大学生的心理危机,就是指个体在大学阶段所面临的心理问题。他们面临的困难是内心不能承受的,由于过度的担心而导致精神的极度抑郁、焦虑,甚至在心理上陷入其中不能自拔、失去控制。大学阶段是大学生成长的重要时期,也是他们从学校向社会过渡的关键阶段。因此,他们面临着各种多变的环境,心理也就容易产生各种各样的问题。此外,因为大学生的学校生活具有群集性以及群体构成的同质性等特点,所以大学生的许多行为都有互相传染的特点,这就使得心理危机的处理问题变得至关重要,如果不能运用正确的方法对大学生的心理危机加以干预指导,这种情况就很可能被扩散蔓延,甚至引起整个校园的混乱,严重阻碍了大学生的心理健康成长。

2. 大学生心理危机的阶段

心理危机的产生不是一蹴而就的,它需要经历一个过程。具体来讲,大学生心理危机主要经历了以下四个阶段。

第一阶段,当大学生对未来的生活充满恐慌或者是不安时,他们的内心就处于一种失衡的状态,警觉性会提高,开始产生紧张的感觉。在这个阶段,大学生通常是一种封闭的状态,不愿意向他人透露自己的焦虑,而是采用自己习惯的方式对之进行处理,想要重新找回心理平衡。

第二阶段,当大学生采用自己习惯的方式解决问题时,常常是达不到理想的效果的,所以他们在原来问题的基础上又增加了新的焦虑,并且想尽各种办法试图解决问题。然而效果并不明显,高度紧张以及焦虑的情绪会影响他们的冷静思考,使其使用的各种办法对解决问题没有太大的帮助。

第三阶段,当大学生努力使用各种办法解决问题而没有成功时,他们的焦虑感又会进一步地增加,渴望寻找到新的方法来解决问题。在这个阶段,他们不再是自我封闭的个体,而是积极地寻求他人的帮助,希望通过他人的指点找到新的途径。此时,个体非常容易受到他人的暗示或影响。

第四阶段,如果大学生的所有办法都行不通,那么他们就会产生一种失意的、无助的挫败感。他们对自己没有任何的信心,对问题更多的是充满了恐惧,对自己的能力产生怀疑,甚至认为整个人生都是了无生趣,从而走上了一条不归之路。在这个阶段,大学生承受着最大的压力,完全有可能触发内心深层的矛盾冲突,然后整个人都走向了崩溃的边缘。因此,这个阶段的大学生需要获得来自外界的帮助,这样才可以顺利地度过心理危机。

3. 大学生心理危机的特点

大学生心理危机是大学生内心某种无法控制的心理状态,主要呈现为以下三大特点。

(1) 潜在性与易发性。

大学生心理危机的一个重要特点就是潜在性与易发性。之所以具有这一特点,是因为大学生的年龄普遍处在18～25岁,在这一年龄段,他们的心智尚且不够成熟,仍然处于一个向成熟阶段过渡的时期。然而他们的社交活动与他们的心理年龄并不相符。因此,大学生在心理上具有消极心理与积极心理并存的特点,一个很小的问题都可能引发极大的冲突。所以,如果对小问题处理得不够及时,随时可能引发大学生严重的心理危机。可见,大学生的心理危机具有非常强的易发性。

此外,大学生的心理危机还有一个特性就是潜藏性。他们内心的问题并不会直接表露出来,而是深深地埋藏在心底。当遭遇到某些危机性的事件时,才会在其心理形成危机。因而,大学生在心理危机上还具有潜在性,随时都有爆发的可能。

(2) 危险与机遇并存。

心理危机中既有危险又有机遇。因此,我们可以说心理危机是一把双刃剑,它具有积极与消极两个方面的性质。大学生在产生心理危险的同时,也会伴随着某些机遇。从危险的角度来讲,心理危机可能会使大学生产生严重的病态心理与过激行为。从机遇的角度来讲,大学生在遭遇心理危机的同时,也会有相应的机遇产生。比如大学生在产生心理危机后,积极寻求来自他人的帮助,在他人的帮助下化解危机,促进了自身的健康成长,这就是心理危机为其提供的成长契机。

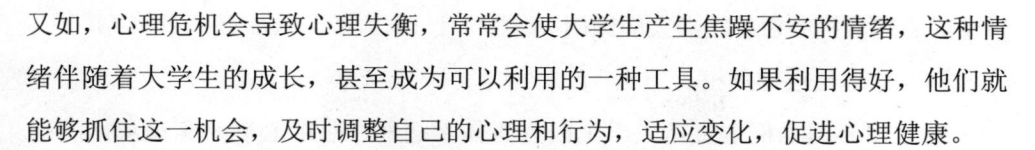

又如，心理危机会导致心理失衡，常常会使大学生产生焦躁不安的情绪，这种情绪伴随着大学生的成长，甚至成为可以利用的一种工具。如果利用得好，他们就能够抓住这一机会，及时调整自己的心理和行为，适应变化，促进心理健康。

（3）复杂性与系统性。

心理危机的问题是多种原因造成的，因而心理危机的形成也具有一定的复杂性。同时，它反应的复杂性决定了其存在的系统性。心理危机的出现带有很大的随意性，它没有很强的规律可言。心理危机一旦产生，就会随之产生很多复杂的问题。例如，大学生能获得多方面的满足，包括学业、爱情、专业技能、事业进步等，但同时他们也承受着巨大的压力，很多事情需要他们自己进行抉择。一旦他们直面这些矛盾和冲突，处理不好就会引发各种心理危机，并且这些危机背后都有极其复杂的原因。

4. 大学生心理危机的类型

不同的心理危机是由不同的原因引起的，因此大学生心理危机的类型也就不同。总的来说，大学生心理危机主要包括以下四种类型。

（1）发展性危机。

发展性危机主要是指在日常生活中，大学生面临的各种生活选择而产生的心理失衡现象，这种选择主要体现在升学、就业、工作、结婚等各个方面。这类危机是每个人都会遇到的，是再正常不过的。这类危机出现的时间比较短，但变化急剧。如果能顺利度过这种危机时期，将会促进大学生心理的健康发展，获得更大的独立性，从而提高其处理人际关系的能力。

（2）境遇性危机。

境遇性危机是指大学生面临的危机是突如其来的，不可控制的，这种突发性的状况常常会引起大学生的心理失衡。例如，大学生的亲人失业或者是在车祸中不幸身亡，会对他们造成巨大的打击以致情绪失控，或者是他们不幸遭受了抢劫、火灾而引起的情绪以及行为的失调。这种类型的危机最大的特点就是具有突发性、不确定性，许多大学生都不能很好地化解这一危机，因此，这一危机在大学生的心理危机中占有相当大的比例。

(3) 病理性心理危机。

病理性心理危机主要指大学生因为身体疾病而产生的心理失衡现象。随着这一现象常常会出现焦虑、抑郁、精神分裂等病症。还有一些失调的行为也被包括在病理性危机中，如品行障碍以及违法犯罪等。

(4) 存在性危机。

存在性危机是指大学生对于个人某些方面的思考而出现的心理失衡现象。比如他们对自己是否独立、有责任、有担当进行相关的思考。这一危机既可能是因为现在的某一实际情况引起的，又可能是因为对自己的过去不满而引起的。在大学阶段，许多大学生都对这一问题进行了深入的思考，但是由于知识水平的局限，他们的思考常常是迷茫而没有结果的。在这种情况下，他们就会产生一种无助、绝望、空虚的状态，并且产生一种无能为力的感觉，这就很容易产生抑郁，进而出现心理危机。

（二）大学生心理危机的表现与原因

1. 大学生心理危机的表现

大学生的心理危机主要表现为成瘾性危机和轻生危机。

(1) 成瘾性危机。

成瘾是伴随着人类的社会文明史产生的一种现象。它逐渐蔓延发展，至今已经成为影响人类身心健康的全球性问题。成瘾的出现是随着社会发展而发展的。社会的进步必然造成了新的生活方式的出现，许多大学生对这种新出现的物质或者生活方式没有良好的控制能力就会出现成瘾的状态，如手机瘾、网瘾、电子游戏瘾等，这些严重影响到大学生正常的心理、生理活动，给他们带来痛苦和严重的后果。

(2) 轻生危机。

轻生是个体有意识地采取各种手段自愿结束自己生命的异常行为。近年来，高校大学生轻生事故频频发生，轻生已经成为青少年死亡的前三位的原因。大学生轻生现象已经引起了社会的广泛关注。

一般轻生或者轻生未遂的大学生在想要轻生时会出现情绪、认知、行为以及躯体预兆。其中，情绪预兆主要表现为高度的焦虑、抑郁、紧张、悲伤，且伴随恐惧、烦躁、愤怒、敌对、失望和内疚等；认知预兆主要表现为深深沉浸于悲痛中，导致记忆和知觉改变，难以区分事物的异同，体验到的事物之间的关系含糊不清，做出决定和解决问题的能力下降；行为预兆主要表现为表情悲伤、哭泣或独处，行为和思维不一致，不能专心地学习，拒绝帮助，回避他人或以特殊的方式使自己不孤单，还会出现过去没有的非典型行为；躯体预兆主要是表现为失眠、多梦、早醒、头晕、食欲缺乏、心悸、胃部不适、四肢乏力等多种躯体不适表现，部分还出现血压、心电生理及脑电生理等。

2. 大学生心理危机产生的原因

大学生之所以会产生上述心理危机，主要有以下几方面原因。

（1）自身原因。

大学生心理危机的自身原因主要体现在以下两个方面。

第一，大学生内心的矛盾冲突。大学时期是成长的特殊时期，大学生的心理发展也进入了特殊的阶段，他们的心理处于一个失衡的状态，甚至在自我的内心中也有一个本我与他我的冲突斗争。这种冲突斗争主要是由现实与理想之间的差距、依赖性与独立性的共存以及理性与非理性的交织引起的。

第二，大学生的人格发展不够完善。大学生人格发展尚未健全，容易出现心理危机，这从他们对待问题的表现就可以看出来，如或是只关注表面现象，过分依赖他人，性格内向，不够自信，做事瞻前顾后；或是行为冲动，情绪容易激动等。

（2）他人原因。

很多大学生会出现人际关系适应不良或交际困难、心理支持系统的缺乏以及失恋或情感问题，这也容易导致心理危机。

(3) 环境原因。

大学生心理危机的产生与其所处的环境也有着很大的关系。由于环境具有多种要素,因此,大学生与环境的冲突也表现在多个方面,如与学校环境的冲突、与家庭环境的冲突、与网络环境的冲突、与社会环境的冲突等。其中,尤其是网络环境,它所营造的虚拟世界使很多大学生沉溺其中、不能自拔,甚至部分大学生长期沉溺于网络,以致分不清虚拟与现实。

(4) 观念价值体系与文化价值体系产生冲突。

观念价值体系与文化价值体系的冲突最终导致了心理危机的产生。观念性的价值体系常常在我们的日常文化生活中体现出来。这种观念和意识决定着人们的生活行为。人们根据自己的观念和意识决定"什么是有价值的""什么是有意义的"。随着现代社会的快速发展,人们难以将观念价值体系与文化价值体系有机地结合起来,无法对二者之间的结合做出合理的认知,从而产生心理危机。

(三)大学生心理危机干预的措施

1. 倾听与接纳

大学生如果出现了心理危机,就非常渴望有一个可以诉说的倾听对象。倾听是帮助可能有心理危机的人缓解激动情绪的有效措施。干预者如果对其一味进行指责,只会使他们陷入更加绝望的境地。所以,干预者要努力疏通他们的情感,用宽容的态度对待他们,帮助他们排解心中的苦闷和烦恼。

在倾听过程中,干预者一定要调节好自己的情绪,做好接纳干预对象各种抱怨的准备。如果没有做好准备,很可能在干预对象诉说的过程中控制不住自己的情绪,对干预对象进行批评指责,这样他们很可能会更加无助,情绪会更加波动,不但无助于良好治疗关系的建立,还可能对当事人造成进一步的伤害。

当然,不只是简单地倾听就可以,在倾听的同时,还应当根据听到的重要内容有针对性地进行提问。提问包括开放式和封闭式两种。

开放式提问是引导干预对象进一步详细地表达自己心中的想法,倾听者对他们回答的内容不可预知。干预对象所回答的内容十分广泛。倾听者通常用"什么""如何""怎么样"等来进行提问。

封闭式提问主要针对干预对象是否存在心理危机进行提问。干预对象的回答是被限制的,他们只能选择"是"或"否","有"或"没有"来进行作答。

2. 给予强有力的支持力量

有心理危机的大学生需要有个具体、坚定的人对他们进行指导。干预者此时只需要给他们这样一个信号,那就是告诉他们问题并没有他们想象的那么糟糕,一切情况都已经在掌握之中。

3. 合理利用资源

合理利用各种资源,赢得外界的帮助,对干预心理危机是十分有效的。干预者可以利用有心理危机的大学生周围的资源,如老师、同学、朋友、同事、社区相关的心理危机志愿者,甚至社会上的有关干预团体,或者相关书籍、影音资料等,只要是对危机者有益的,可以帮助危机者解除心理危机的人力资源和美好的事物,都可以用来降低惨剧的发生率。

4. 采取具体的行动

如果在与有心理危机的大学生谈话之后,他们的心理危机基本消除,那么就可以让其回家做进一步的观察,并且要求其家属进行密切配合,并及时与医院交流沟通;如果干预对象的情绪波动比较大,甚至出现了一些激烈的反应,应当让其迅速住院,采取相应的措施进行治疗,通过治疗让他们的情绪平静下来,帮助他们走出困境,恢复正常的状态。

5. 厌恶疗法

厌恶疗法主要通过更加糟糕的刺激手段使大学生对一些成瘾性危机产生厌恶,如电击、想象负面情景。电击的过程要循序渐进,开始是缓慢的,然后逐渐地增强,使人产生疼痛的感觉,此后将电击与大学生成瘾性危机出现的环境结合起来使用。想象负面情景,让大学生想象一些比较严重的后果,比如准备吸烟时却感到恶心和呕吐，准备上网时感到头晕目眩，准备过量饮酒时感觉到呕吐胃痛等。或者在手上绑上橡皮圈，当大学生上网成瘾时，就可以拉动自己手腕上的橡皮圈，这样就会产生疼痛感，一边拉一边数数，以此达到转移注意力的目的，逐渐减少次数，直到恢复正常为止。

6. 团体辅导

心理咨询员可以通过团体咨询的形式为有心理危机的大学生提供帮助。咨询员把相关大学生提出的问题进行搜集整理，并把具有相似问题的学生安排在一个课题小组，通过小组内人员的互相交流，运用团体动力和适当的心理咨询技术，协助大学生重新安排自己的生活方式，改善与他人的人际关系，从而促进自我的提高与发展。这种方法发挥着十分重要的作用。具有相同问题的大学生在一起，他们的交流效果可能会更好，增加了彼此之间的互动，学生们能够转移注意力，更多地去关注同伴，然后在对比中看到自身的优势，增强自信心和安全感。

7. 警惕危机再现

有些干预对象表面上看起来是没有什么问题了，他们的情绪似乎也已经平复下来，但是他们的内心可能并没有走出整个事件的阴影，仍然处于危机状态。此刻，如果治疗师放松警惕的话，问题可能会再次出现。因此，干预者要仔细观察来访者的表情动作和情感反应，若其表现为不以为意、不以为是，仍眉头紧锁、唉声叹气，就要注意求助者的心理危机依然存在。

8. 提升大学生的生命价值

大学生处于人生发展的关键时期，高校要加强对大学生的生命价值观教育，提升大学生的生命价值，有助于帮助大学生树立正确的人生观、科学的世界观，指导大学生珍惜生命中的每一天。具体来说，提升大学生生命价值的方法主要包括以下四种。

第一，情感体验法。情感体验法就是体验教育和情感教育的有机融合，让大学生在情感中体验，在体验中实现情感的升华。大学生是一个特殊的群体，他们文化知识水平较高，独立性较强，思想开放、思维活跃，对人和事都有自己的看法，不愿受传统习俗或权威的导向和约束。因此，在提升大学生的生命价值时，高校管理者可以采用情感体验法，让大学生以自身已有的经历、丰富的心理、深刻的感悟去感受、体味各种情感，并从这些体验中获得启示，从而自觉地约束、调整自己的言行，建构起自己合理的生命价值观。

第二，团体学习法。所谓团体学习，是指通过学习的方式，以"协调"团体内在的功能，达到能良好地发挥整体运作。在提升大学生的生命价值时，高校管理者可以采用团体学习法，让他们在弥漫群体学习气氛的团体中学习，从内部发现自己的不足，学习团队成员的优点，并相互配合，从而使个体价值得到体现。

第三，艺术陶冶法。高校管理者还可以采用艺术陶冶法来提升大学生的生命价值，即让大学生学习音乐、美术、舞蹈、文学、影视、雕塑等艺术，让他们处在艺术潜移默化的熏陶中，学习、接受文化精粹、优秀的影视作品和校园文化等的陶冶，通过耳濡目染来感受艺术带来的放松，感化他们的心灵。这种方法比较生动直观，有较强的吸引力，效果虽然不是立竿见影，但一旦形成习惯，就不易发生变化。

第四，情境法。所谓情境，即情况、环境，是由外界、事件和人物关系等因素构成的某种具体情景和境地。在提升大学生的生命价值时，高校管理者可以采用情境法，通过多种途径为他们创设相关方面的情境，让大学生在特定的情境中感悟生命，继而建构起合理的生命价值观。

9. 学校制定干预政策

有关部门可以下发一些政策文件，对大学生的一些成瘾性进行严厉的干预。例如学校对于酒精饮料、香烟的数量进行严格的控制，提高它们的消费价格等。

总之，作为大学生，一定要珍惜自身的优越条件，努力提高自身素质，去追求更为广阔的人生，努力实现人生的最大价值。

第三节 大学生宿舍管理

大学生宿舍是学生除了教室之外的第二个重要的活动场所,对学生的成长发展有着重要的影响。因此,高校有必要重视学生的宿舍管理。

一、大学生宿舍管理的含义

大学生宿舍管理是指高校以学生为主体,以宿舍为依托,通过科学、有效的管理方式,为学生创造良好的生活、学习环境,最终实现学生全面发展的管理实践活动。

大学生宿舍管理不是单纯的管理,它还应该同时兼顾教育的功能。在我国,大学生宿舍管理只是单纯地被定位在住宿的功能上,长期以来都忽视了它的教育功能。事实上,学校兴建宿舍,不只是为学生提供安全的住所,还应起到对学生的思想行为进行规范、教化的功能。在高等教育管理分工越来越细致的今天,大学生宿舍管理也成为教育管理中不可分割的一部分。如何结合学生的生活以促进学习,将是未来宿舍管理需要思考的问题。

二、大学生宿舍管理的内容

大学生宿舍管理的内容主要包括以下三个方面。

(一)加快学生宿舍管理模式的创新

1. 健全学生宿舍管理的组织机构

为了方便对学生宿舍的管理,高校有必要成立学生宿舍管理委员会等领导机构,在设置机构时,应该根据具体的职能进行安排。学生宿舍管理委员会主要负责学生宿舍相关制度的制定和重要事项的决策,各部门在其协助之下开展有关工作，从而使学生宿舍管理形成相对独立和完整的工作体系。

2. 坚持学生事务管理人员入住学生宿舍制度

为了真正做到服务学生，促进学生宿舍管理工作的有效开展，高校应该选择宿舍管理人员入住到学生宿舍中。入住的学生宿舍管理人员应该具备较高的政治思想、良好的道德品格、较强的责任心，能够及时完成宿舍管理的相关任务，妥善处理宿舍管理中遇到的各种问题，及时为学生的生活提供各种帮助。当然，高校也要为学生事务管理人员开展工作创造良好的条件，为其安排环境舒适的办公场所，对其工作的具体情况给予考核。

3. 加强学生宿舍信息化建设

加强学生宿舍信息化建设就是要利用现代化的信息技术手段来开展学生宿舍管理工作，以提高管理效率，强化管理效果。具体来说，主要包括以下四个方面。

（1）建立学生住宿信息库。

对学生的住宿情况要实时管理，及时了解住宿学生的信息以及情况，这样才方便宿舍管理人员开展相关的工作。

（2）建立学生宿舍网站。

管理人员可以在网上搭建宿舍管理平台，一方面及时了解宿舍的动态，深化对住宿学生的教育；另一方面不断加强学校与住宿学生之间的沟通与交流。

（3）建立快速的信息反馈机制。

可以通过电子邮箱的方式搜集学生的意见，对其合理的意见应该给予重视并采纳。

（4）建立电子门禁系统。

建立电子门禁系统，重视住宿学生的人身安全和财产安全，加强学生宿舍的安全防范。

4. 完善学生宿舍自我管理的体系

要想实现高效率的学生宿舍管理，就必须要让管理的主体——学生参与进来，这不仅是宿舍管理的需要,也是学生不断加强自我管理的需要。为了完善学生宿舍自我管理的体系,学校应该采取以下两个方面的措施。

(1)建立学生自我管理组织。

学生管理组织应该包括几个方面:宿舍长、楼层长、楼长等。宿舍管理的日常工作可以在他们的带领下有序展开,并通过他们搜集相关的反馈信息。

(2)学生社团进宿舍。

通过学生社团来组织开展各项学习和公益活动。这样不仅可以增加学生的业余生活,同时还可以促进不同学生之间的沟通和交流,增强学生的凝聚力,实现教育管理的目的。

(二)加快学生宿舍服务机制的创新

1. 加强物业管理,保障宿舍生活设施的正常运转

学生缴费入住,实际上就变成了消费者,物业管理部门有责任为入住学生提供各种服务。这里具体指的是物业管理部门要满足学生在生活上的一些需求,如清洁的楼层环境、安全的水电设施、畅通的维修服务渠道等。

2. 建立学生宿舍医疗急救和安全保卫于一体的服务机制

学生宿舍应该有专门的医疗急救服务点,并且有专门的医护人员轮流值班,以便及时处理学生宿舍重大伤病和其他突发事件,保障学生的生命财产安全。此外,学生宿舍还应该建立心理咨询中心,帮助住宿学生解决相关的心理问题。

(三)积极建设学生宿舍的文化环境

学生宿舍是学生学习生活的主要场所。营造良好的文化氛围,对于培养学生积极、健康、文明的生活习惯,规范学生宿舍的生活秩序具有重要的意义。

1. 建设学生宿舍文化阵地

应该根据宿舍的实际情况适当地开辟出文化场地,如阅读室、活动室等。

学生可以在课堂学习之外开展其他文化活动。此外，宿舍还可以建设先进文化事迹的宣传栏，展示优秀人物事迹和其他主题教育信息。

2. 积极开展宿舍文化活动

宿舍文化活动可以是多种多样的，如举办各种演讲比赛，举办各种益智类的活动，在节假日举办文艺汇演活动、举办科技创新活动等。当然，宿舍文化活动要充分发挥学生社团和各个兴趣小组的作用。

3. 建设学生宿舍制度文化

学生宿舍的管理必然是按照一定的规章制度进行的，这些规章制度也蕴含着一定的宿舍文化。为此要不断完善学生宿舍的制度建设，促进制度文化的形成和发展。

4. 开展学生宿舍文明评比活动

为了调动宿舍学生自我管理的积极性，营造健康文明的生活环境，宿舍可以定期开展系列文明评比活动，如"文明宿舍""文明楼栋"等。文明评比活动重在宿舍学生的参与过程，其评比的结果并不是十分重要。

三、大学生宿舍管理的作业流程

（一）学生入住事务管理

1. 作业流程

学生入住事务作业流程，具体如图 8-1 所示。

2. 作业说明

承办人员：学生工作处大学生管理中心。

相关单位：各学院（课部）、后勤保障处。

实施对象：全日制普通本科生。

```
                    ┌──────────┐
                    │核实招生计划│
                    │   人数   │
                    └────┬─────┘
                         │
                    ┌────┴─────┐
                    │调整维修新生│
                    │   房源   │
                    └────┬─────┘
                         │
                    ┌────┴─────┐
                    │管理中心分配│◄───────┐
                    │   房源   │        │
                    └────┬─────┘        │
                         │              │
                    ┌────┴─────┐        │
                    │学院按房源分│    ┌───┴────┐
                    │  配床位  │    │学籍注销│
                    └────┬─────┘    └───┬────┘
                         │              │
  ┌──────────┐   通过  ┌─◇─────◇┐ 不通过 │
  │学院安排入住│◄───────│新生报到├───────┘
  └────┬─────┘         │注册审查│
       │               └────────┘
  ┌────┴─────┐
  │ 住宿信息 │
  │反馈管理中心│
  └────┬─────┘
       │          ┌──────────┐
       └─────────►│ 处理结束 │
                  └──────────┘
```

图 8-1　学生入住事务作业流程

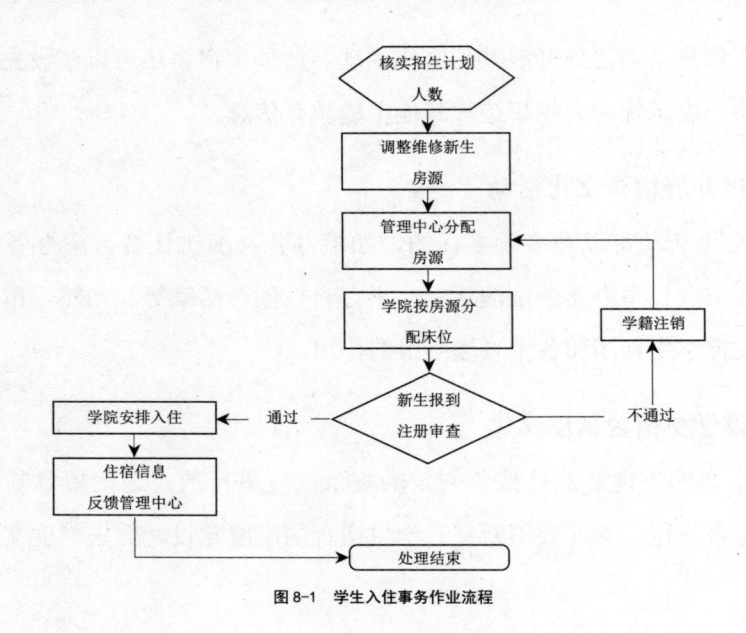

实施期程：每年 7～9 月。

相关法规：《××大学本科生住宿管理办法（修订）》。

注意事项：暑期对各宿舍维修查看，确保学生顺利入住；及时登记学生入住信息，完善相关的管理制度；对住宿费的标准给予核实。

办理方式：学生管理中心统一分配学生入住；将学生入住的信息进行备份；后勤部及时给学生发放宿舍钥匙。

3. 作业记录表记录要点

宿舍查看维修的具体情况；宿舍具体的分配情况。

4. 附件

具体如表 8-1 所示。

表 8-1　××大学学生宿舍安排表

学院	性别	人数	分配宿舍范围
	男		
	女		

（二）学生宿舍调整事务管理

1. 作业流程

学生宿舍调整事务作业流程，具体如图 8-2 所示。

2. 作业说明

承办人员：学生工作处大学生管理中心。

相关单位：各学院（课部）、后勤保障处、财务处

实施对象：提出调宿申请的本科生

实施期程：全年可办理，一周内办结。

相关法规：《××大学本科生住宿管理办法（修订）》

注意事项：掌握了解宿舍的空床资源；协调宿舍同学之间的矛盾；后勤部要注意发挥自己的作用。

办理方式：学生向所在学院进行书面申请；管理中心把学生申请综合起来加以审批，并将审批的结果告知财务处；财务处记录变更住宿学生的收费情况。

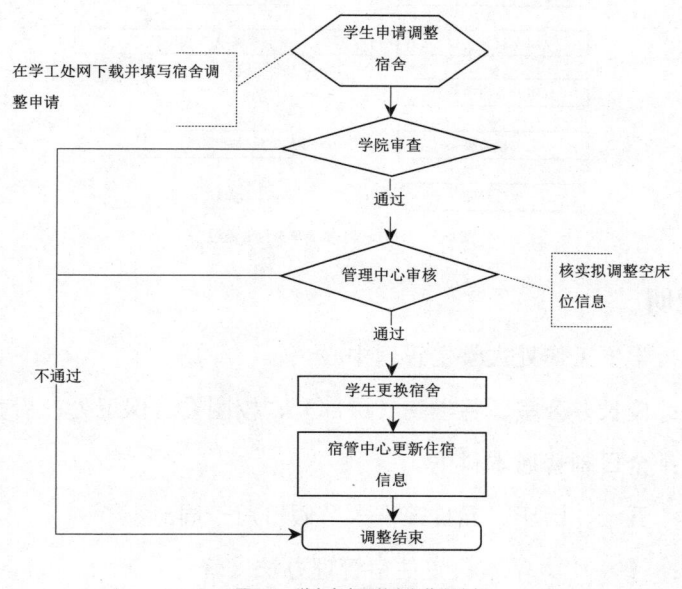

图 8-2　学生宿舍调整事务作业流程

3. 作业记录表记录要点

学院调宿意见；学生住宿费变更情况。

4. 附件

具体如表 8-2 所示。

表 8-2　××大学学生宿舍调查申请表

姓名		性别		学号		政治面貌	
所在学院		原住宿舍		申请宿舍		联系电话	
申请原因							

（三）节假日宿舍检查事务管理

1. 作业流程

节假日宿舍检查事务作业流程，具体如图 8-3 所示。

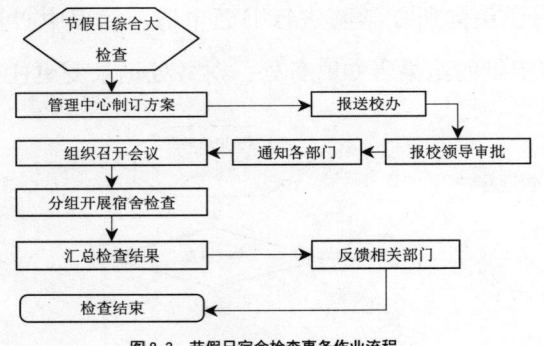

图 8-3　节假日宿舍检查事务作业流程

2. 作业说明

承办人员：学生工作处大学生管理中心。

相关单位：校长办公室、各学院（课部）、校团委、保卫处、后勤保障处。

实施对象：全日制普通本科生。

实施期程：五一、国庆、元旦等重大节假日前一周。

相关法规：《××大学本科生住宿管理办法（修订）》。

注意事项：参加检查的人员要认真负责，对发现的问题要及时汇报；对学生存在的问题要耐心解答；有关部门要妥善处理学生宿舍存在的问题。

办理方式：由校长办公室牵头召开有关部门动员大会；制订检查人员的检查方案；检查人员汇报检查结果。

3. 作业记录表记录要点

检查人员安排；检查结果。

4. 附件

具体如表 8-3 所示。

表 8-3　××大学学生宿舍检查表

_____ 楼栋：_____ 检查人：_____ 日期：_____

宿舍号	学院	卫生情况	学习情况	安全状况	备注

（四）文明宿舍创建事务管理

1. 作业流程

文明宿舍创建事务作业流程，具体如图 8-4 所示。

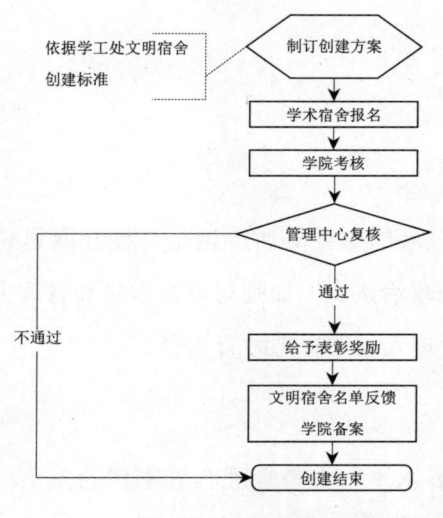

```
依据学工处文明宿舍    →   制订创建方案
创建标准                      ↓
                         学术宿舍报名
                              ↓
                          学院考核
                              ↓
                        管理中心复核
                         通过 ↓    ↓ 不通过
                        给予表彰奖励
                              ↓
                       文明宿舍名单反馈
                         学院备案
                              ↓
                          创建结束
```

图 8-4　文明宿舍创建事务作业流程

2. 作业说明

承办人员：学生工作处大学生管理中心。

相关单位：各学院（课部）。

实施对象：全体本科生宿舍。

实施期程：全年实施。

相关法规：《校级文明宿舍评定标准》。

注意事项：要对宿舍的综合情况进行考察；注意树立典范。

办理方式：学院制订文明宿舍评比的相关方案；管理中心对文明宿舍的有关情况进行核实；奖励文明宿舍，并将信息反馈给学院。

3. 作业记录表记录要点

文明宿舍各学院的名额情况；文明宿舍名单。

4. 附件

文明宿舍的具体考核材料。

四、大学生宿舍管理的发展方向

（一）宿舍管理的定位

1. 思想政治教育的阵地

宿舍是学生思想形成和发展的重要场所，也是学校开展思想政治工作的重点，因此必须提高宿舍管理的政治认识，加强对宿舍学生和管理人员的思想政治教育，努力提高宿舍学生和管理人员的思想教育水平。

2. 心理健康教育的驿站

宿舍学生心理健康的发展水平与宿舍管理有着密切的关系。只有把宿舍管理与大学生心理健康教育结合起来，才能真正发挥健康教育的目的，促进学生的健康成长。

人际关系是宿舍学生必定要面临的问题，要想使宿舍关系对学生的心理产生积极的影响，就必须采取一定措施，创造良好的宿舍环境，增强宿舍的凝聚力。

让学生懂得换位思考。换位思考是指将自己设想为对方角色，能够站在对方的角度思考问题。大学生宿舍成员之间各种矛盾的产生，大多数都是由于不能换位思考而造成的。这种心理反应，往往是以自我为中心，带有很大的主观片面因素。如果大学生能够站在对方的角度思考，就能够体会他人的需要，不会认为这种需要是不合情理的，就可以减少彼此之间的误会和矛盾。

要培养学生助人为乐的精神。当一个人遇到困难时，他的内心深处往往是最为敏感的，需要来自他人的理解和帮助，这时，只要是一个微笑或者是一个拥抱，都会让对方感觉到温暖，从而营造出良好的宿舍人际关系氛围。

3. 加强学生的自我管理

学生是宿舍管理的主体。学生是宿舍的主人，只有学生参与到管理中，管理才能顺利实行。学生了解宿舍的各种情况，能够针对性地解决各种问题。所以，只有学生主动参与到管理中，宿舍管理才能达到事半功倍的效果。因此，发挥学生自我管理、自我教育、自我服务的作用是非常有必要的。作为管理者，应该对学生的自我管理给予引导，充分发挥学生的主观能动性，让学生学会自己管理自己，变他律为自律。

（二）宿舍文化的营造

1. 优化宿舍硬件环境

随着"科教兴国"战略的提出，高等教育事业必定会获得新的发展，学生宿舍也将进入一个新的管理阶段，各项硬件设施配备也会更加齐全。从目前的发展趋势来看，每间宿舍的标准人数应该为2～4人，配有一张高床、一张书桌、一个书架、一个壁橱。同时，宿舍还应该配有独立卫浴、电话、电视、冰箱、空调、网络接口等。此外，每幢公寓还专门开辟有学生文化活动的场所。

2. 实施个性化服务

学生宿舍除了提供优越的硬件环境外，还应当为学生提供个性化的服务，满足不同学生的需要。从目前学生宿舍的服务趋势来看，食堂、超市、浴室、理发室、健身房等配套设施都会相继建立起来，形成类似居住小区的服务体。

3. 构建网络信息平台

宿舍作为大学生上网的主要进口和出口，已经成为高校网络思想政治工作关注的焦点和中心。可以说，高校的信息化建设已经离不开宿舍网的建设。学生宿舍网的建设不仅可以为学生的发展及时提供各种信息，而且有助于学校对学生宿舍的监察和管理。从目前已经建成宿舍网的高校来看，宿舍网的作用主要体现在以下三个方面：一是加强学校与外部世界的沟通，帮助学生及时了解各种咨询；二是通过网络合理地分配学校的各种资源，方便学生安排自己的时间；三是有助于校园的文化建设，促进各种校园刊物的传播。

第四节 大学生奖惩资助管理

大学生事务管理是一个传递价值观、为学生创造价值的过程，只有将"以人为本"的管理理念落实到具体的管理行为上，才能实现促进学生全面发展的管理目标。根据大学生事务管理范畴和学生发展现实需求，本节将对大学生奖惩资助管理进行分析，旨在为大学生事务管理工作者提供一定的行动指南。

一、大学生奖惩管理

当代大学生是一群富有朝气、充满活力、精力充沛、思维敏锐、敢作敢当的年轻人群体，极富创造力和学习、创新能力。但受心理状态不稳，社会经验缺乏，世界观、价值观和人生观尚未完全定型等因素所限，大学生常常会受到外部环境的负面影响，甚至容易被某些不良的社会风气腐蚀。这要求大学生事务管理工作者从学生实际思想及行为出发，刺激其物质和精神需要，进行有效的奖惩管理。因此，奖惩管理成为大学生事务管理行为不可或缺的重要组成部分。奖惩管理是大学生事务管理工作者根据学生的实际表现，通过奖励和惩处两种方式，对学生正确思想、积极行为的持久性进行强化、激发，从而约束、纠正学生思想举止某些偏差的管理行为。奖惩管理的有效实施有利于充分调动学生的主观能动性，启发学生对自己的想法和行为进行及时检视，更好地发挥大学生事务管理的效能，实现促进学生发展的使命。

（一）大学生奖励管理

1. 大学生奖励管理的内涵

大学生奖励管理是对学生某种奋发图强、努力进取的思想、行为或在学业成绩、文体活动、社会实践等方面取得的优异成绩与个性化发展予以肯定、奖赏等外在性刺激，实现鼓励先进，树立先锋模范，引导学生共同进步，构建和经营良好学习氛围和校园文化目的的管理行为。

大学生不仅有基本的物质需要，而且表现出强烈的渴望成功，追求荣誉、友谊、爱情等方面的精神需要。所以，在奖励管理中，只有将物质奖励和精神奖励结合起来，对学生一定的精神或物质需要产生刺激，才能强有力地激发学生努力上进的精神，使奖励管理产生实际的、持久的效果。目前，我国高校普遍采取精神奖励和物质奖励相结合，以精神奖励为主的奖励管理方式。其中，物质奖励主要通过发放各类奖学金与纪念品、推荐学生免试攻读研究生、进行国际学生交流项目等形式进行；精神奖励主要采取授予各种荣誉称号、发放荣誉证书、寄发喜报、口头表扬等形式。

2. 奖励的类型划分

根据不同的划分标准，可以把奖励分为不同的类型。

（1）根据受奖对象的不同进行划分。

根据受奖对象的不同，奖励可以分为以下两大类。

第一，对个人的奖励。这主要涉及优秀学生奖、优秀学生干部奖、优秀学生党员奖、个人单项奖、优秀毕业生奖等奖项。

第二，对集体的奖励。这主要包括先进班集体、文明宿舍、优秀团支部、先进学生党支部等奖项。

（2）根据奖学金出资主体的不同进行划分。

根据奖学金出资主体的不同，奖励可以分为以下三大类。

第一，学校奖励。主要指学校利用自有资金对优秀学生进行奖励。

第二，国家奖励。主要指中央政府和各级地方政府出资设立各种奖学金，对优秀学生进行奖励。

第三，社会捐赠。主要指企事业单位和个人在高校设立捐赠奖学金，用以激励品学兼优的大学生，支持高等教育事业的发展。

3. 奖励的程序

（1）设立奖项。

设立奖项是对学生开展奖励管理的首要环节，内容主要包括对奖励项目进行设置，对奖项评定条件及原则进行明确，对奖励办法及时间进行确定，等等，通常由学校发文公布实施。为了保证学生的知情权，学校还会通过召开班会、宣传栏公示等多种渠道，向学生及时传达设置的奖项、评奖条件、办法、名额等内容，帮助学生了解奖励信息。

（2）遴选对象。

遴选受奖对象主要采取学生自行申请和学校组织测评相结合的方式开展。符合奖励条件的学生要提交申请表、成绩单及相关证明材料；学生所在院（系）要对相关材料的形式和内容进行审查，包括检查相关材料是否齐全、完整，格式是否正确、规范，内容是否真实、客观。因奖励的范围、幅度是有限的，学校往往建立全面考核的指标体系，对学生上一学年德、智、体等各方面表现开展综合测评，根据综合测评成绩，同时结合学生个人或集体提交申请某奖项的相关材料，对受奖对象进行遴选。院（系）确定受奖对象后，要在校内公示初评结果。如果学校接到关于评奖过程、受奖人、受奖形式、受奖结果等方面的异议材料，应及时对之进行认真核查,并将处理结果反馈给提出异议的单位或个人。

(3)核准表彰。

院(系)将评奖结果上报学校,由学校对受奖对象进行最终核准。学校主要通过通报表扬、授予荣誉称号、颁发奖状或证书、发放奖金或纪念品、寄发喜报等形式对受奖励学生予以表彰;并会以发文、召开表彰大会等方式对表现优异者进行大力宣传,旨在激励他们再接再厉、奋发图强,为其他学生树立楷模和榜样。奖励管理通过发挥楷模和榜样强大的感染力、渗透力,引导其他学生从中得到启发、教育,在潜移默化中提升自我,实现先进价值观的传递,继而形成积极向上的校园文化气氛。

(4)评估反馈。

在授奖结束后,首先,要及时对学生申请评奖材料、受奖学生名单等资料进行归档,以便学校或捐赠单位/个人日后备案审查。当出现评定奖项发生纠纷事件时,这些归档资料也可以作为证据提供给当事人。其次,要评价奖励管理的整个过程可以通过追踪受奖对象、分析评价指标、召开学生座谈会等方式进行,具体评价内容包括:评价是否实现了所设奖项的效果、目的,是否有效地激励了学生,学生领取奖学金后是否更加努力地学习;奖项评定过程是否有效率,是否需要对奖励制度进行改进。最后,要向提供捐赠的单位或个人及时反馈奖励效果,引导学生向捐赠单位或个人书写感谢信,这个过程实际上是对学生的一种教育过程,有利于实现大学生事务管理的效能,更好地发挥教育的作用,促进学生的发展。

(二)大学生惩处管理

1. 大学生惩处管理的内涵界定

惩处管理是通过批评、惩罚、或处分后进生、或违反法律法规、校纪校规的学生,使被惩处对象承受物质或精神方面的刺激,以压制、约束消极不良行为再次出现的可能性,同时督促其他学生引以为戒的管理行为。作为一种鞭策学生的外部刺激,惩处管理是反馈给学生"不能这样做"的信息,以引导学生意识到自己的错误,吸取教训、改正错误,避免重蹈覆辙。因此,实施科学合理的惩处管理能够对广大学生进行有效教育，使他们更自觉地遵纪守法。

2. 惩处的类型划分

根据学生消极不良思想或行为程度的不同，学校对学生的惩处可分为以下两种类型。

（1）批评教育。

批评教育旨在否定学生某种消极、后进的思想或行为，引导学生对其不良思想或行为进行抑制或停止。适度的批评教育可以引导学生认识到自身错误并及时改正，也能使有相似行为的学生受到启发和教育，引以为戒。

（2）纪律处分。

学生违反了日常行为规范、学校管理规定、国家法律法规，学校可就其情节轻重，遵循正当程序对其进行纪律处分。纪律处分具体可分为以下警告、严重警告、记过、留校察看、勒令退学和开除学籍六个等级。

警告和严重警告是对违规违纪程度不高的学生提出警示，使其认识到自身错误，对其消极不良行为进行及时遏制的纪律处分。这是较为轻微的纪律处分，均属于警戒型纪律处分。适用于对学校正常教育教学秩序危害程度不大的学生。

记过，比警告和严重警告力度要大，适用于违规违纪行为较为严重的学生。

留校察看是对严重违反学生日常行为规范、校规校纪、国家法律法规的学生进行的纪律处分，期限一般为半年或一年。受留校察看处分的学生，在留校察看期间保留学籍，如果没有再次出现违纪行为，可以按期解除处分；如果受留校察看处分期间又出现违纪行为受到记过以上处分的，将给予开除学籍处分；如果有特别突出的优秀表现，可酌情提前解除留校察看处分。

开除学籍是最为严重的一种纪律处分，适用于严重违规违纪的学生。《普通高等学校管理规定》中列出了适用于开除学籍处分的七种情形：①违反宪法，反对四项基本原则、破坏安定团结、扰乱社会秩序的。②触犯国家法律，构成刑事犯罪的。③违反治安管理规定受到处罚，性质恶劣的。④由他人代替考试、替他人参加考试、组织作弊、使用通信设备作弊及其他作弊行为严重的。⑤剽窃、抄袭他人研究成果，情节严重的。⑥违反学校规定，严重影响学校教育教学秩序、生活秩序以及公共场所管理秩序，侵害其他个人、组织合法权益，造成严重后果的。⑦屡次违反学校规定受到纪律处分，经教育不改的。严重违规违纪学生被开除学籍后，就丧失了在学校继续学习的资格，为确保学生权益，该种类型纪律处分应从严行使。

3. 惩处的程序

惩处管理是对学生违规违纪行为的一种"负强化"机制。考虑该行为会不同程度地影响学生的心理、名誉、受教育权等，惩处必须遵循正当程序，才能一方面对学生消极行为进行有效抑制，维护法律法规、校纪校规权威性，另一方面对学校管理行为进行严格规范，确保学校合法、客观、公正地处分违纪违规学生，为保护学生合法权益提供有力保障。对学生进行惩罚处分，一般遵循以下程序。

（1）制度公开。

制度公开包括两个方面：第一，在出台学生惩处相关制度之前，应广泛征求学生意见，根据学生反馈意见对相关条款进行及时调整与修订，而后提交校务委员会讨论研究通过后，进入制度实施阶段，这不仅有助于保证学生合法权益不受损害，更可以培养和提高学生对相关制度的认同感，引导学生自觉遵守法律法规、校纪校规；第二，在新生入学教育中融入学生惩处文件相关内容的宣传介绍，使学生对法律法规、校纪校规教育进行及时了解，保证学生对相关惩处制度享有必要的知情权。

（2）调查告知。

在学生涉嫌违纪违规时，学校要核实事件的主要事实、关键情节，在合法取得相关证据材料后，客观分析、妥善保存必要证据，之后对学生违规违纪事件的性质、程度及后果进行界定。在对学生做出惩处决定前，职能部门应将包括学生违规违纪事件事实陈述、性质界定、拟惩处类型等内容的惩处决定意见书送达学生，同时应将学生依法享有的陈述权、申辩权、申诉权及相关期限如实告诉，并要求学生在惩处决定意见送达书上签字。

（3）学生申辩。

在收到惩处决定意见书后，涉嫌违纪违规学生享有陈述权、申辩权、申诉权等合法权利。若学生提出申诉请求，学校学生申诉处理委员会往往会通过书面审查或公开听证的方式对申诉案件进行重新复核。学生申诉处理委员会采取书面审查方式时，应注意向申诉人、知情人等深入了解情况，认真查证核实新的证据材料。学生申诉处理委员会采取公开听证的方式开展复查时，应注意将包括听证时间、听证地点、学生违纪事实、证据材料、惩处意见、参加听证人员等内容的听证通知书传达给学生。在听证中，学生有权就事件展开陈述、申辩，提供相关证据材料。

（4）做出处理。

经书面复查或公开听证后，应根据不同情形做出处理决定：原惩处决定意见所认定的事件事实清楚、证据确凿，适用规范性文件、程序正当的，应对原处理决定进行维持，具体惩处学生，并及时妥善归档有关学生违纪违规事件相关证据、会议讨论记录、听证记录、惩处决定书、相关文件回执等材料；原惩处决定意见所认定的事件事实不清、证据不足，或违反正当程序的，应对原惩处决定意见进行撤销，重新定性定量原有事件。

（5）效果评估。

惩处管理既是对违纪违规学生的一种负面激励，也是一种教育手段。在对违规违纪学生进行惩处后，应及时评估其所产生的效果：某种惩处形式是否可以有效引导学生认识到自身错误，停止消极不良行为，不再重蹈覆辙；能否对其他学生产生是非导向作用，让其受到教育和启发，不犯类似错误。

二、大学生资助管理

（一）大学生资助管理的内涵界定

大学生资助管理是指高校相关管理部门在国家政策的指导下构建大学生资助体系，充分发挥多种资助方式的作用，对家庭经济困难学生的实际困难予以真正解决的过程。

大学生资助管理对解决经济贫困大学生顺利完成学业具有十分重要的意义，为贫困生获得受教育权力提供一定程度的保障，能够促进教育公平，有利于全民族整体文化素质的提高。

（二）大学生资助管理的主要内容解析

我国现行高等学校资助体系按照资助方式的不同，可以分为奖学金、学生贷款、勤工助学、特困学生补助和学费减免（即奖、贷、助、补、减）五种模式，这也是大学生资助管理的主要内容，具体如表8-4所示。

表8-4 现行的高校大学生资助体系

资助形式	资助内容	力度	受助人群	资助方式
国家助学贷款	学费、生活费、住宿费	每人每年不高于6000元	最高可达在校学生人数的20%	需要偿还，在校期间由国家贴息
勤工助学	生活费	按劳支酬，每人每月400元以内	可申请，高校每年拿出10%的学费用于该项资助工作	需要付出劳动，资助与育人结合
学费减免	学费	全免或半免学费	孤残、少数民族学生及烈士子女、优抚家庭子女等	无偿
特困补助	临时性困难	200～500元	遇到特殊的天灾人祸的学生	偶发性的补助，无偿
绿色通道		提供学费缓交，使学生顺利入学		
国家助学奖金	免学费及现金奖励	4000和6000两个档次	有经济困难的优秀大学生	无偿
专项助学奖金	现金奖励	不等	有经济困难的和专项优秀的学生	无偿
其他奖学金	现金奖励	不等	优秀的或某方面突出的学生	无偿

1. 奖学金

奖学金是指政府、学校、社会各界设立的各种形式的奖学金。根据不同的标准，可以将奖学金分为不同的类型。按照设立奖学金的目的不同可以分为三种：优秀学生奖学金、专业奖学金、定向奖学金。按照出资主体不同可分为三种：国家奖学金、学校奖学金、企事业单位和个人设立的社会奖学金。按照学生学历的不同可分为两种：本专科学生奖学金和研究生奖学金。

2. 学生贷款

学生贷款是指国家或金融机构向经济困难学生提供的贷款，分为国家助学贷款和一般商业助学贷款。国家助学贷款是由国家指定的银行向全日制高等学校中经济困难的本、专科学生发放的，用于支付学费和生活费并由国家贴息一半的人民币贷款。一般商业助学贷款则是由一般的商业银行对具有完全民事行为能力的在校大学生、研究生提供的按照法定贷款利率的贷款。

3. 勤工助学金

勤工助学金是指各高校在各个部门为经济困难学生设立勤工助学的岗位，让学生从中获得一定的经济报酬，以贴补在学期间的开支，顺利完成学业。目前，高校对勤工助学活动都十分重视，并设有专门的助困机构和专职人员。

4. 特困学生补助金

特困学生补助金是指国家和地方政府每年都拿出一定的资金作为专款，对经济困难的学生进行补助。国家还给予师范、农林等专业的学生特殊专业补贴。此外，国家还规定各个高校每年都应从所收取的学费中提取一部分资金用于补助困难学生。

5. 学费减免

学费减免是指对经济困难的学生减收、免收或缓收学费。具体分为以下四种情况。

第一，对家庭经济极为困难，确实无力交纳学费的特别是烈士子女、孤残学生等，应视具体情况减免学费。

第二，对国家奖学金获得者、西部工程受助者减免学费。

第三，对农林、师范等特殊专业的学生减免学费。

第四，对毕业后志愿去边远地区工作的学生减免学费。

另外，党中央、国务院、各级地方政府和各高校还为经济困难学生开辟了多种形式的绿色通道，如让那些确实无力交纳学费的经济困难学生通过绿色通道办理入学手续，允许他们缓交学费、生活费、办理生源地助学贷款、减免学费等。

（三）大学生资助管理的措施

近些年，高校对经济贫困学生的资助工作非常重视，在实际工作中不断探索和实践，积极构建多元化的资助体系，充分发挥资助工作的效能和价值。具体而言，大学生资格管理的措施主要包括以下四方面内容。

1. 建立健全学生资助管理制度

（1）建立经济贫困学生档案。

在大学新生入校之际，大学生事务管理工作者就要将国家和学校有关资助政策宣讲给学生，同时，应对有关资料进行收集，建立档案，这些资料应包括学生本人基本情况、家庭成员情况及其收入状况、存在何种困难及困难程度、受资助项目及金额等。将以上资料输入计算机，每学年根据具体变化，及时进行变更。

（2）做好资助信息公示工作。

在资助工作开始前，要在学校公示资助条件、程序、时间安排、标准、岗位等。在评选过程中，要根据掌握的资料进行逐一检查、筛选，然后把初步核实符合条件的学生名单予以公示，接受学生监督。这样的公示有利于保证大学生资助工作的公平、公正，提高资助工作的公信度，也有利于保证资助结果的公平与正义。

（3）多方甄别"经济困难学生"，实施动态管理。

对经济贫困生的界定是一项十分复杂和烦琐的工作。大学生事务管理工作者不能简单地仅凭学生提供的各种证明材料来界定，既看学生秉性，更要看其消费水平，通过经济贫困生身边的学生对其日常生活习惯、消费水平进行观察了解。根据学生经济条件的变化，及时调整资助对象和资助等级，实施动态管理。

2. 加大勤工助学工作力度，促进学生自主能力的培养

勤工助学是鼓励贫困生用自己的勤劳和智慧为成才创造条件的有效方式。一方面，学校学生事务管理部门要积极筹措经费，成立专门机构，配备专门人员实施，加大贫困生勤工助学的工作力度。另一方面，学校应不断增加勤工助学岗

位，为贫困生参与勤工助学提供更多的机会。这样，不仅可以帮助解决学生经济困难，顺利完成学业，而且可以对学生能力进行锻炼，在社会工作中培养学生自立、自强的能力。

3. 因势利导，广开学校、社会奖助学金的筹集渠道

在高校财力有限的情况下，为有效解决经济困难学生的实际困难，应积极吸引社会资源参与资助。大学生事务管理工作者要做好宣传工作，在更大范围内筹集更多的资金来帮助困难学生，构筑起政府、社会共同资助经济困难学生的双重保障机制，保证每一位经济困难学生获得接受高等教育的机会。

大学生事务管理工作者可以通过宣传工作，在有条件的教职工中和校外个人推行"一帮一"全方位帮扶，即资助人和经济贫困生进行一对一帮扶，让学生深切体会到来自老师和社会的关怀和温暖。受助的经济贫困生，要主动与资助人取得联系，向他们定期汇报自己的学习、生活等各方面状况，从而有利于资助人全方位、全过程地帮扶受助学生。

4. 实施关爱教育，为经济贫困生搭建广阔的发展平台

事实证明，除了对贫困生进行物质帮助，更重要的应是对其提供精神上的帮助。因为大学生在物质上的贫困是暂时的，但如果不解决好精神上的贫困，就会对他们的发展造成严重的、深远的影响。因此，在帮助他们解决经济困难的同时，还要给予更多的人文关怀和精神帮助，使他们感受到内心的满足和精神的愉悦。

首先，加强对经济贫困生的道德品质、诚实守信等方面的教育。绝大多数学生都会奋发图强，努力学习，回报父母和社会，报效祖国。但是，我们也不难发现一些经济贫困学生把获得资助当作一件理所当然的事情，不发奋学习且生活奢侈；一些经济贫困生因为自卑而不能很好地融入班集体，学习成绩也直线下滑；一些经济贫困生毕业后对学校催还贷款置之不理等。"授人以鱼，不如授人以渔"，必须从经济贫困生的自尊、自立、自强、自信教育入手，引导他们走向独立自强。

其次，大学生事务管理工作者应结合贫困生的性格和心理特点，对各种资助工作的程序设法进行简化办理，并对之进行耐心指导，给予人文关怀。

最后，建立经济贫困学生家庭的定期回访机制，把对学生的关爱延伸至家庭。积极鼓励经济贫困学生组建自助组织。例如，在一些高校成立的"寒窗之家"等学生自助组织，这不仅有利于扩展经济贫困学生的交际面，而且有利于增强他们战胜苦难、勇往直前、不屈不挠的勇气，激发他们互帮互助的热情。

总之，资助经济贫困大学生成才是大学生事务管理的一项重要任务，关系到经济贫困大学生能否顺利完成学业，实现健康成长，还与党的全面育人方针的实现有着直接的关联。只要我们依托和挖掘高校的优势和巨大的社会资源，扩大学生资助渠道，就有可能对经济贫困生问题进行有效的解决，积极引导他们学会生存、做事、合作。

第九章 大学生社会实践与素质拓展管理

第一节 大学生社会实践的设计与策划

实践是人们为满足需要而进行的能动地改造和探索物质世界的活动。根据实践的基本形式,可以将实践分为社会实践、生产实践和科学实验,其中社会实践的本质是人类在改造客观世界的同时使自己的主观世界得到改造,适应社会存在,从而能动地创造自己的社会生活,满足自身发展的需要,以建构自己所追求的理想世界。对大学生来说,社会实践是提高其综合能力的有力措施,是加强和改进其思想政治教育的重要途径。社会实践作为大学生思想政治教育的重要环节,对于促进大学生了解社会、增长知识、锻炼能力、奉献社会都具有重要的作用。

大学生社会实践活动从前期的筹划、准备,到活动过程的实施,再到后期的宣传、总结、反思、提高,是一个完整的锻炼过程。大学生只有认真做好社会实践的设计与策划,才能保证实践活动正常有序地展开。

一、根据实际确立主题

开展社会实践活动的第一步是要选择合适的实践主题。所谓实践主题,是指社会实践所要解决或说明的社会问题或社会现象。具体来说,选择实践主题要符合以下三个原则。

(一)可行性

社会实践的主题应如实考虑实践过程中可能存在的各种主客观条件。主题要考虑自身的基础知识、专业知识、兴趣爱好、实践能力、综合素养等。一般来说,大学生社会实践的主题不宜过大,如果主题太大,往往难以把握,不能深入地开展活动;而有时小角度的主题由于针对性强,反而容易出成果。

(二)现实性

社会实践的主题要具有实用性和现实性才能得到实践单位或实践地相关部门的支持,因此,在选择主题时,一定要考虑选择与社会生活密切相关,能够反映社会现象的主题。比如,选择与党和国家或与国计民生相关的问题,如医疗改革问题、农村留守儿童问题等,这些都是社会民众关注的热点,具有普遍的社会意义。

(三)创新性

社会实践的主题具有新颖性,会给人以耳目一新的感觉。具体来说,其主题可以从题目、形式到内容进行创新,也可以从旧主题中挖掘新内容,从而提出新的观点和看法。

二、规划个人实践

个人实践是指大学生单独参与社会实践的一种形式。

（一）个人实践的特点

1. 时间自由，活动形式灵活

大学生进行个人实践活动，可以根据自身情况安排实践时间，不需要与其他同学协调。另外，个人实践对于实践单位正常工作秩序影响较小，相对于团队实践，更容易进行勤工俭学、挂职锻炼类的实践活动。

2. 结合假期返乡，实践成本较少

大学生选择个人实践，可以在寒暑假期间，在家乡或者邻近地区开展社会实践活动，这不仅有利于减少成本，也方便大学生在相当熟悉的环境更方便地开展实践活动。

但也要注意，个人实践也存在一定的缺点，如个人实践活动的范围相比团队实践会相对较小；个人在外安全保障相对较弱等。

（二）个人实践规划应注意的事项

1. 查阅储备实践知识，认真准备相关物品

大学生在进行个人实践的过程中，应该查阅相关的资料，了解社会实践主题的现状和发展趋势，努力使自己的社会实践活动具有较高的立意、较大的影响，通过全面了解各种信息，准备各种实践所需的物品，减少社会实践的困难，提高社会实践的效率。

2. 规划设计实践内容，注意自身安全保障

进行个人实践活动的大学生，自己就是每件事情的决策者，因此，更应该在实践前做好相应的规划设计，避免出现麻烦。此外，大学生自身的安全更是实践过程中应该注意的问题，在实践过程中，要有自我保护的意识，确保自己已经掌握必要的安全知识，加强自身安全保障。

三、筹备团队实践

（一）团队实践的特点

（1）团队实践的实践地域广阔，大学生可以到不同地区了解不同的风土人情。

（2）团队实践由于涉及面较广，可以发挥集体智慧，团队成员之间可以相互配合完成较大量或者深入的工作，因此，获得的实践成果也往往比较丰富，具有一定价值。

（3）团队实践还可以提高大学生的合作能力，增进同学之间的友谊。

（二）团队实践筹备注意事项

1. 科学组建实践团队

在社会实践前期，团队负责人应该对团队规模、团队实践的具体内容安排等有一个明确的认识，并且与其他团队成员达成共识。应该根据实践内容确定社会实践的性质、工作量，考虑一个实践课题需要什么样的专业人才来支撑，考虑队员的专业搭配、年龄结构、性格特点等因素。例如，团队人数的多少应该根据内容来确定，不是成员越多越好；各团队应有人专门负责财务、安全、资料整理、宣传等工作，明确分工，提高团队合作的效率等。

2. 认真做好实践计划

团队实践需要考虑多方面的因素，不仅需要协调团队内部问题，还要协调团队和实践单位等，所以做好团队实践计划至关重要。应多向指导老师请教，向具有丰富社会实践的同学咨询。在策划过程中不断优化实践方案，减少人力、物力、财力的投入，保证实践任务保质、保量地完成。

四、编写实践方案

实践方案是大学生社会实践设计筹备的总结。实践方案是否完备，考虑是否周全，关系到整个实践活动的成败。

实践方案的内容主要应该包括前言、主题、目标、实践方式、实践地点、参加人员、日程安排和经费预算等。实践方案在编写时应注意以下几个方面。

一是活动策划书的内容要真实、详细，具有可行性。

二是社会实践的经费预算要尽量考虑周全，住宿、饮食、交通、宣传费用等详细列出。

三是提供切实有效的联系方式，如手机、电子邮箱等。

第二节 大学生素质拓展计划的组织与实施

大学生素质拓展计划是由共青团中央、教育部、全国学联为进一步推进高校素质教育而联合发起和组织开展的一项旨在全面贯彻党的教育方针，适应了经济社会快速发展对人力资源尤其是青年人力资源开发的迫切需要。其以培养大学生的综合素质为核心，以培养大学生的创新和实践能力为重点，为提高大学生的综合素质进行科学规划、个性化培养和综合开发。

一、大学生素质拓展计划的组织

大学生素质拓展计划需要整合各方资源，最大限度地取得校内外各种力量的支持与认同，形成合力。需要建立以制度建设、机构建设、队伍建设、资源整合、网络支持为主要内容的支撑平台，为素质拓展计划的顺利实施奠定基础。

（一）制度建设

大学生素质拓展计划的实施需要各部门统一行动、协调合作，这些都需要严格的制度保障。

1. 争取校方重视，在全校范围内建立严格、规范的实施制度

建立实施制度。建立全校统一的制度体系，并以校发公文的形式对素质拓展的规章制度进行界定，从而使全校达到统一规范的目的。

2. 制度建设的内容

大学生素质拓展计划实施的制度建设内容主要包括工作制度、工作程序、认证纪律等。

（1）工作制度是指在素质拓展计划实施过程中应把握的原则、各部门之间的责任和关系等。

（2）工作程序是指大学生素质拓展计划实施过程中的步骤、方法等。

（3）认证纪律是指认证工作人员和所有大学生必须遵守的纪律。

（二）机构建设

大学生素质拓展计划的实施必须在获得校党政领导高度重视与支持的前提下，将素质拓展计划的实施纳入全校素质教育的整体工作中，建立专门的组织机构，负责组织和协调全部门的工作，使各部门形成合力，统一部署。

1. 校级组织机构

校级组织机构的职能主要包括以下四方面。

（1）制订、规划素质拓展工作的方向和目标。

（2）完善素质拓展实施体系的各部门职能。

（3）协调各校级部门之间的关系。

（4）对各院级素质拓展机构的工作进行审查。

2. 院级组织机构

院级素质拓展组织机构的职能主要是结合学院特点制订和规划院级素质拓展方案，对大学生的素质拓展训练和职业计划的设计进行指导，对班级素质拓展工作进行监督和管理。

3. 班级组织机构

各团支部设立"团支部素质拓展认证小组"。小组成员主要包括团支部委员、班级委员会委员以及非干部大学生代表，人数一般为 5～7 人。主要职能包括以下三方面。

（1）将素质拓展证书收录的内容向广大学生宣传。

（2）督促本团支部大学生及时提交素质拓展认证申请。

（3）为院级素质拓展组织机构的工作提供支持。

（三）队伍建设

大学生素质拓展计划的实施要想始终做到既严谨，又富于创新性，就必须建立一支素质高、专兼结合的队伍，以确保各项工作的顺利开展。

1. 队伍建设的内容

素质拓展工作队伍主要可以分为专职队伍、导师队伍、大学生干部队伍、兼职队伍、网络支持人员五类。其中大学生干部队伍是素质拓展计划实施的生力军。大学生干部队伍的建设对于推行大学生素质拓展计划具有重要意义。

2. 队伍建设的原则

队伍建设要遵循专兼结合、内外结合、动态管理、注重培训的原则。

（1）专兼结合是指要以共青团干部为主建立一支专门从事素质拓展的专业队伍，同时聘请专家、学者、教师作为兼职队伍共同从事素质拓展工作，这样既可以保证队伍的人员数量，又可以保证工作的效率。

（2）校内外兼顾是指素质拓展工作不仅要聘请校内教师，也可以聘请校外人士。

（3）注重培训是指对所有的专职队伍要进行不定期培训，不断提高教师队伍的素质。

（4）动态管理是指对素质拓展工作队伍的建设需要进行动态管理，加强对专职队伍的管理，注重与兼职队伍的沟通。

（四）资源整合

要拓展大学生的综合素质，还必须整合校内外资源，发挥校际合作的优势，为素质拓展计划的顺利实施提供资源保障。

1. 大学生素质拓展计划实施所需的资源

大学生素质拓展计划的实施主要需要网络资源、人力资源、活动场地、训练场地、丰富的物质保证等。这些资源可以从不同方面为计划的实施提供良好的支撑和保障。

2. 资源整合的途径

从实际角度来说，建立资源保障体系不仅要获得校内力量的支持，还要广泛争取社会力量的支持，为大学生打造更为开放的拓展空间。具体来说，可以从整合校内资源、利用校外资源、校际合作三个方面建立相应的资源保障体系。尤其是整合校外资源和校际合作对于扩大素质拓展空间，丰富素质拓展项目具有重要意义。

（五）网络支持

网络作为现代人不可或缺的一部分，其对于大学生素质拓展计划的开展具有重要意义。大学生素质拓展计划强调"全员性、全程性、导向性、系统性"，为了使素质拓展工作深入每一个大学生，使每一个大学生受益，必须借助网络的力量。

大学生素质拓展的网络建设应遵循以下五个原则。

（1）保证良好的交互性。对大学生来说，大学生素质拓展计划是动态的自我调整和自我锻炼的过程，在这一过程中学校要对大学生进行及时的指导和帮助，而网络交互性的特点正好可以满足这一需求。要充分发挥网络的这一特点，将素质拓展网站发展成为学校、大学生、社会交流沟通的桥梁和纽带。

（2）保证良好的开放性。大学生素质拓展计划对内应当为大学生提供相互借鉴、取长补短的平台；对外应当为用人单位和社会关心高等教育的有识之士提供了解和参与高校素质拓展的窗口。因此，在建设素质拓展网站时一定要具有良好的开放性，以为大学生的成长成才提供更多的帮助。

（3）保证良好的实时性。无论是素质拓展的认证、训练项目的选择，还是项目的申请审批等，都要求素质拓展系统具有良好的实时性。这样，大学生就可以随时申请参加项目训练、随时申请训练后的认证、随时了解全校素质拓展的训练项目，而管理者也要随时更新训练项目信息，管理整个网上系统。因此，保持良好的实时性是十分重要的。

（4）保证良好的稳定性。稳定性对于网络平台非常重要，整个实施体系核心部分的运作都需要依托网络平台开展，如果网络不够稳定，对于素质拓展计划的开展工作会产生不利的影响。

（5）保证大学生的隐私权。尽管网络的开放性为大学生素质拓展计划的实施提供了更加便利的条件，但也必须重视大学生的隐私权。因此，在设计素质拓展计划网站时，就必须对权限设置、项目的开放查询等慎重考虑。

二、大学生素质拓展计划实施体系的构成与原则

（一）大学生素质拓展计划实施体系的构成

要想实施大学生素质拓展计划，各高校要建立一套完整的素质拓展实施体系，设计合理的工作流程以支持计划的有效实施。具体来说，实施体系的构成主要包括以下三个方面。

（1）基础平台是指为了实施大学生素质拓展计划所必备的理念、原则，换句话说，也就是要形成一个从校领导到全体大学生、从高校到社会各界共同关注和参与的基础环境。

（2）支撑平台是指构建素质拓展实施体系的基本支撑，其包括制度建设、机构建设、资源整合、队伍建设、网络支持五个方面。

（3）主体平台是素质拓展实施体系的核心部分，主要包括职业设计导航系统、

素质训练系统、认证系统。主体平台的设计和运转是建立在基础平台和支撑平台的基础之上的。实施体系中的各个部分是相互关联的，需要以统筹的发展观点、系统的视角和动态的管理来设计整个实施体系。

（二）大学生素质拓展计划实施体系的原则

1. 全程设计与动态调整结合

全程设计是指各高校在实施素质拓展计划中要为大学生设计大学四年的全程性指导计划。而动态调整是指针对大学生的素质拓展训练计划需要结合具体情况进行动态的调整。也就是说，大学生素质拓展计划既要为每个大学生设计全方位的素质训练计划，又要结合大学生的具体情况进行动态调整。

2. 全员拓展与个性彰显结合

全员拓展是指大学生素质拓展计划是面向全体大学生的一项全面、系统的计划，在实施过程中要使每个大学生受益。而充分彰显个性是指素质拓展计划要考虑到大学生都有自己个性化的特点，因此要为每个大学生提供彰显个性、锻炼自身能力的平台。

3. 导向服务与自主选择结合

导向服务是指在素质拓展计划的实施过程中，学校要以一定的方式引导大学生进行训练计划的制订、训练项目的选择等一系列活动。自主选择是指素质拓展训练的目的是能够为大学生提供良好的训练平台，以使大学生能够按照自我设计的方向自主地选择训练项目。导向服务并不是说学校为大学生包办一切，而是要在大学生自主训练的前提下为他们提供帮助。

4. 社会认同与院校特色结合

素质拓展计划还需要获得广泛的社会认同，为此必须统一规范，但同时还需要根据学校的具体特色，结合专业特色建设富有本校特色的素质拓展实施体系。

5. 突破创新与巩固继承结合

大学生素质拓展计划是高校共青团工作的新形势、新任务、新载体，高校共青团工作以此为契机进行突破创新是实施大学生素质拓展计划的关键。但是创新也要在继承的基础上继续发展，因此，要在继承和发扬的过程中积极发挥组织优势，为实施素质拓展计划奠定基础，从而开拓创新，构建全新的素质拓展实施体系。

6. 开放互动与个体尊重结合

开放互动是指拓展大学生素质需要在广泛的交流和互动中进行，只有这样，才能为大学生提供更广阔的展示自我的机会。而个体尊重是指建立开放交流空间时，也必须注重个人的隐私权和网络安全。

7. 整合校内资源与扩展校外空间结合

大学生素质拓展计划是一项系统工程，要给大学生提供充足的成长空间，就必须整合校内资源，形成各部门齐抓共管的局面。同时，还必须不断扩大空间，使大学生能够在更广阔的社会空间锻炼成长。

三、大学生职业设计导航系统

大学生职业设计导航是贯穿素质拓展全程的重要内容。职业设计导航系统可以分为两部分：职业设计分析体系和导师指导系统。

（一）职业设计分析体系

职业设计分析是指为大学生提供职业选择和人生设计的一些基本知识和指导，其基本内容包括个人素质分析、人才需求分析、职业竞争分析等。

（二）导师指导系统

导师指导系统可以为大学生的职业设计提供动态的、有针对性的指导，对大学生的职业设计具有重要意义。

1. 分层次、多渠道的导师聘请原则

所谓分层次原则是指，聘请的大学生导师应该包括不同层次、不同经历的人，以适应大学生个性化、富有创造力的特点。多渠道原则是指，由于现代社会需要的是综合能力较强的人才，应从各行各业、不同领域聘请导师，以培养大学生的综合能力。

2. 导师团制度

所谓导师团制度是根据导师的特点和开展工作方向的不同特点，建立不同类型的导师团。一般来说，可以分为八个类型：专业特长型、革命传统型、科学研究型、领导管理型、行业尖兵型、志愿服务型、自主创业型、专职辅导型。导师根据自身特点及工作切入点，进入相应的导师团。

3. 导师"四进"体系

所谓导师"四进"体系是指导师进支部、进社团、进网络、进生活。所谓进支部，是指导师有针对性地进入一些支部对支部生活进行指导；进社团，是聘请在某一方面具有特长的导师进入大学生社团对大学生的社团活动和相应的特长进行指导；进网络，是指导师要在相应的值班时间在网上与同学交流，指导大学生的职业设计和素质训练的调整；进生活，是导师对大学生的具体生活和学习进行一对一的指导和培养，主要针对较为特殊的大学生和群体。这四个层次保证大学生可以从不同渠道与导师进行交流、沟通。

四、大学生素质训练体系

素质训练是大学生素质拓展计划的核心部分，主要包括项目管理系统、资源管理系统和训练管理系统。

（一）项目管理系统

素质训练进行项目化运作不仅有利于大学生自主选择，也有利于团组织对整个素质拓展训练的规划和管理。具体来说，项目管理系统主要包括项目规划、项目设计、项目申报审批、项目反馈和统计等环节。素质拓展训练中心应该根据大学生的需要，对全校素质拓展训练项目的开展进行统一的指导和规划，各单位要考虑到自己的实际情况，设计相应的训练项目，然后将训练项目的设计方案向主管部门上报，审批通过后开展活动。同时，还要实时对项目开展情况进行信息反馈和统计，用以指导项目规划和设计。

（二）资源管理系统

资源管理系统是指对素质训练的人文条件、软硬件条件的科学利用和管理。其主要涉及以下三个方面的内容。

1. 素质拓展基地管理系统

大学生素质拓展计划作为一项系统工程，需要在现有的素质教育基础上对整体环境和氛围进行深入研究和科学规划。在素质拓展的环境构建上以基地建设为切入点，在校内外建立和巩固一系列素质拓展基地，以典型基地的建设和示范作用，带动校园素质拓展环境的构建。因此，基地的选择和建设至关重要。

基地的选择要注重把握特色，可以说，没有鲜明的特色就难以吸引大学生。同时，基地还必须具备良好的素质训练环境，包括人文环境、硬件环境和优秀的指导教师等，使大学生能够通过基地的训练提高自身的能力和修养。此外，基地的选择还必须坚持校内基地与校外基地兼顾的原则，要注重校内外基地的共同建设与发展，尤其注重校外基地的巩固和规范，为大学生提供丰富的素质训练内容，使他们开阔视野，锻炼能力。

基地建设的目的是为大学生提供良好的素质训练场所。因此，基地建设要有系统工程的思路，遵循长期化、规范化、网络化原则，使素质训练基地成为大学生拓展素质，提高能力的重要阵地，在基地的建设上要巩固现有的素质教育基地，总结以往建设经验，使这些基地成为素质拓展的重要阵地。

2. 社团建设管理系统

大学生社团也是大学生素质拓展计划实施的重要内容之一。大学生社团不仅在高校内部具有极强的生命力，而且可以作为与社会共同育人的纽带，为素质拓展打开更加广阔的空间。例如，青年志愿者协会不仅可以引导大学生积极奉献社会，而且也使大学生有了解社会、向社会学习的机会。在大学生素质拓展计划的指导下加强社团建设，规范社团管理，有利于繁荣高校校园文化、提高大学生整体素质。

各级各类的大学生社团是开展素质拓展训练的广阔舞台。加大培养特色社团的力度，使其具有较强的针对性和鲜明的特色，为大学生提供不同类型、不同程度的训练，从而使每个大学生都可以通过社团扩大视野、锻炼能力。

3. 网络资源的管理

在素质拓展计划的实施过程中要整合有形资源，对网络资源的整合与利用也是十分重要的。要善于利用丰富的网络资源为大学生提供拓展素质的广阔空间。

（三）训练管理系统

训练管理系统是指如何对大学生的素质训练进行合理的规划、指导与动态管理。该体系包括动态规划、自主选择、统计分析三部分。

（1）动态规划是指职业导航导师根据大学生的职业设计，帮助每个大学生设计独特的大学素质训练计划，这份计划是可以动态调整的。

（2）自主选择是指大学生要按照自己的训练计划自主选择训练项目。

（3）统计分析是指对大学生参加训练的情况进行统计分析，用以指导日后的工作。

五、大学生素质拓展计划认证体系

大学生素质拓展证书是素质拓展计划的有形载体，使素质教育有形化、具体化。证书的客观、真实直接关系到素质拓展计划的生命力。

（一）书面认证系统

书面认证系统的主要工作集中在团支部认证小组，主要内容包括大学生的即时记录和团支部定期审核两部分。校级认证中心结合素质拓展证书，设计即时记录册或记录卡发放给全体大学生，使每一位大学生在参加完素质训练之后随时记录自己的训练情况。团支部认证小组定期对全体成员的素质拓展记录进行审核。

（二）网上认证系统

网上认证系统，是指通过将网络平台和各级素质拓展认证中心的监督管理有机结合起来后，充分利用网络优势，随时申请，随时认证；客观、公正地记录每个大学生的素质拓展情况。

具体而言，网上认证是指将每个大学生参与的各项活动及其相关情况统一在网络上进行认证申请，由相关的主管部门进行审核认证，审核通过后，再将每个大学生参与活动的情况在网上进行公示。

大学生素质拓展网上认证可以分为以下三种形式。

第一种，大学生可以根据素质拓展训练项目数据库中已经开展过的项目，选择自己参加过的活动，然后注明自己在活动中参与的角色以及获奖情况，然后将该活动的认证申请提交给相关主管部门，由该部门进行审核批准。

第二种，如果数据库中没有收录自己参加过的活动，大学生可以自己填写参加的活动情况，然后将认证申请提交给自己所在的学院，由学院进行审核批准。

第三种，批量认证输入，即大学生所在的学院可以将诸如大学生获得奖学金等类似情况的项目进行统一的网上认证输入，从而使素质拓展认证过程更加方便快捷。

通过认证的申请进入公示阶段，如果没有疑问，则正式记录在网上素质拓展证书中。并且，凡记录在证书中的内容，其他人无权改动，只有校级认证中心有修改权。

素质拓展证书输出是指，大学生毕业时，为其提供网上证书内容的选择录入，大学生可以选择自己在四年大学生涯素质拓展内容中比较重要的部分作为最后的输出内容，经过相关部门审核后，由学校统一输出，以服务于大学生就业。

总之，素质拓展证书认证工作的成功与否会直接关系到素质拓展计划的发展。因此，高校应该建立严格的认证纪律，各级认证机构也必须严肃对待认证工作，坚持公平、公正的原则，避免失实现象的出现，防止走过场和形式主义。

第十章 大学生教育与管理工作的其他策略

第一节 充实大学生的文化知识

一、正确认识知识教育在人才培养中的价值

实用主义教育思想有着广泛而深远的影响,大学生总希望学到最实际的科学技术,学校也企图将最新的科技知识纳入课程内容中。一般说来,学校普遍传授的科技知识总是滞后于其产生,这种知识产生与传授间固有的矛盾,使大学生和学校的良好愿望都难以完全实现。尤其是信息化时代,知识更新的速度不断加快,新的科学技术层出不穷,仅从实用层面上讲,今日在学校里学习的科技知识,明天走出校门后就会显得陈旧。于是人们开始怀疑知识的确定性和普遍性,注意到知识的缄默性和境遇性,对知识价值的评价出现多元化和综合化趋向。从知识固有的直接功用上看,不同类型知识的价值属性存在着差异,科学知识崇尚客观

与精确，重在求真；人文知识推崇价值与意义，旨在求善，工具知识讲究方法与技巧，意在得法。此外，从个人获得知识的过程与结果及其在人才成长中的作用上看，每种知识又兼具多方面的教育价值属性。

（一）知识教育的认识价值

知识是前人的认识成果，是后人对事物进行再认识的基础。知识是人类在各种社会实践活动中获得的对自然、社会和思维等事物的认识成果，是人类经验的总结与提升。在漫长而广泛的人类活动中，人们从不同的角度对知识进行分类，并形成了不同的学科知识门类，每门学科知识都凝聚着人类极其广泛和深刻的实践智慧。只有掌握前人的认识成果，才能更迅速、更深入地认识和把握客观世界，从而推动人类文明的发展。如果没有前人的认识成果及其传递，人类文明的进步就会举步维艰。因而学校教育不能忽视知识的认识价值，轻视知识的传授，知识传授永远是学校教育的基本任务。

（二）知识教育的智力价值

知识不仅具有帮助人认识世界、把握世界的作用，而且有促进人的智力发展的功能。知识的智力价值体现在知识与智力活动间有着不可分割的联系。首先，知识中隐含有智力因素，知识是人类智力活动的成果，每一点关于事物本质和规律的认识都闪烁着人类智慧的光芒。其次，智力活动离不开知识，尽管知识本身不是智力，它是人类智慧的结晶，智力是人认识世界的能力，但智力活动必须以一定的知识经验为内容，完全脱离知识经验的智力活动是不存在的。知识的智力价值存在于知识内容中，知识的有无、多少及其性质对智力的各要素，如观察、记忆、思维、想象和推理等能力都有着重要的影响。即便主张科技理性的培根也深刻地体会到"读史使人明智，读诗使人聪慧，演算使人精密，哲理使人深刻，伦理使人有修养，逻辑使人长于善辩"。可见，不同的知识对人的智力发展有着不同的作用。虽然知识教育的智力价值早已为形式教育派所重视，但是当整个教育领域弥漫着轻视知识教育的迷雾，知识教育的智力价值被人们淡忘时，重新唤醒教育工作者对其智力价值的认识，充分注意并发挥知识教育在促进人的智力发展中的功用，具有十分重要的现实意义。

（三）知识教育的思想价值

思想性是知识的内在属性。知识可以丰富人的思想、深化人的认识，是个人思想的重要组成部分。20世纪80年代以来，受建构主义和人类文化学的影响，人们意识到知识是以社会和文化为中介的，并与一定文化体系中的价值观念、生活方式、语言符号及社会信仰不可分割。一般说来，一个人世界观、人生观的形成与其自身的知识积累密切相关，知识的种类、数量、质量以及获取方式，对个人价值观念与信仰都会产生潜在的和深刻的影响。学校传授的是结构化和体系化的知识，其中必然贯穿一定的指导理论和方法论，这些理论和方法论都会对学习者精神世界的发展产生积极的促进作用。学校教育工作者要对知识教育的思想价值有清楚的认识，在知识教育过程中，要重视知识的思想性，充分挖掘各种知识所具有的思想教育价值，在知识的传授过程中渗透思想教育。

二、充实大学生文化知识的策略

（一）恰当调整培养目标

由于历史的原因，人们对文化知识的认识具有局限性，反映为培养目标具有片面性，要么偏重知识的德性教育价值，培养服从社会需要的道德人；要么偏重知识的功利教育价值，培养物质生产需要的技能人。基于对文化知识多样性的认识，要调整培养目标，以知识的获得为基础，以素质的拓展为重点，以能力的形成为核心，确立"知识、素质、能力协调发展"的综合培养目标。知识的获得是素质拓展和能力形成的基础，素质拓展和能力形成是知识获得的终极目标。因此，学校的培养目标是促使大学生成为具有一定的认知能力和文化素养、成为能适应生活和创造生活的自由人。

（二）精心组织课程内容

在信息时代，随着知识技术更新频率的加快，课程内容选择和组织的难度也逐渐增大。考虑到文化知识的综合性，课程内容的选择和组织应遵循以下基本原则。一是基础性与时代性相结合，既要精选大学生学习必备的学科基础知识，又要及时吸收学科前沿的知识成果。二是系统性与综合性相结合。知识的组织和呈现要有良好的系统性，这种系统性不仅直接影响着大学生对知识的理解、记忆和运用，而且会影响大学生的学习习惯和智力发展。同时要培养大学生综合运用知识的能力，要增设跨学科的综合性课程，这种课程不是学科间知识的简单拼凑，而应该是依托问题的综合性学习，即通过问题的设立与解决，实现学科间的交叉与融合。

（三）重视实践教学环节

书本知识的习得过程虽然对学习者认识能力的提高、智力的发展和思想的丰富具有积极的作用，但是文化知识只有在学习者的实践活动中才能得到体现。人类的知识经验源于实践，实践活动是人类已有知识经验的具体运用，不断丰富和发展人的思想认识，同时实践活动需要智力活动的支持和参与，没有智力活动的实践是不存在的。因此实践教学是文化知识得以提高的关键环节。实践教学是在教师的帮助和正确指导下，运用知识和训练技能的过程。当前我国学校实践教学环节非常薄弱，这严重制约了文化知识的发挥。学校教育应当加强课程实习、实验教学、社会实践和社会调查等实践教学环节，积极改善实践教学内容和方法，制订合理的实践教学方案，建立和完善实践教学体系，以确保文化知识的充分实现。

第二节　端正大学生的价值观

一、大学生树立正确价值观的重要性

在全国高校思想政治工作会议上，习近平总书记围绕"培养什么人、怎么培养人、为谁培养人"这一教育根本问题做出重要讲话，提出培养社会主义事业合格建设者和可靠接班人，要切实提高大学生的思想水平、政治觉悟、道德品质和文化素养，努力把当代大学生培育成为德才兼备、全面发展的人才。"知者行之始，行者知之成"，思想是行动的先导，价值观是个体思想通过复杂的辩证系统形成的具有逻辑批判的衡量工具，价值观对人的实践活动有非常重要的指导作用，树立正确的价值观是走好人生之路的前提。

人生好比扣扣子，从一开始就要扣好。扣好人生第一颗扣子，方能走好人生第一步。大学是青年价值观形成的关键期，在这个时期树立正确的价值观，等于扣好了人生的第一颗扣子。青年是祖国的未来，民族的希望，大学生价值观的树立不仅关系大学生的成长道路，更决定了社会的价值趋向，关乎整个时代的价值观质量。学校作为思想政治教育的主要阵地之一，肩负着引领大学生积极、健康、向上价值观的重大使命，将正确价值观融入大学生培养的全过程，对其成为"可爱、可信、可贵、可为"的有志青年具有重要指导意义。

二、树立大学生正确价值观的影响因素

相较于90后、80后，00后大学生生活的年代不同，社会政治经济大背景不同，家庭结构也不同，大部分均为独生子女，因而受来自社会环境、学校教育和家庭等方面的影响，价值观与90后、80后也有着本质的区别。

1. 社会环境因素

不同于以往任何一代，当代大学生是成长红利最丰厚的一代，他们开始全面享受较高的人均GDP和较低的人口出生率，以及丰富的物质和繁荣的文化产业，在这样经济快速发展和成长环境优越的社会背景下，青年期的大学生思想并不成熟，他们的价值观极其不稳定，大学生易陷入追求更加舒适和奢靡的生活，甚至相互攀比的不良风气中。据调查，大部分00后大学生的人均月生活费为1500～2000元，有些大学生月生活费在2000元以上。生活费主要用于生活、交际和个人形象，其中学习消费占比很小。社会环境决定了他们心理更早成熟，在社会功利氛围的影响下，他们崇尚利己观和享乐主义，抱着"不将就""不委屈自己"的观念，认

为想要的东西就应该有拥有,甚至不惜通过信用卡、网络贷款等方式实现,提前消费已经变为一种时尚。

社会的发展导致网络发展和法律制度不健全的失衡,新媒体的良莠不齐致使大学生接收信息缺乏滤网。社会腐败问题、道德缺失不良风气的恶意传播和西方霸权主义、日韩文化的侵蚀致使大学生产生了扭曲的价值观。部分大学生价值观变得从众化、片面化,即用主观性的想法去评判个人价值在社会中的现实意义。

2. 学校教育因素

传统的授课模式忽略了学生差异,学生听,老师讲,灌输式的教学理念和方法使大学生缺乏自主学习、踏实钻研的精神,过早形成拿来主义的风气,不能满足大学生求实创新的发展要求。此外,还存在授课内容时效性差、教育力度不足等问题,为了争夺稀缺的有利资源,在社会中占有一席之地,大学生们逐渐形成了重视个人利益和发展的价值观。

3. 家庭因素

在计划生育政策的影响下,大部分00后学生享受着家庭中长辈独宠孩子一人的待遇,形成了很强的自我意识。由于缺乏同龄人间的相互关爱和沟通,所有获得视为理所当然,遇到问题考虑自己为首要,缺乏责任感和感恩意识。家庭竭尽所能为其提供优厚的生活条件,物质生活得到极大满足的同时,造就了00后大学生极强的享乐主义与拜金主义价值观。这些都为大学生正确价值观的树立增加了阻力。

三、引导大学生树立正确价值观的途径

(一)加强师资建设

"桃李不言,下自成蹊",要培养具有社会主义核心价值观的学生,就必

须要有一支政治强、业务精、作风正的教师队伍，因此高等院校应该加强师资队伍建设。大学生的价值观培养，课堂是主要阵地，思政教师是主力军。所谓"打铁还需自身硬"，思政教师要把正确的价值观传授给学生，就要以社会主义核心价值观来武装自己。从学校层面邀请相关的教育专家进行专题讲座和理论培训，促使价值观的教育理论化、系统化。思政教师本人也要有提升自己理论素养的意识，通过培训和进修等方式方法扩充新知识，与时俱进，拓宽视野。除此以外，思政教师还应带领学生从学校走出去，参加人文社会实践，通过基层锻炼，进一步促进大学生正确价值观的形成。另外，除了思政教师外，学校政党干部、共青团干部、班主任（辅导员）以及学校各部门的教职工人员都同样承担着树立学生正确价值观的主要责任。同时，高等院校应注重师德师风建设、努力打造出一支技精德馨的教师队伍。

（二）大力弘扬宣传

"随风潜入夜，润物细无声"，校园文化是思想宣传的主要方式，在掌握学生的思想现状和实际需要前提下，通过正确的宣传途径，使价值观在大学生心中内化，坚定理想信念、端正价值追求。宣传途径主要包括学报、校报、横幅、校园广播、教室墙面、走廊、黑板报、电子屏、校园网站、学校公众号等方式。此外，各学院还可以专门针对学院的师生建立以宣传社会主义核心价值观为核心的微信公众号平台或者开设官方微博，定期更新有关主题的文章，通过新媒体渠道对价值观进行全方位、多角度、新视野的宣传报道。此外，学校团部还可以组织举办相关主题的演讲比赛、征文活动、文艺演出、文化展览、名人展示、主题班会、校外实践，成立社团协会等方式让学生亲身参与到校园文化建设中来，成为宣传弘扬价值观的代言人，让大学生深刻地认识到自己所处的重要地位和肩负的历史使命，戒除与社会主义核心价值观相背离的思想和行为。最后，学校还应当定期举办主题讲座或报告，通过正面知识宣传使每个大学生都能够深刻理解价值观，从而树立起正确的价值观。

（三）加强国学修养

"国学养正，毓德树人"，国学是中华民族根基的文化，是我国传统文化的精髓和核心，国学教育是从民族角度出发，培养学生的爱国主义情怀。加强国学修养，促进大学生在国学知识潜移默化的影响中改变原有思维方式和习性，在国学的浸染中提升自身道德修养，从而树立正确的社会价值观。国学的主体内容和现代文明是一致的，如"四书""五经"等经典著作，蕴含着基本的行为道德标准和丰富的人生哲理；如孔子的"仁、义、礼、智、信"思想；如儒家推崇的"修身、齐家、治国、平天下"精神等是国学的精粹，也是当今社会塑造人格品质的道德要求。国学教育的意义在于有利于开展思想道德教育，加强国学修养，树立学习民族文化的自觉和自尊，深刻理解国学的内涵，潜移默化为自己的生活准则，吸收于日常学习、生活、工作中，不仅提高内在修养，更能有效树立正确的价值观，为社会主义现代化建设创造无限的社会价值。

当代大学生是青年中的优秀群体，是国家的生力军，是民族的未来和希望。在社会转型发展阶段，价值观的多元化趋势迫使大学生面临如何选择主导性价值观的困惑，因此，要把握时代特点，结合大学生的思想实际，聚焦加强中华民族精神培育的重点，引导当代大学生树立正确的价值观，并在实践中不断提炼和完善价值观。

第三节 促进大学生的心理健康

大学生的心理健康问题不仅关系到大学生个人的学习、生活、工作和身心健康成长，关系到社会的发展与未来，也关系到中华民族素质的提高，理应引起全社会的重视。高校为社会培养身心健康、全面的专业人才，应当采取积极措施，对大学生进行心理健康方面的指导和帮助，优化大学生心理素质。

一、明确大学生心理健康的标准

明确大学生心理健康的标准，可以使大学生有检验自身心理健康的尺度，也可以明确大学生心理健康努力的方向。对教师来讲，明确心理健康的标准，将有助于更好地引导学生健康成长。根据国内外学者的研究以及我国大学生的心理实际，将大学生心理健康的具体标准概括如下：

（一）能保持正确的自我意识

衡量人格成熟与否的标准是自我意识，而人格的核心也是自我意识。古语说"人贵有自知之明"，心理健康的学生一般都能客观评价自我，了解自己，既不妄自尊大，又不妄自菲薄而甘愿放弃可以发展的机会，同时自信乐观，悦纳自己，生活目标和理想切合实际，能够扬长避短，发挥自己潜能。相反，心理不健康的学生往往缺乏自知之明，或者自恃清高，唯我独尊，自以为是，目空一切；或者自暴自弃，自责自怨，自卑忧虑，陷入孤独的封闭状态。有的学生对自己十分苛刻，过分追求完美，要求过高但总也达不到，内心无法保持平衡，从而失去自信。

（二）能自觉调节和控制情绪

情绪影响人的健康，几乎涉及生活的各个方面，影响人的工作效率。心理健康的学生善于从平凡的生活中寻找乐趣，能经常保持愉快、开朗、乐观、满足的心情，对生活和未来充满希望。虽然有时候也会有愤怒、焦虑、悲伤等不良情绪状态，但能自觉调节，适当地表达和控制情绪。相反，心理不健康的学生遇到一点小事就会情绪大起大落，常常喜怒无常，或长时间处于消极情绪状态而不能自拔。

（三）能保持对学习较浓厚的兴趣和求知欲

一般来说，智力正常是一个人正常生活学习最基本的条件。但对已考上大学的大学生来说，他们不仅智力正常，而且一般都比较优秀。进入大学生活后主要内容和任务是学习。心理健康的学生往往求知欲强烈，珍惜学习机会，能在学习中努力克服各种困难，尽可能发挥自己的才智，使学习保持一定的效率，学习成绩比较稳定，不会大起大落。

（四）能保持良好的社会适应能力

导致心理障碍的一个重要原因是不能有效地处理与周围环境的关系。心理健康的学生能够面对现实和正视现实，主动适应环境，关心社会，接触社会，对社会现状有清晰正确的认识；当自己的需要和愿望与社会的要求相矛盾时，努力使自己的思想行为与社会协调一致，修正自己的计划。相反，心理不健康的学生往往沉溺于个人的幻想中，不敢正视社会现实，不敢面对挑战，逃避现实；或者把责任统统推给社会和他人，怨天尤人，甚至采取反社会的态度，从而无法适应社会生活。

（五）心理行为符合年龄特征

心理学研究发现，人在不同的年龄阶段有相对应的不同的心理行为表现。一个心理健康的人，他的认知、情感、言行、举止符合其年龄特征。心理健康的大学生往往喜欢探索，精力充沛，勤学好问，反应敏捷。一个大学生如果成天紧锁双眉，唉声叹气，老气横秋，忧心忡忡，或者动不动就发脾气，喜怒无常，或者任何事都拿不定主意，依赖别人为自己做主，都属于偏离大学生年龄特征的不健康表现。

（六）能保持和谐的人际关系

和谐的人际关系是心理健康不可缺少的条件，而个体的心理健康状况主要是在与他人的交往中表现出来的。心理不健康的学生或者过于封闭内向，与集体和他人格格不入，独来独往；或者在与他人交往中变现出猜疑、不能谦让、嫉妒、敌视而不能为别人所接受；或者缺乏交往技能而不能建立良好的人际关系。而心理健康的学生乐于与他人交往，能用尊重、宽容、信任、理解等肯定态度与他人相处，能为他人所接受、理解，与集体保持协调的关系，能分享、接受和给予爱与友谊，能与他人同心协力，合作共事，乐于助人。

以上大学生心理健康的六条标准并不是固定不变的，更不是绝对的。这是因为大学生的心理丰富而复杂，不断变化和发展。这几条标准的提出，目的是为大学生提供一个标准，使学生能作为参考，分析衡量自己的心理状况，努力克服不健康的心理和行为，也为高校教师与德育工作者提供了分析和判断大学生心理健康的依据。

二、正确理解和运用大学生心理健康标准

正确理解和运用大学生心理健康标准应注意以下问题：

心理健康与不健康是一种连续状态，而不是泾渭分明的对立面。在许多情况下，正常心理与异常心理、常态心理与变态心理之间没有绝对的界限，只有程度的差异，这是因为从良好的心理健康到严重的心理疾病之间存在广阔的过渡带。

心理健康的状态是动态变化的过程，而不是固定不变的。随着人的成长、环境的改变、经验的积累，心理健康状况也会有所改变。心理健康的标准是一种理想尺度，这不仅为我们提供了衡量一个人是否健康的标准，也为我们指明了提高心理健康水平的努力方向。所以说每一个人在自己现有的基础上做不同程度的努力，发挥自身的潜能，都可以追求心理发展的高层次。

能够有效进行工作、学习和生活是大学生心理健康的基本标准，如果正常的学习、工作、生活难以维持，应该及时调整。心理不健康是指一种持续的不良状态，所以偶尔出现些不健康的心理和行为并不等于心理不健康，更不等于已患心理疾病。因为一个人心理健康与是否有不健康的心理和行为表现不能等同，所以不能仅从一时一事而简单地认为自己或他人心理不健康。

三、加强大学生心理健康教育

大学生心理健康教育的形式往往是丰富多样的，可以通过系统地学习知识，

也可以通过日常的生活、学习、交往获得。通过系统的课程教学及课外生活学习指导，可以使学生认识心理健康的重要性，了解人的智力因素、非智力因素、情绪意志、个性特征及变化发展规律，学会处理协调各方面关系的能力，学会与人交往的基本技能和态度，掌握心理调适的方法，这是保持心理健康的基本途径。

对全体教职员工进行心理健康教育。严格地讲，教师的心理健康对学生的影响更大。对教师进行心理健康教育，注重提高教师心理健康水平，是为学生成长提供良好环境的重要举措。一方面会直接影响教师本人的工作、事业、生活与健康；另一方面，会直接影响学生。假若教师心理不健康，情绪不稳定，人格不健全，心境不愉快，将会影响人格尚未定型的学生。所以说，教师的心理健康状况甚至比他的专业知识更重要。

高校应系统地开设心理健康教育课程或相关课程，定期举办专题讲座。比如通过开设必修课、任选课、限选课等方式，以课堂讲授为主，系统地传授心理健康的知识以及心理学的知识，如"大学生心理学""性心理学""青年心理健康""社会心理学""人格心理学"等。另外专题讲座可以根据学生共有的心理问题，选择适当时机举办专题报告。如新生入学时，可以举办"环境适应与角色改变""从中学到大学的心理适应"等专题报告或讲座；学生考试期间，可以举办"紧张与焦虑的解消""考试的心理卫生"等方面的报告；毕业生离校前，像"自信地迈向新生活""走上社会必备的心理准备"之类的报告就很有必要。这类讲座的对象明确，针对性强，一般较受大学生不同层面需求的欢迎。

积极通过校内传播手段来普及心理健康知识。充分利用板报、校刊、广播等手段造声势、扩影响，增加心理健康的知识，提高大学生心理健康意识；也可以通过"心理健康宣传周""心理卫生日"等活动，集中强化心理健康知识的宣传，解答学生生活中的困惑和问题。

四、培养大学生良好的人格品质

对大学生自身来讲，注意培养锻炼自己良好的人格品质是保持心理健康的一个重要的途径。在整个环境中，致病因素大量存在，预防心理疾病关键是增强自身的免疫能力。在以往的教育中常常重视身体素质和知识的培养，忽视了对心理素质的培养，因而使许多学生的人格缺陷未能及时发现并改善，成为心理障碍形成的内在因素。因此对进入青年期的大学生来说，能发挥自己的主观能动性，并自觉主动地优化自己的人格品质，不仅是必要的而且是可能的。

（一）正确认识自我，培养悦纳自我的态度

心理学研究表明，自卑感过重的人或自我过于夸大的人，常会感到紧张焦虑而导致心理问题产生，而凡是对自己的认识和评价与本人实际情况越接近，表现自我防御行为就越少，社会适应能力就越强。因此，大学生应当深入了解自己，充满自信，正确评价自己，不苛求自己，不求十全十美，不为自己存在的缺点和不足而沮丧，不以己之短来比人之长，也不以己之长而比人之短，定立目标尽可能符合自己的实际情况。如果定立目标过高会倍感压力，难以实现；目标过低会轻易取胜，易滋长自负心理。因此，大学生客观的自我评价、接纳自我的态度对于促进心理健康是至关重要的。

（二）树立正确的人生观与世界观

人之所以是万物之灵，是因为人所独有的极其复杂、丰富的内心世界，而它的核心就是一个人的人生观和价值观。有了正确的人生观和价值观，就能对人生和社会持正确的认识，并采取适当的态度和行为，就能使人站得高、看得远，并正确地体察和分析客观事物，做到冷静而稳妥地处理事情，同时心胸开阔，保持乐观的态度，保持心理健康，提高挫折承受能力。大学阶段是大学生人生观、价值观的定型阶段，应该自觉学习，努力提高，确立科学的人生观和价值观。

（三）自觉地调控情绪

研究发现，情绪对人的心理健康影响很大。情绪可分为两类：积极的情绪与不良的情绪。要保持积极的健康的情绪，必须学会疏导不良情绪，而情绪调节

的方法有多种，比如合理宣泄、转移、升华等。当代大学生应该做情绪的主人，根据不同的情绪，采取不同的调节方法，宣泄、疏导、克服不良的情绪，使消极的情绪对身心的伤害减至最低程度。

（四）提高对挫折的承受能力

古语说"人生逆境，十有八九"，人生道路上都会遇到大大小小的挫折，就像巴尔扎克所说的，挫折就像一块石头，对于怕他的人是一块绊脚石，对于心理健康的人是一块垫脚石，不为眼前的困难所吓倒，让人看得更高更远。学习上的困难、与同学间的摩擦、爱情上的失意等都可能会给大学生活带来挫折感。有了对挫折的心理准备，保持心理平衡，就可能在挫折面前应对自如。

挫折承受能力的高低与一个人的思想境地、过去的挫折体验、对挫折的主观判断、有无支持系统等因素有关。培养挫折承受能力就应该努力提高自己的思想境界，凡事从大局出发，拥有良好的社会支持系统，建立和谐的人际关系。

（五）科学地对待心理疾病

人的心理、精神状态也和人的身体状态一样，可以保持正常状态，也可能出现异常、障碍和疾病。人们往往对于躯体疾病和生理障碍一般都容易接受，并主动求医求治，但是，对于精神疾病和心理障碍却不甚了解。有一些大学生存在着不同程度、不同类型的心理障碍或精神疾病，在日常学习和生活中饱受痛苦，却不知道求得专业心理治疗或咨询机构的帮助。因此，确立对待心理疾病应有的科学态度，了解心理疾病，是维护心理健康的重要内容。

（六）培养健康的生活方式

近年来，人们越来越关注生活方式对生活健康的影响。生活没有规律，随心所欲，或者一头扎到学习中，置其他于不顾，这些都不是健康的生活方式。

第四节 增进大学生的体育体能

健康的体魄是青少年为祖国和人民服务的基础前提，是中华民族旺盛生命力的体现。学校体育起着承前启后的"桥梁"作用。在体育理论教学中，使大学生掌握科学锻炼身体的方法，为终身体育锻炼打下基础。只有这样，才能适应社会的竞争，适应现代化科技向人的体能的挑战。下面就增进大学生体育体能的具体措施加以介绍。

一、增进个性化体育教育策略

在一个相当长的时间内，中国的教育，由于受传统教育的影响，以及教育自身存在的问题，总是重视群体利益而忽视个体利益。在体育教育领域同样存在着此类问题，长期以来，中国高校体育教育在价值取向上存在着偏差，较多注重和突出社会需要，较少强调和提倡个体需要，这种以社会价值为统摄与驱动的高校体育，虽然具有自身的优越性，但他对培养生动、活泼、自由、民主的学风具有客观的阻滞作用。在这种价值观的统摄下，高校体育教育存在着严重的模式化倾向。在教育过程中过分强化"教"的统一要求——统一的教学大纲、统一的课程内容、统一的评价方法等来塑造统一规格的人才，致使大学生缺乏个性风采。所以，高校体育教育必然应由模式化转向个性化。

（一）高校个性化体育教育的理论依据

高校教育的个性化有其深远的历史背景和现实意义。马克思主义关于人的全面发展理论是确立高校个性化体育教育的理论依据。人的个性发展与人的发展密不可分，两者是部分与整体的关系。只有分析人的发展的各种关系，才能辨明个性发展的诸多因素。马克思主义首先摒弃了以往从"抽象的人"出发来阐释人的发展的理论，代之以从"现实的人"出发，对人的本质进行现实、科学的揭示；其次，在处理人的发展与社会发展的关系时，强调两者是辩证的统一的关系，作为一个全面发展的人，必须是社会化与个体化相统一的人；再次，马克思在此强调的是"自由"与"发展"，这种发展不是无差别地统一发展，而是每个人个性的自由发展。马克思认为，人的个性的全面发展与社会的进步是一致的。人们的社会历史始终是他们个性发展的历史。在唯物史观的基础上探索人类如何从自在走向自为始终是他们关注的重点。这些都是从对人类自身发展的深切关心而产生出伟大的改造社会的构思。这些理论对进一步分析人的个性中的主体性，提供了辩证的分析方法和基础。

1. 从世界教育的趋势来看

强调个性发展是当今世界教育的共同趋势。应培养人的自我生存能力，促进人的个性的全面和谐发展，并把之作为当代教育的宗旨。近十年来，各国在面向 21 世纪的教改战略中都提出了个性化问题。日本在 20 世纪 80 年代中期进行了近百年来规模最大的一次教育改革，改革直接指向其僵硬的教育制度以及过分强调教育顺应社会的变化，而忽视个性和自由等弊端，将"重视个性的原则"作为今后教育改革的首要的、贯穿所有环节的基本原则。20 世纪 80 年代后半期，苏联的一些教育家倡行合作"教育学"，主张"个性民主化"，认为教育的目的就是培养鲜明的、刚强的、创新的、为崇高理想所鼓舞而热情奋发的人。由此可见，重视培养大学生的个性已成为历史发展的显著趋势。因此，不论人们意识到或承认与否，个性化是社会历史发展到一定阶段后对高等教育的必然要求。

2. 从素质教育的含义来看

从"素质教育"提出的背景来看，它是针对"应试教育"的弊端，片面追求升学率导致学业负担过重，损害了大学生身心健康而提出的一种概念。素质教育是着眼于受教育者及社会长远发展的要求，以面向全体大学生、全面提高大学生的基本素质为宗旨，以注重培养受教育者的实践能力、创新能力，促进他们在德智体美等诸方面生动、活泼、主动地发展为基本特征的教育。素质教育的核心是"个性发展"，是将传统的社会本位转变为个人本位发展的一种教育思想。素质教育强调"个性发展"既承认人与人之间的基本素质是相同的和相近的，又承认人与人之间不同的发展方向，不同的发展层次水平以及个体的不同心理特征之间存在着差异。所以，体育教育必须满足每个大学生的"教育需求、身体需求、情感需求"，以求得每个大学生的身心和谐发展。

3. 从现代教学论来看

现代教学论发展的趋势之一是强调个性培养，增强创新意识。个性化教育是着眼于充分发展人的个性而实现的教育。它针对人的个性差异，通过一系列的训练和培养，使其得到充分发展。大学生的禀赋、爱好、才能和特长是各不相同的，要让他们有充分施展的余地，为他们的"表现"提供良好的条件。只有每个大学生的个性得到充分发展，才能给集体带来独特的东西，从而使集体生活丰富、活跃起来。

（二）个性化体育教育的内涵分析

作为个性化体育教育研究起点的个性，是大学生在体育活动中经常表现出来的、比较稳定的、带有一定倾向性的个性心理特征总和，是一个人有别于他人的具有自己个人独特的体育行为、思想等精神面貌的总的体现，它包括体育个体倾向性（需要、兴趣等）和个性心理特征（性格、能力等）。

个性化体育教育是相对于划一性、模式化体育教育而言的。所谓个性化体育是人性化、个人化（考虑个人的身心特点、天赋、特长、兴趣、爱好、志向等）、特色化（有个性特色的培养目标、课程体系、教学内容）、和谐化（个性与共性的融洽）的教育。这种教育顺应了人的内在发展要求，顺应了体育教育的内在规律，顺应了时代对人、对体育教育的必然要求。

提倡个性化体育教育并不意味着高校体育必然脱离社会需要，而是指在社会需要和个体需要两者统合的基础上着重选择。这种选择是在特定地区、特定时间、特定条件下，针对时弊做出的调整。在现实中，中国高校体育教育存在着忽略个性教育的问题。大力提倡个性化思想，大胆进行个性化教育实践，是校正偏差之举。

（三）实施高校个性化体育的具体思路

社会主义教育是要使人的个性得到全面发展，高校体育要努力促进大学生人格的完善和综合素质的提高，实践中要重视大学生个性的发展，其具体思路如下。

1. 设定"合格加特色"的教学培养目标

促进大学生体育个性发展的首要因素，在于学校所设定的培养目标。它是大学生体育个性发展的指南针，直接影响着大学生的成长趋势。培养目标同时受社会发展水平及大学生的身心发展规律和学科功能特点的多重制约。据此，应把"合格加特色"作为当前中国高校体育培养目标构成中的主体思想。"合格"包含两层含义：一是大学生应具备的高校体育层次所要求的体育文化素养；二是大学生应达到高校体育教学目标的基本要求。"特色"可以从两方面理解：一是体现个体间的差异，鼓励每个大学生发挥自身的特长优势；二是满足大学生特殊需要，即考虑其所学专业和未来职业的需要，使他们掌握一定的职业实用性运动技能与技巧，培养未来职业所需的一般运动素质和特殊运动素质。以"合格＋特色"为主体思想构成的培养目标，既能吻合社会需要和大学生的基本要求，又能给大学生充分发展个性优势的空间。这一目标思想是坚持个人发展需要与社会发展需要的辩证统一价值观的体现。它是一般发展与特殊发展的统一，是共同发展与差异发展的统一。

2. 建构适应大学生个性发展的体育课程体系

模式化体育教育在课程设置方面的主要弊端是内容偏于狭窄，结构趋向单一，形式过于保守，很不利于大学生的体育个性发展。个性化的体育教育的思想要求建构新的课程体系。由于人是社会的产物，个人的拓展是在社会和集体中实现的，所以人的个性必须以社会为依托，并归属于一定的社会关系和社会文化中。因此构建适应大学生个性发展的课程内容和体育课程结构，不能偏离社会需要。

体育课程结构应根据大学生的自身发展和社会需要，体现多元化的结构特征。多元化课程结构体系是集体教学与扎实基础助学科课程；分类指导与寻求个性、特长发展的活动课程；体育养成教育的隐性课程。学科课主要侧重于传授体育文化，即以体育学科的系统知识、技术原理为目标，为培养大学生体育能力打下坚实的基础。课的类型以基础课和选项课为主。基础课选用以全面发展身体练习为主的教材；选项课是根据大学生自己的爱好和基础而设置的，以提高大学生某项目的运动技术与技能为目标。活动课程主要使大学生在活动的主体意识、行为能力、情感态度方面得到发展，课程内容主要是以大学生的心理水平、学习兴趣、体育特长和个性社会生活为基础而设计的内容。隐性课程是在没有教师的指导下，让大学生运用所掌握的运动技能，独立从事体育运动和锻炼身体，培养大学生的体育意识、自我学习和自我锻炼的能力。

3. 适应大学生个体差异发展的多元化教学组织形式

课程结构的多元化，大学生个体差异的多样性，决定了学校教学组织形式的多样性和灵活性。多层次教学组织形式是较理想的一种模式，该模式的特点是充分考虑到大学生存在的个体差异，区别对待进行教学，有针对性地加强不同类型大学生的学习指导，使每个大学生都能最优发展。从操作角度表述，多层次教学是以集体教学、小组教学、个别教学为主线，配合分层教学、分层要求、分层推进及分类指导、分类推进的教学组织模式。分层教学、分层要求、分层推进主要在基础课和选项课教学中进行。基础课分层教学，一是教学内容要有层次性，二是练习负荷要有层次性。选项课主要依据大学生的学习能力分层教学。一般分为两个层次或三个层次，大学生依据自己的基础和水平，自愿选择参加的层次。分类指导、分类推进以活动课程为主要途径实施。教师依据大学生对活动课的选择对其个性、爱好和特长进行分类指导。

4. 建构多元化的教学模式

课程形式、内容的多样性和大学生的差异性以及教师的不同水平，决定了教学模式不可能是单一的，没有一种教学模式是为适应所有的学习类型和学习风格而设计的。遗憾的是，教学模式的多样性在中国高校体育教学中缺乏表现。至今在教学中占统治地位的仍是教导式的教学模式，个性化的体育教育要求人们改变这种局面，实现教学模式的多样化。多样化要求不仅应贯彻于不同的课程的教学过程中，也应贯彻于统一课程、课堂、学生班级以至统一对象的教学过程，是因课制宜，因时制宜，因事制宜，因人制宜。高校体育教学模式的构建显然要取决于后者。多样化的教学模式是促进大学生体育个性发展的关键因素。

5. 优化学校环境，形成良好学风

教育总是在一定的时间、一定地点，通过一定的社会成员，采用一定的方式方法来实现的，这些实施要素便构成了施教环境。大学体育教育本身是人们有意识地自觉进行的社会实践活动，因而它的施教环境也是人们自觉制造和主动治理的结果。大学就像一个摇篮，不同的摇篮孕育着不同的后代，一方水土养一方人，独特的学校环境潜移默化塑造着其中的每一个受教育者。为实施个性化的体育教育，高校体育在观念上不可避免地还要进行一系列改革。就体育环境的创设而言，可着手于硬环境和软环境两大方面，重在将封闭式教育转化为开放式的教育，为大学生提供丰富的教学内容、开放的教学空间、教学时间，在教学模式和教学方法上更灵活；在软环境方面，重在形成一种有利于提高大学生体育文化的素养的氛围，注意隐性课程的潜在影响，建立、健全校内各体育协会和俱乐部，充分发挥他们的作用，有系统地组织一些丰富多彩的健身、竞赛等活动。加大高校体育的宣传力度，充分发挥广播站、电教室、宣传栏的作用，形成宣传网络。优化体育教育环境，能够形成良好的学习气氛。

高校体育十几年的改革成效卓著。然而人们必须看到，现行的机械培养模式已成为高校体育进一步发展的阻碍。根据社会发展、体育发展自身的需要，以及当今世界教育改革的趋势，高校体育应通过各种途径加强对大学生的个性培养。高校体育在实施个性教育中，应以体育课程改革、教学模式改革和教学方法、组织形式的改革为重点，以创造优良的体育教育环境为必要条件，才能加快个性化培养的进程。然而，个性化体育的课程与教学在中国学校体育中没有优良的传统与坚实的基础，它的理论与实践还有待于体育教育工作者潜心研究。

二、推进学校体育管理工作改革

体育工作是学校教育工作的重要组成部分。在"应试教育"向素质教育转变的今天，如何提高学校体育工作的管理水平，这将直接影响到新时期党的教育方针能否得到全面贯彻执行。因此，加强学校体育工作的管理，是全面贯彻党的教育方针的需要，是"应试教育"向"素质教育"转变的需要，是培养21世纪复合型人才的需要。要使体育在学校教育中发挥更大的作用，首先要建立一个强有力的领导班子；其次要提升教学管理者素质；再次要用好现代化管理工具；最后还要建立一个团结向上的体育教研组来加强学校体育工作管理与开展教科研活动。

（一）建立强有力的领导组织

体育教育要在学校工作中发挥更大的作用，必须有一个有权威，能领导、指挥、协调学校体育工作的领导小组。由体育工作领导小组来健全管理制度，构建管理网络，加强运行管理，做好环环落实。学校体育工作领导小组成员在主管校长的统一领导下行使体育管理职责，使管理人员在其位、管其事、谋其政。对管理工作成绩显著者给予表扬和奖励，奖勤罚假，实行干好干坏不一样的奖惩制度，充分调动每个管理人员的积极性，使学校体育管理形成科学合理的管理网络。校长是学校工作主要领导者和组织者，统筹协调学校体育工作。学校各级管理部门中教导处是学校工作的主要职能部门，参与体育管理全过程，是管理的主要角色和实施者。学校工会、团队、总务部门、体育教研组、年级组是学校体育工作管班群体，它们从不同的角度、层面，充实、丰富、调整学校体育管理，从而使管理更加贴近学校实际，更加符合客观规律。在体育工作领导小组协调下，各部门之间相互沟通、相互协调、综合平衡、系统全面地搞好学校体育工作。加强学校体育管理最终目的是面向全体大学生，全面提高大学生素质，提倡教育自主性，这也是素质教育的基本点。

（二）提升教学管理者素质

管理者的素质在很大程度上影响着教学管理工作的质量，管理者的综合素质越高，教学管理工作效率就会越高，会起到事半功倍的作用。以当前高校体育教育管理者的整体素质为依据，可以从以下两个方面着手：第一，教学管理者应该建立起一种自觉学习的意识，对各种先进的管理策略及方法展开研究和分析，然后与高校自身的管理现状相结合，对相应的管理办法展开改进和实践，从而创造出一种与高校的具体情况相适应的科学管理手段。第二，教学管理者不仅要有较强的专业素养，还要有较强的体育管理技能，二者不可或缺。

（三）用好现代化管理工具

高校体育部是学校体育工作的主要职能部门，开展学校体育教育是学校体育管理工作的一项重要内容。随着高校教育的持续改革，建立起了淡化专业、强化学生能力和素质的新的办学理念，从原来的单一的教学形式，变为了一个多层次、多因素、多形式的有机体系，要使这一体系的效能最大化，就必须采用与其相匹配的现代体育管理方式。例如，在课程的评估工作中，管理者除了要将学生的体育成绩作为衡量标准外，还应该将课程教学氛围、师生交流情况、学生合作情况等作为衡量标准，让考核评定更加全面，从而为今后教学计划的有效制订提供必要的依据。又如，在高校体育教育管理工作中，教学档案信息管理是其中的一项重要工作，是对学生各方面身体素质进行记录的最基本和最原始的数据，因此，其对体育教学的开展具有重要的实际意义。在传统的精英教学过程中，管理人员所面临的信息比较少，他们的工作量也不大，所以可以有效地保证相应的工作质量及效率。然而，在扩招后，庞大的信息量与高校体育管理人员缺乏的局面形成了鲜明的对比，所以在档案信息管理的过程中很难保证信息的规范化以及制度化。因此，建设信息化管理平台就显得极为迫切。

（四）建立团结向上的体育教研组

学校体育教研组是学校体育工作的主力军。搞好学校体育教研组建设关键要加强对体育教师队伍的管理、规章制度的建立和精神文明建设。全面提高体育教师队伍的自身素质、敬业精神和师德修养。

1. 教师队伍管理

体育教研组长首先应具备较高的思想政治觉悟，热爱党的教育事业。有民主作风、有较高威信，办事公道，事业心强，有奉献精神，有较高的教科研水平，这样才能带领出一个团结奋斗、积极向上的体育教研组。其次，对体育教师的管理主要是对体育教师教育教学工作的安排、指导和检查，使其尽职尽责。同时要帮助体育教师不断提高教育教学素养和能力。其中包括"德"（高尚的师德、强烈的事业心、埋头苦干的作风、虚心好学的求知欲"识"（具有教师所具备的一般知识，体育教育基础知识、专业知识等），"能"（较强的体育教育教学能力、语言表达能力、动作示范能力、组织评价能力），"体"（强壮的体魄、朝气蓬勃的气质、开朗热情的性格）；使他们成为具有远大理想和奉献精神的合格称职的优秀体育教师。

2. 规章制度的建立

建立完善的规章制度能够把体育教研组建设纳入正常的轨道，使体育教研组的工作有条不紊地顺利进行。体育教研组建立岗位责任制，能使每个体育教师职责分明；建立固定的学习制度，能提高教师的政治素养；建立定期教研活动，能提高教师教学业务能力；建立体育数据资料的保存制度，便于开展教科研活动；建立相互间的听课制度，有利于取长补短。总之，建立合理完善的规章制度，不仅是科学管理的需要，也是一种再教育的手段。它对于培养体育教师的组织性、纪律性，都有积极的促进作用，并能使体育教研组的建设有章可循，有法可依。

3. 精神文明建设

精神文明建设是体育教研组建设的一个重要方面。它是一种精神力量，在一定条件下能产生巨大的效能,学校体育工作需要全体教师的共同努力才能完成。因此,团结每位教师,发挥教师的工作热情是精神文明建设的首要问题。锐意进取、勇于开拓的精神是开创素质教育新局面的需要。埋头苦干、吃苦耐劳、任劳任怨的实干精神是体育教师的优良品质。同时,精神文明建设是一个长期的过程,人们必须从身边的每一件小事做起,日积月累、潜移默化,养成高尚的师德,把体育教师组建设成为精神文明教研组。

加强学校体育工作管理和体育教研组建设对大学生的体质、大学生的精神面貌、大学生的组织纪律性和学校良好校风的形成具有决定作用。所以,在当前形势下,学校体育管理必须与素质教育相匹配,采用系统和动态的方法、环境和目标的方法、结构和功能的方法、心理和行为教育的方法,并使这些方法形成一个综合体系,构成学校体育管理、体育教研组建设新模式。

参考文献

[1] 李晓辉. 高校学生事务管理工作与模式研究 [M]. 天津：天津科学技术出版社，2022.

[2] 王晶晶. 大学生心理辅导实用途径 [M]. 北京：东方出版社，2022.

[3] 沈佳，许晓静. 基于多视角下的高校学生管理工作探究 [M]. 北京：现代出版社，2022.

[4] 李晓敏，栗晓亮. 大学生心理健康调适及其教育管理研究 [M]. 北京：中国纺织出版社，2022.

[5] 李和章，庞海芍. 论大学素质教育 [M]. 北京：北京理工大学出版社，2022.

[6] 李洪霞. 高等院校学生教育管理研究与实践 [M]. 北京：北京工业大学出版社，2021.

[7] 聂娟. 高校学生管理的艺术 [M]. 长春：吉林出版集团股份有限公司，2022.

[8] 齐爱花. 当代大学生道德素质教育理论与实践研究 [M]. 北京：冶金工业出版社，2020.

[9] 祁素萍. 高校学生管理工作创新与研究 [M]. 长春：吉林人民出版社，2021.

[10] 邱国良. 大学生安全教育教程 [M]. 北京：北京理工大学出版社，2021.

[11] 奉中华，张巍，仲心. 大学生教育管理的创新与实践研究 [M]. 长春：吉林

人民出版社，2020.

[12] 高小涵．大学生劳动教育与实践［M］．成都：电子科技大学出版社，2022.

[13] 何杰民，王梦梅．大学生心理健康与积极成长［M］．重庆：重庆大学出版社，2021.

[14] 贺芳．教育管理与学生心理教育［M］．长春：吉林人民出版社，2020.

[15] 陈小梅．大学生心理健康教育［M］．厦门：厦门大学出版社，2019.

[16] 陈壹明．学生素质教育和心理健康［M］．长春：吉林人民出版社，2019.

[17] 代静．高等教育管理与教学研究［M］．西安：西安交通大学出版社，2017.

[18] 丁兵．当代高校教育管理研究［M］．西安：西北工业大学出版社，2018.

[19] 段志忠，邹满丽，滕为兵．教育管理与学生心理健康［M］．长春：吉林人民出版社，2017.

[20] 方小铁．大学生劳动教育［M］．北京：北京理工大学出版社，2022.

[21] 高玉娟，魏广宇，王维宏．大学生教育与管理［M］．哈尔滨：东北林业大学出版社，2006.

[22] 关中印，于亮．大学生安全教育［M］．西安：陕西师范大学出版总社，2018.

[23] 郭婧，史峥．大学生素质教育创新研究［M］．天津：天津科学技术出版社，2020.

[24] 郭志强，李发学，王庆华．大学生安全教育［M］．北京：中国言实出版社，2020.

[25] 何海燕．中国梦与大学生理想信念教育［M］．成都：西南交通大学出版社，2020.

[26] 胡春霞．大学生心理健康教育与素质教育研究［M］．北京：北京工业大学出版社，2020.

[27] 黄凯，郑琦．大学生安全教育［M］．长春：吉林人民出版社，2019.

[28] 贾素娟，杜钰，曹英梅．学生教育与教学管理研究［M］．北京：中国商务出版社，2019.

[29] 孔养涛．大学生安全教育理论与实践 [M]．北京：九州出版社，2019．

[30] 赖春麟，熊大冶．大学生安全教育 [M]．修订版．北京：北京邮电大学出版社，2016．

[31] 黎海楠，余封亮．高校学生管理与和谐校园 [M]．长春：吉林出版集团股份有限公司，2021．

[32] 李玲．高校学生管理工作创新研究 [M]．长春：吉林人民出版社，2020．

[33] 李艳芳，韩燕．新时期高等教育管理路径及实践策略探究 [M]．长春：东北师范大学出版社，2018．

[34] 李子德．大学生安全教育 [M]．成都：电子科技大学出版社，2019．

[35] 林群，赵为．高校学生教育管理研究 [M]．沈阳：辽宁大学出版社，2007．

[36] 刘桂斌．大学生心理健康教育 [M]．天津：天津大学出版社，2019．

[37] 刘青春．信息时代高校学生管理模式的转变及创新 [M]．沈阳：辽宁大学出版社，2021．

[38] 吕娜，鲁玲．大学生创新创业 [M]．北京：中国原子能出版社，2020．

[39] 孟维亮．以学生为本的高等教育管理改革与创新 [M]．广州：世界图书出版广东有限公司，2019．

[40] 倪萍，闫红，张玉洋．信息化视角与学生教育管理研究 [M]．长春：吉林出版集团股份有限公司，2022．

[41] 任永辉，曾红梅．新时期大学生素质教育研究 [M]．天津：天津科学技术出版社，2018．

[42] 阮艳花，张春艳，于朝阳．教育管理理念与思维创新 [M]．汕头：汕头大学出版社，2018．

[43] 邵国莉．大学生劳动教育与素质养成 [M]．长春：吉林摄影出版社，2021．

[44] 邵文祥．新时代大学生劳动教育教程 [M]．成都：电子科技大学出版社，2020．

[45] 邵长胜．大学生安全教育 [M]．成都：电子科技大学出版社，2020．

[46] 汪宗田，张洁，王佩．大学生思想政治教育研究 [M]．北京：社会科学文献

出版社，2017.

[47] 王宝堂．当代高等教育管理与实践路径研究［M］．青岛：中国海洋大学出版社，2018.

[48] 王炳堃．高校大学生管理教育与校园文化建设［M］．长春：吉林出版集团股份有限公司，2021.

[49] 王娜．新时代高校学生资助工作理论与实务［M］．北京：中国人民大学出版社，2020.

[50] 王庆，吴沛．大学生安全教育［M］．西安：西北大学出版社，2017.

[51] 王艳．高等教育管理与大学生心理健康教育［M］．成都：电子科技大学出版社，2017.

[52] 王一涛，杨海华．大学生劳动教育与实践［M］．苏州：苏州大学出版社，2021.

[53] 王忠林，熊伟东，汪亮．大学生安全教育［M］．上海：上海交通大学出版社，2020.

[54] 燕允学．新时期学生教育与管理工作研究［M］．北京：北京工业大学出版社，2021.

[55] 杨红卫．大学生创新创业实践研究［M］．北京：群众出版社，2020.

[56] 姚丹，孙洪波．高校教育信息化管理与学生管理工作［M］．北京：中国纺织出版社，2021.

[57] 尹乃春．多元协同下高校法治教育体系化路径研究：以大学生法律信仰培育为中心［M］．上海：上海交通大学出版社，2019.

[58] 詹跃明，夏成宇．大学生创新创业基础［M］．重庆：重庆大学出版社，2018.

[59] 张娉．新时期高校美育与学生教育管理研究［M］．长春：吉林出版集团股份有限公司，2022.

[60] 赵燃，侯舒艨，华丹．大学生心理健康教育［M］．哈尔滨：哈尔滨工业大学出版社，2021.

[61] 郑雨欣，贾龙宇，邓培林．宿舍环境对大学生学习的影响研究［M］．成都：西南财经大学出版社，2014.

[62] 朱喜坤．新时期理想信念教育研究［M］．哈尔滨：黑龙江人民出版社，2007.

[63] 邹礼均．大学生安全教育与管理［M］．重庆：重庆大学出版社，2018.

[64] 单晓红，王春伟．信息技术视域下高校的学生教育与管理的思考［J］．现代经济信息，2019（20）：381，460.

[65] 向爱国．大数据时代高校学生教育管理创新思考［J］．化工进展，2020，39（1）：1.

[66] 王惜雨．高校学生教育管理的改革与创新探究［J］．爱人，2022（3）：58-60.

[67] 艾娱．开放大学学生教育管理工作改进与创新的研究［J］．中国科技期刊数据库科研，2022（12）：4.

[68] 郭萍．高校学生教育管理与教学实践结合的路径探究［J］．文教资料，2022（4）：168-171.

[69] 康晓风．高校学生教育管理的方法创新［J］．中国科技期刊数据库科研，2022（9）：4.

[70] 施永丰．大数据时代的高校学生教育管理模式转变与对策［J］．江西电力职业技术学院学报，2022，35（12）：93-95.

[71] 范芹．大数据时代的高校学生教育管理模式转变与应对策略［J］．大学：研究与管理，2022（11）：60-63.

[72] 秦郡泽．大数据时代高校学生教育管理模式转变措施［J］．新课程教学：电子版，2023（4）：14-17.

[73] 夏秋亮，张翠霞．大数据时代高校学生教育管理模式转变策略研究［J］．海峡科技与产业，2022，35（5）：86-88.

[74] 刘倩婧．新形势下高校学生教育管理模式探索［J］．办公室业务，2020（17）：61-63.

[75] 任凯. 互联网对学生教育管理的挑战与对策 [J]. 中文科技期刊数据库（引文版）教育科学, 2021（9）: 2.

[76] 李玲. 浅谈心理健康教育对学生教育管理工作的促进 [J]. 中文科技期刊数据库（全文版）教育科学, 2021（5）: 1.

[77] 李丽波. 互联网时代学生教育管理工作问题和解决对策 [J]. 中国新通信, 2021, 23（4）: 196-197.

[78] 王磊. 新时期高校学生教育管理有效性的提升路径探究 [J]. 大学: 研究与管理, 2021（3）: 9.

[79] 彭志浩. 新形势下高校学生教育管理工作的路径分析 [J]. 大学: 研究与管理, 2021（4）: 12.

[80] 曹源, 詹跃勇. 新时代大学生素质教育研究与实践 [J]. 合作经济与科技, 2022（9）: 116-118.

[81] 张欢. 大学生素质教育与高校体育课程改革研究 [J]. 文体用品与科技, 2019（1）: 168-169.

[82] 毛晓星. 高校大学生安全素质教育现状及应对措施探讨 [J]. 科学咨询, 2022（22）: 14-16.

[83] 李月利. 高校心理健康教育对大学生素质教育的作用 [J]. 中文科技期刊数据库（引文版）教育科学, 2022（4）: 4.

[84] 陈晓娟. 高校大学生素质教育水平提升路径思考 [J]. 秦智, 2022（10）: 15-17.

[85] 程俊峰. 针对高校大学生人文素质教育的改革 [J]. 中国科技期刊数据库科研, 2022（6）: 4.

[86] 张建科, 卢庚云, 王育亮. 教育评价改革背景下大学生综合素质教育与评价体系研究 [J]. 中国科技期刊数据库科研, 2022（7）: 4.

[87] 宋金刚. 大学生素质教育体系构建与实践研究 [J]. 区域治理, 2022（4）: 185-188.

[88] 王莹, 王涛. 大学生劳动教育的路径优化研究 [J]. 中国高教研究, 2020（8）:

67-71.

[89] 陈浩华. 劳动实践对促进大学生劳动教育的重要性探讨[J]. 农业经济问题, 2022, 43（10）：封2.

[90] 王丽荣, 卢惠璋. 论新时代大学生劳动教育的价值意蕴[J]. 高教探索, 2020（7）：114-118.

[91] 彭婷. 大学生劳动教育现状与实践路径探索[J]. 成功, 2022（3）：14-16.

[92] 崔友兴. 论大学生劳动教育的具身转向及其实现路径[J]. 黑龙江高教研究, 2020, 38（12）：22-27.

[93] 罗才勇. 新时代大学生劳动教育的实践路径研究[J]. 2021（4）：13.

[94] 简冬秋. 大学生劳动教育现状及对策探讨[J]. 区域治理, 2019（40）：172-174.

[95] 姜保周, 潘洪珍. 新时代大学生劳动教育实践研究[J]. 菏泽学院学报, 2019, 41（3）：69-72.

[96] 王中对. 新时代大学生劳动教育的困境与路径[J]. 高教探索, 2022（3）：125-128.

[97] 赵健. 论大学生创业教育长效机制构建[J]. 2021（2）：14-16.

[98] 易丹丽. 高校大学生创业教育管理研究[J]. 食品研究与开发, 2020, 41（3）：封3.

[99] 祁贵国. 大学生创业教育实战化面临的困境与出路[J]. 教育与职业, 2020（2）：68-71.

[100] 高军. 当代大学生创业教育研究[J]. 黑龙江科学, 2020, 11（17）：58-59.

[101] 安立军. 关于大学生创业教育的几点思考[J]. 山西青年, 2019（7）：1.

[102] 迟媛, 任重尧. 浅谈高校大学生安全教育[J]. 2022（3）：8.

[103] 张庆蕊, 苏娜娜, 鞠楠楠, 等. 新时代大学生意识形态安全教育路径探究[J]. 教育研究, 2022, 4（11）：15-18.

[104] 吴菊花. 移动互联网时代大学生网络安全教育对策研究［J］. 中文科技期刊数据库（全文版）教育科学，2022（8）：4.

[105] 黄颖."互联网+"背景下高校大学生的安全教育问题研究［J］. 爱情婚姻家庭，2022（3）：22-23.

[106] 郑行之."三全育人"视角下大学生安全教育工作机制研究［J］. 产业与科技论坛，2023，22（2）：283-284.

[107] 单璐. 论高校学生教育管理工作的可行性分析［J］. 读与写（上，下旬），2021，18（033）：1-2.

[108] 练波，蒋姗姗，万利平. 高校大学生国家安全教育策略研究［J］. 成才之路，2022（15）：4-6.

[109] 吴明生. 信息化环境下高校学生教育管理模式转变与应对策略［J］. 山西财经大学学报，2022，44（S01）：3.

[110] 李赟，曹维. 新时代大学生劳动教育：价值、困境和策略［J］. 继续教育研究，2023（2）：99-102.

[111] 张海峰. 社会学视野下高校"参与型"学生教育管理模式研究［J］. 2021（4）：11-14.

[112] 杨海，王晓晓."互联网+"思维指导下的大学生创业教育研究［J］. 2021（5）：12-13.